IMF, 고통인가 축복인가

IMF
INTERNATIONAL MONETARY FUND
고통인가
축복인가

정창영 지음

문이당

책머리에

나는 지난 35년 동안 대학에서 경제학을 배우고 가르치면서 우리 나라가 후진국에서 세계 11위의 경제대국으로 도약하는 것을 실제로 경험하는 행운을 누렸다. 이는 '경제발전'을 전공하고 있는 필자에게는 특히 감사한 일이었다.

그러나 이제 선진국의 문턱에서 갑자기 찾아온 IMF 사태로 수많은 이웃들이 경제적인 고통을 당하고 있는 현실을 바라보며 경제학자로서 깊은 자책감을 느끼게 된다. 이 책은 이러한 일이 다시는 되풀이되지 않기를 바라는 간절한 마음에서 쓰게 된 것이다.

이 책은 세계적인 시야에서 볼 때 우리가 겪고 있는 고통의 주요 원인은 무엇이며, 이를 극복하기 위해서는 어떻게 해야 하는가를 누구나 알기 쉽게 풀어 쓴 것이다. 무엇을 어떻게 고쳐야 튼튼한 선진국의 기초를 놓을 수 있을 것인지에 대해서는 아주 기본적인 원칙부터 시작해서 구체적인 방책에 이르기까지 자세하게 제시하려고 노력했다. 긴 역사의 흐름에서 문제를 깊이 있게 보려는 시도도 게을리하지 않았다.

이번 위기는 대내외적 요인이 겹쳐져 발생한 것이다. 「세계는 하나이다」라는 말이 나타내듯이 지금은 지구 한편에서 일어난 일이 곧 전세계로 파급되는 세상이다. 따라서 다른 나라에서 생긴 일이 우리에게 어떠한 영향을 미치는가를 아는 것이 매우 중요하다. 물론 이번 위기의 주된 책임은 우리 자신에게 있다. 사실 IMF 사태는 국내에서 여러 요인이 오랫동안 누적되어 발생한 것이며, 본질적으로는 우리가 스스로 잘못을 고치지 못한 데서 초래되었다.

6·25 전쟁 이후 최대의 국난에 처해 패배감과 좌절감이 널리 번져 있는 것이 사실이다. 그러나 조심성 없는 낙관론도 문제지만 지나친 비관론은 더 큰 문제이다. 사실 IMF는 방관자이며 우리에게 개혁을 위한 기회를 제공할 뿐, 모든 것은 우리 자신의 의지와 행동에 달려 있다.

지금은 어렵고 힘든 시기이지만 한국인의 저력을 굳게 믿고 있는 필자로서는 「큰 산 넘어 평지 본다」는 속담처럼 우리의 미래에 대한 확신과 소망과 비전을 이 책을 통해서 제시하고자 노력하였다.

　　필자는 그 동안 스승, 선후배 교수, 친지, 친척, 제자 및 수많은 이웃 들로부터 크나큰 격려와 도움을 받았다. 이 책은 그분들께 드리는 진정한 고마움의 표시이기도 하다. 또한 늘 필자의 강의와 연구 활동을 성심껏 돕고 있는 대학원 경제학과의 하태정, 김준영, 김대행, 박현 군에게도 감사한다. 원고의 워드 프로세서 작업을 해준 딸 상현에게도 고맙게 생각한다. 기꺼이 출판을 맡아주신 문이당의 임성규 사장과 정성껏 원고를 보아준 편집부에게도 감사의 말씀을 드린다. 이 책을 올 가을 회혼을 맞으시는 장인 어른과 장모님께 바친다.

1998년 9월
새 상경관 연구실에서
정　창　영

차 례/IMF, 고통인가 축복인가

책머리에 ——————————————————————— 5

제1장 경제불황이 아시아를 휩쓸고 있다
고통받는 국민들 ————————————————— 15
부끄러운 경제학자들 ——————————————— 21
역사에 우연이란 없다 ——————————————— 25
기아 사태 ———————————————————— 28
IMF 구제금융 —————————————————— 32
모라토리엄 문턱까지 ——————————————— 37
제2차 구제금융 ————————————————— 42
뉴욕 외채협상 —————————————————— 47
몰락하는 한국의 위상 ——————————————— 53

제2장 세계는 하나이다
삭스와 크루그먼 ————————————————— 59
태국에서 시작되다 ———————————————— 64
급속한 전염 ——————————————————— 72
한국 : 대만 ——————————————————— 76
동남아에서 동북아로 ——————————————— 82
일본의 지도력이 필요한 때이다 —————————— 86
세계 자본주의의 위기 ——————————————— 92

제3장 우리에게 자치능력이 있는가

고비용 ————————————————————— 101
저효율 ————————————————————— 106
호두까기 ———————————————————— 110
정치권과 정부 —————————————————— 116
재 벌 —————————————————————— 123
금융기관 ————————————————————— 129

제4장 하늘은 스스로 돕는 자를 돕는다

축복인가 저주인가 ————————————————— 135
모든 것이 그대로 있다 ——————————————— 142
세계 속의 한국 경제 ——————————————— 147
한국 속의 세계 경제 ——————————————— 151
도를 넘어선 IMF ————————————————— 157
허리띠를 졸라매라 ———————————————— 162
고금리 처방은 잘못됐다 —————————————— 166
금융 시스템의 정상화 ——————————————— 171
언제 IMF를 극복할 수 있을 것인가 ———————— 176

제5장 지속적인 개혁만이 살길이다

고통을 딛고 개혁으로 ——————————————— 183
아직도 분열된 정치권 ——————————————— 190
작고 효율적인 정부 ——————————————— 195
건실한 금융제도 ——————————————— 202
세계 1등 기업으로 다시 태어나기 위하여 ————— 218
법과 제도에 의한 재벌 개혁 ——————————— 225
경쟁과 상호 협력 ——————————————— 235

제6장 기본을 바로세워야 한다

타율에서 자율로 ——————————————— 245
문화대국을 꿈꾸며 ——————————————— 252
나부터, 작은 것부터 ——————————————— 259
다시 시작하는 세계화 ——————————————— 268
기적도, 위기도 없다 ——————————————— 289
경제난국과 통일문제 ——————————————— 292

제1장

경제불황이 아시아를 휩쓸고 있다

IMF 협상단이 11월 26일 서울에 도착했을 때
한국은 외환보유고가 거의 바닥나 금융 붕괴를
열흘 정도밖에 남겨놓지 않았기 때문에
일주일 이내에 서둘러 협상을 끝내야 했다.
― 캉드쉬 (Michel Camdessus IMF 총재, NYT, 1997. 12. 8)

고통받는 국민들

　지금 이 땅의 수많은 사람들이 엄청난 경제적 어려움을 겪고 있다. 일자리를 잃은 실직자들, 사업을 하다 부도를 낸 기업가들, 내 집 마련을 위해 은행 대출을 받았다가 금리가 폭등하는 바람에 집을 날리고 파산한 가계들, 주식투자를 했다가 빚더미에 올라앉은 사람들, 계약이 만료돼 나가는 세입자에게 전세금을 반환해 줄 수 없어 건물을 헐값에 넘긴 사람들, 영농자금을 빌려 썼다가 부채만 늘어난 농가들……. 이들의 신음소리가 사방에서 들려온다.

　미국의 일간지 《워싱턴 포스트》는 한국인들이 생활고로 매일 25명씩이나 자살하고 있다고 보도했다. 때로는 전가족이 함께 목숨을 끊기노 한다. 범죄도 급증하고 있다. 절도는 1998년 1~2월에 50%나 늘어났는데 이중 상당수 사람들이 초범이었다. 소위 'IMF형 생존범죄(IMF survival crimes)'인 것이다(Washington Post ; 이하 WP, 1998. 5. 16). 또한 방송 보도에 의하면 초중고교생 10만 명이 학교에 도시락을 가져오지 못한다고 한다.

IMF 시대라고들 한다. 6·25 전쟁 이후 최대의 국난이라고 한다. 전쟁 때는 공업 부문의 시설이 절반 가량 파괴되었던 반면, 지금은 산업기반이 그대로 있다. 그러나 외국인의 입장에서 보면 한국의 재산 가치는 헐값으로 폭락했다.

1996년 12월 말에는 1달러에 844원이던 환율이 1998년 8월에는 1,300원대로 뛰었다. 원화 가치가 달러 가치에 비해 50% 이상이나 떨어진 것이다. 환율이 최고 수준에 달했을 때인 1997년 12월 24일에는 1달러에 무려 1,965원까지 갔었다.

이는 외국에서 돈을 빌려온 기업들의 원리금 상환 부담을 크게 가중시켰다. 예를 들어 어떤 기업이 1백만 달러를 외국에서 빌렸다고 하자. IMF 이전에는 8억여 원을 갚으면 되었으나 지금은 13억여 원을 물어야 하는 것이다.

한편 기업의 가치는 주가에 의해 평가된다. 기업들의 주식가격을 평균한 종합주가지수는 한창 높았던 1994년 말에는 1,027이었던 것이 지금은 거의 3분의 1 수준인 300대를 간신히 유지하고 있다. 이처럼 기업의 가치는 3분의 1로 떨어졌는데 달러 가치는 50% 이상 올랐으니 이제 외국인들은 아주 낮은 가격에 한국의 기업들을 살 수 있게 되었다.

외국 언론들이 「돈 있는 사람들이 서울로 몰려가고 있다」고 보도하는 것도 과장이 아니다. 우리 기업들이 바겐세일 대상이 되어버린 것이다. 30여 년 간 피땀 흘려 일구어놓은 국민들의 귀중한 재산이 헐값에 외국으로 넘어갈 판이다. 총소리만 나지 않을 뿐이지 전쟁과도 같은 상황이다. 우리 기업을 지키느냐 빼앗기느냐 하는 문제가 걸린 것이다.

금리와 환율의 폭등은 평상시엔 상상조차 할 수 없는 일이다. 대기업, 중소기업 가릴 것 없이 한국의 거의 모든 기업들이 매일 매일 생존 그 자체를 위해 힘겨운 투쟁을 벌이고 있다. 정상적인 기업 경영보다 채무를 결제하기 위해 원화와 달러를 구하는 데 총력을 기울이고 있는 것이다.

이런 상황에서 기업들이 수도 없이 무너지고 있다. 상장기업만 보면 전체 760개 중에서 1996년에는 6개가 도산했는데 1997년에는 무려 10배가 넘는 62개가 무너졌다. 일반 업체들은 1996년에 1만 1,600개가 부도를 냈고, 1997년에는 1만 7,200개가 무너졌다. 매달 1,400개 기업이 부도나더니 IMF 사태가 본격화된 12월에는 3,200개가 무너졌다.

1998년에 들어와서는 더욱 심각해져 5월까지 무려 1만 7천 개 업체가 부도났다. 1997년 한 해 동안 부도난 업체수와 같은 것이다. 기업이 우리보다 월등히 많은 일본도 1997년 부도업체수는 1만 5천 개에 불과했다. 올해 우리는 약 4만 개 기업이 도산할 것으로 예상하고 있다. 작년보다 부도율이 급증할 것이다.

경영이 부실한 한계기업이 무너지는 것은 자연스러운 현상이다. 즉 시장에서의 치열한 경쟁을 통해 부실기업은 도태되고 새로운 기업이 시장에 진입하게 된다. 이런 부단한 구조 조정을 통해 자본주의 경제는 발전하는 것이다. 그러나 지금 문제는 부실기업만이 문을 닫는 게 아니라는 데 있다. 건실한 기업들마저도 운전자금을 조달하지 못해 도산하는 극도의 신용경색(credit crunch) 현상이 일어나고 있다.

한국은행이 아무리 돈을 풀어도 은행들이 부실을 걱정해 기업들에게 대출을 해주지 않기 때문에 돈은 금융기관들 사이에서만 왔다 갔다 한다. 전체 금융제도가 온전하게 작동하지 않아 돈이 제대로 돌지 않는 것이다.

기업 도산이 급증하면서 실업자도 크게 늘고 있어, 이미 지난 7

월에 실업률이 7.6%나 되었고 실업자는 165만 명에 달했다. 그러나 이러한 통계는 실상을 제대로 나타내지 못하고 있다. 예를 들어 일용직 근로자는 3월 말 현재 192만 명이다. 정부통계에 따르면 이 가운데 32만 명이 실업자라고 하지만, 나머지 160만 명도 건설경기의 극심한 침체로 일감이 없어 거의 놀고 있다.

건설일용직의 경우 지난 3월의 평균 근로일수는 2.8일에 불과했다. 거의 공친 것이다. 1주일에 1시간만 일하면 취업자로 간주되므로 이들은 모두 취업자로 분류되지만, 실제로는 기본생계비도 벌지 못하는 실정이다. 4인 가족으로 계산해 보면 약 700만 명이 당장 끼니 걱정을 해야 한다(중앙일보, 1998. 4. 8). 일자리를 잃은 가장과 그 사랑하는 가족들이 당하는 고통을 어찌 말로 다할 수 있겠는가.

물가도 서민 생활을 위협할 정도로 뛰고 있다. 올해 예상되는 물가상승률은 예년의 2배 수준인 9%이다. 기름값이 뛰고, 밀가루·설탕·라면 등 식료품값도 뛰고 버스요금·택시요금 등도 크게 올랐다. 한푼 한푼을 아껴쓰는 대다수 서민 가계에 커다란 주름살이 생기게 된 것이다.

이처럼 물가가 뛰는 데는 환율 급등이 직접적인 요인으로 작용하고 있다. 우리나라는 이렇다 할 자원이 없다. 식량자급도도 쌀이나 100%이지 전체로 따지면 25%에 불과하다. 즉 먹거리의 4분의 3을 수입하고 있다. 이밖에 우리가 입고 쓰는 물건의 원자재도 거의 외국에서 수입해 와야만 한다. 이런 상황에서 환율이 뛰었으니 수입품 가격이 급등하게 되고 따라서 국내 물가도 오를 수밖에 없다.

반면에 임금은 크게 삭감되었다. 임금이 그대로 있어도 물가가 올랐으므로 실질소득(real income)은 줄어든 것이다. 그런데 명목소득(nominal income)마저도 깎였다. 중산층이 주축인 화이트 칼

18

라 근로자의 경우 올 들어 최고 30%나 감봉을 당했다. 소득은 줄고 물가는 올라 이중의 타격을 받고 있는데, 평생 벌어 간신히 마련한 집마저도 서울과 신도시 아파트의 경우 20~30%나 집값이 하락하였다. 푼푼이 모아 투자한 주식도 사실상 휴지조각이 되어버렸다.

중산층이 무너지고 있다(WP, 1998. 5. 5). 고금리로 오히려 득을 보는 부유층과 생활고를 겪는 가난한 계층으로 양극화 현상이 심화되었다. 중산층이라 하면 흔히 월소득 250만 원에 30평 정도의 집에 살며 문화생활과 여가를 즐기고 안정된 직장과 자가용을 가진 가정을 뜻한다. 그러나 한 여론조사에 의하면 IMF 이전에는 중산층이었으나 지금은 하층으로 떨어졌다고 대답한 사람이 전체 응답자의 20%를 넘었다. 한편 IMF 이전이나 지금이나 하층에 속한다고 대답한 사람은 44.5%였고, 중산층이라고 답한 사람은 32.7%였다. 현재 중산층은 34.8%이며 하층은 64.9%이다. 극소수인 0.2%만이 전이나 지금이나 상류층에 속한다고 대답했다. 중산층이 IMF 이전의 53.1%에서 34.8%로 급감한 것이다(조선일보, 1998. 6. 17).

금리도 폭등했다. 금리는 보통 3년 만기의 회사채(corporate bond)의 수익률로 나타낸다. 1996년 말에는 이자율이 12.6%였는데 1997년 12월 23일에는 최고 31.1%까지 뛰었다. 우리 기업들의 차입 의존도가 높은 것은 널리 알려져 있는 사실이다. 극심한 경기 침체로 매출은 크게 줄었는데 이사 부담은 폭증했으니, 그 어려움은 말할 필요도 없다.

가계도 1997년 말 현재 국내총생산(Gross Domestic Product ; GDP) 또는 국민소득의 50%를 넘는 211조 원의 부채를 걸머지고 있다. 이중 가계 대출(가계일반자금 대출 및 주택자금 대출)이

185조 원이었고, 판매신용(할부금융 및 신용카드)이 26조 원이었다. 이 엄청난 빚에 대해 살인적인 고금리를 부담해야 하니 그 고통은 말로 다할 수 없을 것이다. 다행스럽게도 이자율은 그 동안 지속적으로 하락하여 1998년 8월 9일에는 11.9%까지 내려가 IMF 이전 수준으로 거의 돌아갔다.

현대경제사회연구원의 설문조사가 드러내듯이 가계는 현재 실업과 물가를 가장 심각한 경제현안으로 여기고 있다. 여기에다가 엄청난 빚까지 지고 있으니 특히 저소득층의 경우 파산에 대한 위기감이 급격히 증가한 것은 당연한 일이다(경제정보, 1998. 6. 30).

부끄러운 경제학자들

근로자·자영업자·농어민·기업가 및 가계 등 경제주체들이 너나할것없이 당황해서 어찌할 바를 모르고 있다. 미국의 부시(George Bush) 전 (前)대통령은 「인생은 전쟁이다 (Life is war)」라고 말했다. 이는 평상시에도 어느 정도 일리가 있는 말이다.

지금의 우리 처지야말로 실제로 전쟁을 치르고 있는 것과 같다. 예전에는 상상조차 할 수 없던 일들이 눈앞에서 벌어지고 있다. 대다수 국민들의 극심한 고통을 바라보기 안타까울 뿐이다. 자연히 경제학자로서 평소에 내 자신이 소임을 충분히 다했는가 묻지 않을 수 없다.

1963년 내가 언세대학교 경제학과에 입학힐 딩시 우리나라의 1인당 연간 국민소득은 1백 달러도 채 안됐다. 당시 일간신문의 사회면을 보면 결식아동 기사가 늘 빠지지 않았다. 초등학생 가운데 도시락을 싸올 수 없는 어린이를 지칭하는 결식아동이 1백만 명이나 되었다. 이런 형편에서 나는 나라경제를 부유하게 만들 수 있는 길을 찾을 수 있으리라 믿고 경제학을 전공으로 선택했다.

이는 또한 선친께서 내게 바라시는 바이기도 했다. 일제 치하에서 독립운동으로 6년여의 모진 옥고를 치르시기도 했는데, 이제 비록 분단되기는 하였으나 우리나라를 갖게 되었으니 경제에 치중할 때라고 말씀하셨다. 당신께서 정치의 시대를 사셨다면 나는 경제로 강조점을 옮겨가야 한다는 것이다. 나 역시 그래야 역사가 발전한다고 믿었다.

지난 35년 동안 경제학을 배우고 가르치면서 나는 내 전공과 직업에 만족해 왔다. 천직이라 굳게 믿고 항상 감사했다. 경제학자로서의 자긍심도 지극히 높았다. 특히 내 전공은 경제학 중에서도 경제발전에 대해 연구하는 경제발전론이다. 이는 특별한 뜻을 가지고 있다.

우리나라는 1960년대 초에 비로소 공업화(industrialization)·도약(take off)·근대화(modernization) 또는 산업혁명(industrial revolution)*을 시작했다. 선진국에 비해 너무나 뒤늦게 출발한 것이다. 영국은 이미 1780년경에 시작했고, 일본도 그 100년 후인 1880년경에 개시했다. 따라서 일본보다 80년이나 뒤늦은 우리로서는 이번에도 실패한다면 선진국에 비해 너무나 뒤처지게 된다.

사실 지난 30여 년 동안 우리는 자타가 모두 잘하고 있는 것으로 믿어왔다. 1인당 국민소득 또는 국내총생산(GDP)도 1996년에는 10,640달러나 되었다. 여기에 인구수 4,500만 명을 곱한 GDP의 크기는 4,788억 달러로 명실공히 세계 11위의 경제대국이었다. 수출액도 같은 해에는 1,297억 달러로 역시 세계 11위의 무역대국이었다.

그 결과 우리는 1996년 말에 선진국 클럽인 경제협력개발기구

---

* 이들은 모두 같은 뜻을 가지는 동의어이다.

(Organization for Economic Cooperation and Development ; OECD)에도 가입했다. 주요 국제금융기관인 세계은행(International Bank for Reconstruction and Development ; IBRD)과 국제통화기금(International Monetary Fund ; IMF)도 1997년부터 한국을 선진국으로 분류하기 시작했다.

그 동안 서양 사람들은 한국·대만·홍콩·싱가포르를 '네 마리의 호랑이(4 tigers)'라고 불렀다. 또한 세계은행(The World Bank ; IBRD)은 일본·네 호랑이·태국·인도네시아·말레이시아 등 8개국을 동아시아의 기적을 이룬 나라들이라고 극구 칭찬하였다. 이에 반해 남미 여러 나라는 실패한 표본으로 인식되었다.

동아시아의 기적을 이룬 나라들 중에서도 한국은 최우등생으로 널리 알려졌다. 다른 발전도상국들이 우리를 모델로 삼아 배우려고 했다. 세계에서 가장 가난했던 나라가 불과 30여 년 만에 선진국의 문턱을 넘어서려고 하는 것에 놀라움을 금치 못했다.

개인적으로도 경제발전을 공부하는 학자가 당대에 조국이 후진국에서 선진국으로 진입하는 모습을 지켜볼 수 있다는 것은 큰 행운이 아닐 수 없다. 나는 이 점을 늘 감사히 생각했다. 그러나 이제 IMF 시대를 맞아 수많은 사람들이 엄청난 고통을 겪고 있는 것을 보면서 평소 경제학자로서 책무를 제대로 다하지 못한 데 대해 깊은 자괴감을 느끼게 된다. 왜 우리 경제의 구석구석을 좀더 세심하게 관찰하여 위험한 징후를 사전에 국민들에게 알리지 못했는가 하는 후회스러움이 가슴을 친다.

돌이켜보면 이미 오래 전부터 한국의 국제경쟁력은 추락하기 시작했다. 이에 따라 수출은 부진한 가운데 수입은 계속 늘어나 국제수지는 오랫동안 적자를 보여왔다. 그 결과 외채는 늘고 외환보유고는 낮은 수준에 머물러 있었다. 이미 수년 전부터 위험신호등이

켜져 있었던 것이다. 자세히 살펴보았으면 분명하게 인식할 수 있었던 사태이다.

모든 것이 잘될 것이라는 근거 없고 조심성 없는 낙관론에 젖어, 설마 국가 부도야 나겠는가 하는 막연한 생각들을 하고 있었던 것이 문제였다. 설마가 사람 잡는다는 말이 틀림없다. 세상에는 어떤 일도 일어날 수 있다는 평범한 사실을 우리는 소홀히 한 것이다.

전통적으로 학자는 우리 사회에서 제일 존경받는 지도층에 속했다. 지도층은 높은 지위를 향유하는 대신에 평소 자신의 막중한 책임과 의무를 다하는 데 (noblesse oblige) 결코 소홀함이 없어야 한다. 그런 의미에서 나는 자신을 몹시 부끄럽게 생각한다.

미국이나 일본 등 선진국의 경제학자들이 세계 경제의 움직임을 손금 보듯 훤히 꿰뚫어보고 있는데, 나는 그에 미치지 못한다면 이는 곧 내 소임을 다하지 못한 것이다. 이 치열한 국제경쟁의 시대에 국내 학자가 선진국 학자에 비해 모자람이 있다면 이미 승패는 판가름 난 것이나 다름없다. 바로 이 지식 격차 (knowledge gap)를 줄이지 못하는 한 진정으로 선진국이 되기는 힘들다. 결국 이번에 우리는 선진국과의 머리 싸움에서 패배한 것이다.

역사에 우연이란 없다

　우리 국민들에게 IMF 사태는 꿈인지 생시인지 분간할 수 없을
만큼 엄청난 충격이었다. 마음의 준비나 대비가 전혀 되어 있지 않
은데 맑은 하늘에서 날벼락이 친 것이다.

　얼마 전까지만 해도 국민소득 1만 달러를 넘어섰다고 좋아들 했
다. 그런데 이제 와서 갑자기 나라 전체가 빚더미 위에 앉아 있다
니 기가 찰 노릇이다. 우리 은행들과 기업들이 해외에서 빌려온 돈
을 제때 갚지 못해 부도가 난 것이다. 하는 수 없이 창피를 무릅쓰
고 국제사회에 손을 벌릴 수밖에 없었다. IMF에 긴급 구제금융
(bailout)을 요청한 것이다. 그것도 역사상 최대 규모인 585억 달
러나 빌렸다.

　국민들은 나라를 이 지경으로 만들어놓은 정부 당국에 대해 분노
를 터뜨렸다. IMF 지원을 받는 것을 치욕으로 여겼고 국치 (國恥)
라고까지 했다. 국가 부도가 나서 IMF의 법정관리와 신탁통치를
받게 되었다느니, 심지어 나라가 망했다고 하는 이들도 있었다. 모

두 분을 삭이지 못해 나온 말들이다.

미국의 유력 일간지 《뉴욕 타임스》(New York Times; 이하 NYT)는 1997년 12월 11일자에서 IMF 지원에 대한 평범한 한국 국민들의 반응을 적었다. 한 예로 노상에서 번데기 장사를 하는 김봉서 씨는 경제 위기로 번데기 매상마저도 크게 줄었다고 말했다. 그러나 그가 정말 걱정하는 것은 국제사회의 지원을 받게 되어 나라의 체면이 크게 손상된 것이었다. 즉 국가의 위신이 떨어진 것을 매우 부끄럽게 여긴다는 내용이었다.

우리보다 먼저 IMF의 지원금융을 받은 태국과 인도네시아에서는 개인의 고통(pain)이 주된 관심사였다. IMF 사태로 내가 실직하지나 않을까, 물가상승으로 소득이 감소하면 어떻게 하나 하는 개인적 문제들이다. 한국인들이 국가가 남에게 손을 벌린 데 대한 부끄러움(shame)을 제일 중시하는 것과는 크게 대조를 이룬다고 미국의 《워싱턴 포스트》도 1997년 12월 6일자 기사에서 적고 있다. 이런 반응들을 두고 여러 외신들은 한국인이 세계에서 가장 자존심이 강한 민족이라고 말하였다.

〈성경〉 마태복음 25장 13절의 「깨어 있으라 너희는 그 날과 그 시를 알지 못하느니라」 하는 말씀이 이번 경제 위기를 겪으면서 새롭게 가슴에 와 닿는다.

곰곰이 생각해 보면 IMF 사태 같은 중대한 국난은 하루아침에 갑자기 일어나는 것이 아니다. 큰 사건은 반드시 오랫동안 여러 요인들이 누적된 결과로 발생하는 것이다. 이것이 바로 역사의 필연성이다. 따라서 어느 날 깨어보니 나라가 망했다는 말은 있을 수 없는 이야기다.

멀리 거슬러 올라갈 것도 없다. 이번 사태는 1995년 말부터 일어난 반도체 경기의 하강과 더불어 시작되었다. 미 연방은행 총재인 그린스팬 (Alan Greenspan)이 1997년 10월 29일 미 의회 증언에서 밝혔듯이, 한국은 16메가 D-RAM의 가격이 1년 새 50달러에서 10달러로 급락하면서부터 어려워진 것이다 (Economist ; 이하 E, 1997. 11. 1).

또한 1996년 말에는 한국 경제에 적신호가 켜졌다는 것이 이미 국제적인 상식이 되었다 (E, 1997. 11. 22). 은행들이 주식투자와 부실대출로 커다란 손실을 기록한 것이 공표되었기 때문이다.

강만수 재정경제부 차관도 1998년 1월 6일 비상경제대책위원회에서 외환 위기는 반도체 특수에 가려져 있었으나 실제로는 이미 1993년부터 시작됐다고 했다 (조선일보, 1998. 1. 7). 반도체 수출을 빼면 국제수지 적자가 벌써 당시부터 상당했다는 것이다. 반도체 가격이 폭락한 1996년에 경상수지 적자가 사상 최대 규모인 237억 달러를 기록함으로써 한국의 국제수지가 얼마나 취약한가를 분명하게 드러냈다. 이는 그해 GDP의 4.9%나 되는 것이다. 이는 전반적으로 우리의 국제경쟁력이 약화되어 수출이 제대로 늘지 못했기 때문이다.

기아 사태

1997년 1월에 한보가 부도를 냈다. 이에 따라 한보에 약 5조 6천억 원(58억 달러)을 대출해 준 국내 은행과 금융기관들이 부실해졌다. 또한 정리해고제는 노동계의 거센 반발로 국회에서의 입법화가 늦추어졌다. 이런 일들로 국제신용평가기관인 무디스(Moody's Investor Services)는 2월 우리의 신용등급을 하향 조정했다.

그후에도 삼미·진로·대농·한신공영 등 대기업의 부도는 줄을 이었다. 특히 7월에는 재계 8위인 기아가 도산했다. 기아그룹은 국내 금융기관으로부터 모두 9조 5천억 원(1백억 달러)의 대출을 받고 있었다. 대기업의 도산을 보면서 우리가 절실하게 느끼는 것은, 한 기업의 명운을 책임지고 있는 최고경영자가 조직을 제대로 운영하지 못할 때 그 폐해가 얼마나 큰가 하는 것이다. 대량 실업과 천문학적인 손실로 국민들에게 엄청난 부담을 안겨주는 것이다.

이때는 마침 태국을 비롯한 동남아 지역에서 외환 위기가 발생한 시점이었다. 외국의 투자가들은 동남아·동북아를 구별하지 않고 아시아 전체를 하나로 묶어보는 경향이 있다. 따라서 자연히 한국도 안심할 수 없다는 생각을 갖게 되었다.

그러나 이미 3~4월부터는 외국 금융기관들이 한국에 대해 대출만기를 재연장(roll over)해 주는 비율이 크게 떨어지고 있었다. 예를 들어 상환기간이 6개월인 단기 채무의 경우 종전에는 6개월마다 거의 자동적으로 상환기간을 연장해 주었는데 이제는 만기가 되면 원금을 회수해 갔다.

1997년 8월이 되면서 이러한 경향은 더욱 심해졌다. 이에 따라 외화의 차입난이 심각한 문제로 떠올랐다. 쌍방울·해태·뉴코아 등 대기업의 도산이 계속 이어졌다. 기아 사태는 3개월을 그대로 방치하다가 10월 하순에야 한국산업은행이 기아에 출자하는 형태로 공기업이 되었다.

외국 투자가들은, 한국의 자동차 산업은 과잉 설비를 가지고 있으므로 시장원리에 따라 다른 자동차회사가 기아를 인수·합병(Mergers & Acquisitions ; M&A)하는 것이 순리라고 생각했다. 그러나 정부가 부실기업을 떠안는 형태로 결말이 나자 무디스와 S&P(Standard & Poor)가 잇달아 한국의 국가신용등급을 떨어뜨렸다. 운이 나쁘게도 이때는 마침 홍콩의 증권시장이 폭락한 때였다.

이렇게 되자 1997년 10월 말경부터는 신규로 외화를 차입할 수가 없었다. 또한 단기 차입금의 만기 연장도 매우 어려워졌다. 사실상 외환 위기가 터진 것이다. 국내에서도 10월 한 달 동안에만 외국인들이 1조 원 어치의 주식을 투매했다. 그 결과 주가가 폭락하고, 주식의 판매대금을 달러로 바꾸어 나가면서 환율도 폭등했다.

1997년 11월 초에는 부실 종합금융회사, 즉 종금사(investment

banks)들이 한밤중에 한국은행으로부터 3~5억 달러를 빌려 만기가 돌아오는 대외채무를 간신히 갚음으로써 부도를 면하는, 피를 말리는 상황이 전개됐다.

이즈음 한국은행은 1997년 10월 말 현재 외환보유고가 305억 달러라고 발표했다. 그러나 외국 언론들은 한국은행이 환율 상승을 억제하기 위해 보유 달러를 외환시장에 내다 팔아 실제로 외환보유고는 이보다 훨씬 적다고 보도했다. 아울러 외신들은 한국의 외채는 1,100억 달러인데 이 가운데 60% 가량인 680억 달러가 상환기간 1년 미만인 단기 외채라고 보도했다. 더구나 이 단기 외채 중 230억 달러는 1997년 말까지 상환해야 한다.

그후에 밝혀진 사실이지만 당국은 1997년 10월과 11월 두 달 동안에 무리한 외환시장 개입으로 무려 120억 달러의 귀중한 외환보유고를 탕진했다.

흔히 한 나라의 외환보유고는 최소한 3개월 치 수입액보다 커야 한다고 말한다. 1997년 한국의 월 수입액은 약 120억 달러이므로 360억 달러는 되어야 하지만 실제 외환보유고는 이보다 훨씬 적었다. 게다가 680억 달러나 되는 단기 외채 가운데 3분의 1인 230억 달러가 연말 이전에 만기가 돌아오므로, 만일 연장이 안되면 유동성 위기 (liquidity crisis), 즉 현금 부족에 직면할 가능성이 매우 높았다.

이렇게 되자 외국 금융기관들은 서로 앞을 다투어 만기가 돌아온 대출금을 회수하였다. 더구나 1997년 11월 중순경에는 3개 시중은행의 해외차입선이 끊기는 심각한 사건이 일어났다. 이런 가운데 한국은행 직원들은 금융개혁법을 반대하는 가두투쟁을 벌였다. 이 법은 그후 국회에서 통과되지 못했고, 외국 투자가들의 눈에는 한국이 스스로 금융 개혁을 하기는 어렵겠다고 비쳐졌다.

한편 외환 당국은 외환(달러)보유고의 고갈로 환율 방어를 포기할 수밖에 없었다. 그러자 환율은 외환시장이 문을 열자마자 몇 분 만에 허용 변동폭인 ±2.25%의 상한선까지 연일 치솟았다. 달러의 공급은 없는데 수요는 엄청났기 때문이다. 외환시장의 기능이 마비된 것이다. 주가도 외국인들의 투매가 이어지면서 크게 떨어졌다. 이제 자력으로는 외환 위기를 수습할 수 없음이 분명해졌다.

IMF 구제금융

처음에는 우방국가인 일본과 미국의 개별적인 금융지원을 얻어 어떻게든 사태를 수습해 보려고 했다. IMF의 구제금융을 받게 되면 그에 따르는 고통이 너무나 심할 것이기 때문이다.

일본은 지원할 의향이 있었으나 미국은 이를 단호하게 거절했다. IMF의 구제금융을 받고 이에 따르는 혹독한 개혁을 실천에 옮겨야 한다는 것이었다. 일본도 결국 미국의 압력으로 이를 따를 수밖에 없었다. 우리가 그 동안 너무 안이한 생각을 갖고 있었던 것이다. 현실은 냉정하기 짝이 없었다. 결국 1997년 11월 21일 한밤중에 임창렬 경제부총리는 IMF에 구제금융을 요청하기에 이르렀다. 그 후 초고속으로 협상이 진행되어 12월 5일 IMF와 구제금융에 관한 협약을 체결하게 된다.

캉드쉬 (Michel Camdessus) IMF 총재는, IMF 협상단이 11월 26일 서울에 도착했을 때 한국은 외환보유고가 거의 바닥나 금융 붕괴를 열흘 정도밖에 남겨놓지 않았기 때문에 일주일 이내에 서둘러 협상을 끝내야 했다고 말했다(NYT, 1997. 12. 8).

1997년 11월 말 한국의 외환보유고는 244억 달러였으나, 이 가운데 171억 달러는 한국은행이 국내 은행들의 해외지점에 예치한 것이었다. 한국은행의 장부에는 예치금으로 되어 있지만 실제로는 해외지점들이 단기 채무를 상환하는 데 이미 써버린 상태였다. 따라서 가용 외환보유고는 73억 달러뿐이었다.

말이 협상이지, 나라의 금고가 거의 바닥을 드러낸 상태인지라 우리는 IMF의 요구를 그대로 받아들일 수밖에 없었다. 만일 외환보유고에 다소 여유가 있었던 10월 중에만 협상을 했더라면 훨씬 더 유리한 입장에서 협약을 체결할 수 있었을 것이다.

북한이 미국과 벼랑 끝 외교를 한다더니, 이건 자기 주장 한번 제대로 펴볼 수가 없는 처지였다. 12월 5일 협상 체결과 더불어 1차 지원금 55억 달러를 받을 당시 우리의 외환보유고는 거의 빈 주머니나 다름없었다. 한 가정의 살림도 이렇게 할 수는 없는데 하물며 국가 경영을 이런 식으로 하다니 국민들은 도저히 믿을 수가 없었다.

IMF의 585억 달러는 IMF에서 210억 달러, 세계은행이 100억 달러, 아시아개발은행(Asian Development Bank ; ADB)이 40억 달러를 빌려주도록 되어 있다. 만일 이것으로 부족할 경우에는 제2선인 일본 100억 달러, 미국 50억 달러 및 독일·프랑스·영국·캐나다·호주 등이 85억 달러를 지원한다는 방침이었다.

돈이란 빌려줄 때 반드시 조건이 뒤따르게 마련이다. 개인들끼리도 아무런 조건 없이 선심만 베푸는 경우는 드물다. IMF는 경제 위기를 겪고 있는 국가들에게 대출을 해주면서 혹독한 조건을 붙이는 것으로 이미 정평이 나 있다.

예를 들어 지난 1982년 남미의 멕시코 역시 외환 위기로 국가가 부도났었다. 하는 수 없이 외채의 원리금에 대해 지불유예선언, 즉 모라토리엄 (moratorium)을 선언하였다. 이 밖에도 많은 남미 국가들이 1980년대에 외채 위기를 겪었다.

사실 우리도 1985년 말 현재 외채총액이 468억 달러로 그해 국민총생산 (Gross National Product ; GNP)의 51%나 되었다. 세계 4대 채무국으로 꼽히자 당시 국내에서는 외채망국론이 널리 퍼졌었다. 다행히도 우리는 1986~1989년까지 저금리·저유가·저달러의 3저 (低) 현상을 맞게 되었다.

외채는 많으나 국제금리가 낮아 다행이었고, 원유를 전부 수입하는데 유가가 낮아 좋고, 달러에 비해 일본의 엔(円)화 가치가 높으니 우리 수출이 잘돼서 좋았다. 그 결과 이 기간 중에 해방 이후 50여 년 만에 처음으로 국제수지가 엄청난 흑자를 냈고, 따라서 그 많던 외채도 갚을 수 있었다.

그러나 이 무렵에 남미 여러 국가들은 결국 IMF의 구제금융을 받았는데 그 조건이 가혹했다. 통화량을 줄이는 긴축적인 금융정책과, 세금은 늘리고 정부지출은 줄이는 긴축적인 재정정책을 실천에 옮겨야 했다. 따라서 단기적으로 물가 급등과 금리 폭등 현상이 일어났고 기업 도산과 실업자가 크게 늘어났다.

남미의 경우에는 정부의 재정적자가 컸고, 인플레이션율이 높았으며, 외채도 정부가 진 것이어서 IMF의 긴축적인 금융·재정정책 요구는 어느 정도 납득이 간다. 그러나 우리는 재정이 건실해서 흑자를 내고 있었고 저축률이 높아서 물가도 안정되어 있었다. 정부가 진 외채는 거의 없었고 대부분이 금융기관과 기업들이 쓴 것이었다. 이처럼 여건이 남미와는 크게 다른데도 IMF는 긴축적인 금융·재정정책을 한국에도 똑같이 강도 높게 요구했다.

장기적으로 물가 안정을 달성하고 국제수지의 균형을 도모함으로써 경제 안정 (economic stabilization)을 이룩하기 위해 긴축적인 금융·재정정책을 쓰는 이외에, IMF는 각종 구조적인 조정 (structural adjustment)을 통한 개혁조치도 함께 요구했다.

제1의 핵심은 물론 이번 사태의 가장 큰 요인인 금융 부문의 개혁이었다. 회생이 불가능한 부실 금융기관은 폐쇄하고, 비교적 건실한 금융기관도 내·외국인에 의한 인수·합병을 통해 구조 조정을 하며, 자본금도 증액시키라는 것이다.

이 밖의 주요한 구조적인 조정에는 첫째로 자본 자유화가 있다. 이는 자본시장(capital market)을 외국인에게 대폭 개방하라는 것이다. 자본시장은 기업들이 공장을 짓고 회사를 운영하는 데 필요한 돈(자본)을 조달하는 시장이다. 자본을 조달하는 방법에는 우선 주식 발행이 있다. 주식(stock)을 가진 자는 그 회사의 주인인 주주가 되며 배당을 받게 된다. 또 채권(bond)을 발행할 수도 있는데, 그 소유자는 회사의 채권자가 되며 이자(interest)를 받는다. 자본 자유화 요구는 이러한 주식시장과 채권시장의 외국인에 대한 개방폭을 대폭 확대하라는 것이다.

주식시장의 경우 외국인들의 소유가능 한도를 살펴보면, 종전에는 한 상장주식의 26%까지만 허용되었다. 그러나 1997년 말까지 주식투자 한도는 50%로 확대되고, 1998년 말에는 다시 55%로 늘어나게 되었다. 채권시장도 만기 3년 이상의 은행보증 회사채에 대한 외국인 투자를 1997년 말부터 무제한 허용함으로써 완전 개방하였다.

둘째로 대기업의 과도한 차입의존도와 무리한 중복·과잉 투자가 외환 위기의 주요 요인으로 지적되면서, 기업에 대한 강도 높은 구조 조정이 요구되었다. 먼저 기업들은 국제 회계원칙에 따라 재무제표를 작성함으로써 외국 투자가들에게 투명성(transparency)을 높여야 한다. 또한 은행에서 돈을 빌릴 때 재벌 계열사들끼리 서주던 상호 지급보증을 축소시킴으로써 기업들의 부채-자본 비율 (debt-equity ratio)을 낮추도록 하였다.

노동시장의 개혁은, 그 유연성 (flexibility)을 높이기 위해서 정리해고제를 도입하는 동시에 실업자들을 위해 안전망 (safety net) 역할을 하는 고용보험제도를 확충하는 것이 주요 내용이다. 이 밖에 무역의 자유화 요구도 있었다.

이처럼 IMF는 한국에 사상 최대 액수의 긴급 지원금융을 하는 대신, 매우 강력한 경제 안정 및 구조 조정을 위한 계획을 요구하였다. IMF 당국이 스스로 지적했듯이 그 내용은 지극히 강도 높은 계획 (strong programme)을 담고 있다. 1980년대에 IMF는 남미에 대해서 긴축적인 금융·재정정책만을 요구했으나, 우리에게는 강도 높은 갖가지 제도적인 개혁까지 강요하고 있다. 엄청난 돈을 빌렸으니 고통이 따르는 급진적인 개혁조치를 반드시 이행해야 한다는 것이다. 전에는 우리 식대로 정부 주도하에 경제를 운영해 왔으나 이제는 세계 경제에 상당한 영향을 미칠 정도로 나라가 커졌으니, 시장원리와 국제적인 규범에 따라 경제 행위를 하도록 이번 기회에 바꿔놓겠다는 의도이다.

모라토리엄 문턱까지

　사상 최대 액수의 IMF 구제금융을 받았으니 한국 경제에 대한 외국 은행들과 투자가들의 신뢰(confidence)가 곧 회복될 수 있을 것으로 모두들 기대했었다. 외국 은행들이 기존의 대출금에 대해 만기 연장도 해주고 신규 대출도 해주며 외국 투자가들의 새로운 자금도 유입될 것이라고 예상했었다. 그러면 원화 가치도 올라가 외환시장이 안정될 것으로 생각했다.

　국제 투자가인 소로스(George Soros)가 지적했듯이 IMF 구제금융의 목적은 시장의 신뢰를 회복시키는 데 있다. 즉 IMF의 자금 지원만으로는 결코 외환 위기를 해소시킬 수가 없고, 외국 은행이나 투자가들의 자금이 따라서 들어와야만 비로소 문제가 해결되는 것이다.

　그러나 예상은 여지없이 빗나가고 말았다. IMF의 구제금융 이후에도 외환시장은 문을 열면 수분 만에, 종전보다 변동폭이 늘어나 새로운 상한선이 된 10%까지 환율이 치솟는 일이 연일 일어났다. 외환 위기가 절정에 달했던 1997년 12월 24일에는 환율이 최고치인 1달러당 1,965원까지 오르기도 했다. 이는 국내 금융기관과 기업들이 외채를 갚기 위해 국내 외환시장에서 기를 쓰고 달러를 사들인 데 반해, 달러를 벌어들인 기업들은 달러 가치가 더 오를 것으로 예상하고 달러를 내놓지 않았기 때문이다.

미국의 재무부 장관 루빈 (Robert Rubin)이 지적한 대로 나라가 파산으로 치닫는데도 한국인들 스스로가 달러를 감추고 있었다. 원화 가치의 급속한 평가절하는 주로 국내 요인에 의해서 발생했던 것이다 (WP, 1997. 12. 17).

연이어 주식시장에서도 주가가 폭락했다. 1997년 12월 12일에는 종합주가지수가 연중 최저치인 350.7까지 내려갔다. 채권시장에서도 회사채를 사려는 사람이 거의 없어서 12월 23일에는 3년 만기 회사채의 수익률이 연중 최고치인 31.1%까지 폭등하였고, 그 결과 채권 가격은 폭락했다. 이는 금리를 불문하고 자금을 모아두려는 대기업들 때문이었다. 한국의 금융시장이 붕괴되고 있었던 것이다.

미국 국제경제연구소의 버그스텐 (F. Bergsten) 소장은 한국은 1980년대의 남미처럼 외채에 대한 지불유예선언이 불가피할 것이라고 했다 (Wall Street Journal ; 이하 WSJ, 1997. 12. 15). '국가부도가 났다'고 말하던 사람들의 표현이 이제 정말 현실로 다가온 것이다.

한 나라가 모라토리엄을 선언하면 모든 수입을 현금으로 결제해야만 한다. 이는 우리처럼 자원이 없어서 원자재를 대부분 외국에서 수입해 와야 하는 나라에게는 국가경제의 마비를 의미한다. 원유 · 곡물 · 원당 · 원면 등을 제때 못 들여온다고 생각해 보라. 이는 경제의 운용을 금방 정지시킬 것이다.

막대한 IMF 구제금융에도 불구하고 시장의 신뢰가 회복되지 못한 것은 주로 우리 자신의 내적 요인 때문이다. 먼저 대통령 선거 기간 중이어서 실질적으로 지도자가 없는 상태였다. 또한 구제금융을 놓고 국치니 신탁통치니 재협상이니 하는 여론이 일어 한국이 IMF와 맺은 협약을 과연 충실히 이행할 것인지에 대해 의구심을 갖게 만들었다.

아울러 1997년 12월 2일 현재 외환보유고가 60억 달러밖에 안된다는 보도가 무책임한 국내 언론에 의해 기사화되었다. 1997년 12월 10일에는 1년 이내에 만기가 도래하는 단기 외채가 1천억 달러나 된다는 것을 정부에서 공식적으로 인정했다. 이 액수는 IMF와 협상을 시작했을 때 밝혔던 것보다 훨씬 더 큰 것이다. 원화 가치가 폭락한 것은 당연한 결과였다.

1997년 12월 12일 임창렬 부총리는 한국이 국가 부도를 내면 세계 경제에도 해롭다는 위협조의 발언을 곁들이면서 미국과 일본에 긴급 추가 금융지원을 공개적으로 요구했다. 그러나 이는 오히려 국제 은행들과 투자가들에게 한국이 급박한 상황에 놓여 있음을 알리는 꼴이 되어 신뢰는 더욱 떨어졌고, 기존 대출금의 회수를 한층 더 서두르게 만들었다. 미국과 IMF는 한국이 약속한 개혁조치를 실천에 옮김으로써 시장의 신뢰를 회복하는 길을 택하지 않고, 자꾸 자금만 달라고 한다며 비난했다.

그 단적인 예로 부실한 제일·서울은행을 폐쇄하지 않고 정부 출자로 존속시키려는 조치나, 부실한 기아자동차를 인수·합병시키지 않고 정부 지원으로 연명케 하는 것 등은 IMF와 약속한 개혁과는 거리가 있는 것으로 간주되었다.

그래서 1997년 12월 중순경에는 외채의 만기 연장 비율이 20 ~30%로 급속히 떨어졌다. 이는 매일 외환보유고에서 10억 달러씩 꺼내 만기가 돌아오는 기존 대출금을 상환하는 데 쓸 수밖에 없게 했다. 따라서 외환보유고는 급속히 줄어들었고, 외환 위기는 다시 절박한 상황으로 치달아 모라토리엄을 향해 나아가고 있었다.

금융시장이 유동적일 때는 파산(bankrupt)이란 말을 사용하지 않는 것이 금융가의 관행이다(NYT, 1997. 12. 24). 그런데 12월 23일 대통령 당선자는 국가가 오늘 부도가 날지 내일 날지 모르겠다는 말로 시장을 더욱 불안하게 했다(Financial Times ; 이하 FT, 1997. 12. 24).

엎친 데 덮친 격으로 12월 23일에는 국제신용평가기관인 무디스가 한국·인도네시아·태국의 장기 국채 신용등급을 정크 본드(junk bond) 수준으로 떨어뜨렸다. 정크 본드는 정부·금융기관 및 기업이 발행한 값은 싸고 위험도는 높은 위험 채권 또는 투기성 채권을 말한다. 이는 수익성이 높지만 위험도도 매우 크다. 그런데 미국과 유럽의 기관투자가들의 펀드 매니저(fund manager)들은 내규에 의해 투자 가능등급 이하의 기업·은행·국가에는 투자를 할 수 없도록 되어 있다.

국제신용평가기관이 등급을 어떻게 매기는가가 중요한 까닭이 바로 여기에 있다. 이제 구미의 펀드 매니저들은 한국의 각종 증권들을 팔아야만 한다. 또한 우리나라의 정부·기업·은행들이 국제 금융시장에 나와 자금을 새롭게 조달하기 위해 증권을 발행하는 것도 어렵게 되었다. 그 이유는 1997년 12월 23일 현재 한국 증권의 수익률은 기준 수익률(benchmark rate)을 미국 재무부가 발행한 채권(Treasury Bond ; TB)의 수익률로 보았을 때, 여기에 가산금리(spread)로 무려 1천 베이시스 포인트(basis point)나 얹어주어야 하기 때문이다. 베이시스 포인트는 증권시장에서 수익률을 나타낼 때 쓰는 말로서 100분의 1%에 해당한다. 따라서 1천 베이시스 포인트는 10%가 된다.

한국은 1997년 10월까지만 해도 신용등급이 이탈리아나 스웨덴과 같았다. 그런데 이처럼 급속하게 등급이 하락한 것은 국가신용평가가 시작된 이래 가장 극적인 것이다. 국제신용평가기관들은 아시아가 외환 위기를 맞기 이전에 이를 예고해 주지 못함으로써 많은 비난을 받았다. 그런데 이제는 오히려 그들이 과잉반응을 보이며 이들 국가의 신용등급을 지나치게 하향 조정하여 사태를 악화시키고 있다.

한국의 장기 국채 신용등급을 정크 본드 수준까지 떨어뜨린 것이 불합리한 이유는, 한국 정부가 장기적으로 채무를 상환하지 못할 하등의 이유가 없기 때문이다 (FT, 1997. 12. 24).

이제 다시 1998년 8월 러시아가 루블(Ruble)화를 평가절하하고 모라토리엄을 선언하자 중·동구, 남미, 아시아 등 신흥시장은 물론이고 서구와 미국의 금융시장까지도 커다란 동요를 보이고 있다. 또한 국내에서는 현대자동차의 파업 사태가 큰 충돌 없이 해결은 되었으나 정리해고가 사실상 어렵다는 것이 드러났다.

이에 따라 한국 정부가 발행한 국채의 가산금리가 8월 말에는 다시 국제 금융시장에서 10%를 넘어서는 심각한 사태가 벌어지고 있다. 이는 중국의 가산금리인 3.65%, 멕시코의 6.57% 및 필리핀의 7.96%보다 훨씬 높은 수준이다. 한국의 신용도가 말이 아닌 것이다.

제2차 구제금융

모라토리엄에 한 발짝 다가선 상태에서 한국은 제2차 IMF 긴급 구제금융을 받게 된다. 상당한 외채를 걸머지고 있는 한국에게는 585억 달러라는 사상 최대 규모의 IMF 긴급 구제금융의 지원 약속으로도 부족했던 것이다.

왜 미국과 IMF는 한국을 살리기로 결정했을까? 여기에 대해 여러 가지 이유를 생각해 볼 수 있다. 첫째 미국의 입장에서 보았을 때 한국이 극도의 경제적 혼란을 겪게 되면 북한의 오판으로 한반도가 불안정해질 수 있다는 안보상의 이유다. 미국의 국무부 장관과 국방부 장관이 추가 지원에 반대하는 재무부 장관 루빈을 이런 논리로 설득했다는 언론의 보도도 있었다.

둘째는 한국이 모라토리엄을 선언하면 IMF의 구제금융이 실패한 것이 되는데, 이는 IMF가 취한 개혁조치가 적절치 못했음을 뜻하는 것이다. 따라서 IMF에 대한 비난이 제기될 것이고 IMF는 이를 원하지 않는다는 것이다.

셋째로 한국이 모라토리엄을 선언하게 하는 것보다는 또 한 번 금융 지원을 하는 것이 오히려 미국과 세계 경제 전체 차원에서 비용이 덜 든다는 판단 때문이다. 한국이 부도가 나면 우선 250억 달러를 빌려준 일본 은행들이 커다란 어려움에 직면하게 된다. 이는 그렇잖아도 어려운 일본 경제에 큰 타격이 될 것이며, 그 여파로 세계 경제에는 무시 못할 부정적인 영향이 나타나게 될 것이다.

이 세 가지 중에서 세 번째 이유가 제일 설득력이 있어 보인다. 이유야 어떻든 간에 1997년 12월 24일 크리스마스 이브에 IMF는 이미 약속했던 총액 중에서 1백억 달러를 조기에 집행하기로 결정했다. 20억 달러는 IMF가 연말에 제공하며, 제2선으로 주요 선진국들이 예비한 나머지는 1월 초에 지원하기로 하였다.

아울러 국제 민간은행들에게도 선진국 정부들이 채무 상환기간의 연장을 종용하기로 했다. 이들은 어렵지 않게 만기 연장에 동의하여 만기가 계속 돌아오는 채무에 대해 1998년 3월 31일까지 연장해 주기로 하였다. 그 이유는 간단하다. 연장을 안해주면 부도가 날 것이고, 이는 국제 상업은행들에게도 손해가 될 것이기 때문이다. 다시 말해 모든 채권자들이 진정하면 사태를 수습할 수 있는 것이다. 이처럼 우리 은행들의 단기 대외채무에 대해 만기 연장은 되었으나 실제로는 부도(technical default)가 난 것이나 마찬가지였다(NYT, 1998. 1. 12).

1997년 12월 31일 현재 우리나라의 총외채는 1,530억 달러라고 정부는 공식 발표했다. 이중에서 1년 이내에 만기가 돌아오는 단기 외채는 802억 달러에 이르는데 여기서 240억 달러가 금융기관의 채무다. 다행히 1998년 3월 말까지 속속 만기가 도래하는 한국 금융기관들의 채무에 대해 세계 주요 은행들이 만기 연장을 결정함에 따라 12월 29~31일의 경우 만기 연장률은 90~95%나 되었다.

그러나 기업의 채무는 만기 연장 대상에서 제외되었다. 이제 어쨌든 우리는 만기가 연장된 석 달 동안 금융기관의 단기 외채를 장기 외채로 바꿀 수 있는 시간을 벌게 되었다.

IMF의 제2차 구제금융을 받으면서 한국은 기존에 IMF와 합의한 개혁조치를 더욱 가속화하겠다는 약속을 했다. 원래 IMF와 합의한 개혁에 추가로 더 보탠다는 뜻에서 이를 'IMF 플러스'라고 불렀다.

예를 들면 외국인 주식투자 한도를 1997년 말까지 원래 합의한 50%에서 55%로 늘리며, 1998년 말에는 아예 한도를 폐지하기로 했다. 채권시장도 1997년 말까지 완전히 개방한다. 또한 1999년 6월까지 모든 수입 제한조치를 철폐하며, 제일은행과 서울은행의 매각도 서두르기로 하였다. 이자 제한법도 폐지하여 금리 인상을 자유롭게 했으며, 노동시장의 유연성을 높일 수 있는 조치를 조속히 시행하기로 했다. 외국 은행과 증권사의 현지법인 설립도 1998년 3월부터 허용키로 하였다.

세상에 공짜는 없다. 추가로 더 받는 것이 아니라 이미 주기로 했던 돈 가운데 1백억 달러를 앞당겨 지원하는 것인데도 여러 가지 추가사항에 대해 양보를 할 수밖에 없는 것이다. 그렇지만 선진국들이 주기로 한 80억 달러는 1998년 8월까지도 이런저런 핑계와 함께 지원되지 않았다. 1998년 6월 말경 우리나라에 온 루빈 미재무부 장관에게 기자들이 그 돈을 언제 지원할 것인가에 대해 질문했다. 대답은 한국은 이미 상당한 외환보유고를 가지고 있으므로 구태여 지원할 필요가 없다는 것이었다.

이처럼 두 번씩이나 한국을 위해 구제금융을 지원한 데 대해서 상당한 비판이 있었다. 특히 미국 의회에서는 한국의 은행들이나 대기업들이 저지른 잘못을 해결하는 데 미국민들의 아까운 세금을 쓴다는 데 대해 많은 비난이 있었다. 잘못을 했으면 그 대가를 혹독히 치르게끔 구제하지 말고 부도가 나게 내버려두라는 것이다.

한편에서는 IMF의 금융지원이 부유한 국제 은행이나 투자가들을 구제하기 위한 것이라는 공격이 거세게 일어났다. 이들은 높은 이득을 위해 한국에 대출 및 투자를 하였으므로 의사 결정이 잘못됐을 때는 손해를 보아 마땅하다는 것이다. 자신의 결정에 당연히 책임을 져야 한다는 주장이다. 사정이 좋을 때는 높은 이득을 보고, 나빠질 때는 IMF가 구제한다면 이들은 땅 짚고 헤엄치기를 하는 것이다. 따라서 대출이나 투자 결정은 조심성 없이 방만하게 이루어질 것이다. 즉 의사 결정이 잘못 이루어지는 도덕적 해이(moral hazard) 현상이 발생하게 된다.

이에 대해 미 재무부 장관 루빈은 입장을 분명히 했다. 국제 은행들이나 투자가들은 자신의 대출 및 투자 결정이 잘못돼서 생기는 손해를 스스로 부담해야 마땅하기 때문에 이들을 돕기 위해서는 동전 한 닢도 쓰지 않겠다고 하였다. 다시 말해 IMF 구제금융의 목표는 한국을 돕는 것이며 한국의 금융시장을 안정시키는 것이다. 그렇게 함으로써 미국과 세계 경제에 미칠 부정적인 영향을 차단하는 것이지만, 그 과정에서 불가피하게 국제 은행들과 투자가들을 돕게 된다는 것이다 (NYT, 1997. 12. 29).

그런데 제2차 구제금융을 결정하는 과정에서 참작된 것은 서울 현지에서 영업 중인 외국 은행 지점장들이 갖고 있는 한국 경제에 대한 생각이었다. 이들은 매달 한 번씩 비공식적으로 40~50명이 조선호텔에 모여 서로 정보를 교환하곤 했다. 그런데 이들은 한국 경제가 1~2년은 어려울 것이나 그후에는 전망이 밝다고 믿었다. 따라서 당장의 위험 부담을 감수하면서까지 한국의 은행과 기업들의 대출 만기를 연장해 주는 데 호의적이었다.

이는 미국과 IMF의 입장을 훨씬 편하게 해주었다. 즉 구제금융이 부유한 국제 은행들과 투자가들을 위한 것이므로 도덕적 해이의 문제가 일어난다는 공격을 비켜갈 수 있는 명분을 제공했던 것이다 (WP, 1997. 12. 28).

한편 채무자에게도 도덕적 해이의 문제가 있을 수 있다. 은행의 대출이나 기업의 투자 결정이 잘못되어 국민경제가 외환 위기에 직면해도 IMF가 금융지원을 해주기 때문이다.

그러나 IMF는 돈을 빌려주면서 반드시 가혹한 조건을 단다. 따라서 채무국은 실업·도산·물가 상승·소득 감소 등 엄청난 고통을 겪게 된다. 이를 잘 알고 있는 채무국들이 번번이 IMF 지원에 기대려고 하지는 않을 것이다. 따라서 IMF의 금융지원과 관련되어 일어나는 도덕적 해이의 가능성은 채무자보다는 주로 채권자 쪽의 문제인 것이다.

1980년대에 외채 위기를 경험하는 과정에서 남미 여러 나라들은 IMF로부터 구제금융을 받았다. 그런데 이때 혹독한 시련과 고통을 겪은 것은 부유한 선진국의 채권자가 아니라 채무국인 후진국의 평범한 국민들이었다. 태국·인도네시아·한국에 대한 이번의 구제금융도 현재 그와 비슷한 결과를 빚고 있다.

뉴욕 외채협상

이제 만기가 연장된 단기 채무를 장기로 바꾸는 채무 재조정 (debt rescheduling) 작업을 할 차례이다. 1998년 초 미국의 모건 (J. P. Morgan)은행, 시티은행 (Citibank), 체이스 맨해튼 (Chase Manhattan)은행 등이 주도하여 다음과 같은 제안을 내놓았다.

금융기관의 단기 외채 총규모 240억 달러 중에서 150억 달러는 한국 정부가 채권을 발행하여 기존 우리 은행의 채무와 바꿈으로써 빚을 갚는 형식 (bond swap)을 택한다는 것이다. 나머지도 정부가 새로운 국채를 발행해서 조달하는데, 이 돈은 외환보유고를 늘리는 데 사용한다. 이때 채권의 가격은 시장의 수요·공급에 따라 결정 되며, 똑같은 가격을 갖게 되는 소위 더치 옥션 (Dutch auction ; 역경매) 방식을 취한다.

모건은행 등의 이러한 제안은 국제 상업은행들과 국내 은행들 간 의 기존의 거래 관계를 단절시키는 결점이 있다. 또한 당시 한국의 신용도로 볼 때 '더치 옥션' 방식은 채권의 가격은 크게 낮추고 이

자율은 지극히 높게 만들 것이다.

따라서 정부는 새로 국채를 발행하는 것보다 기존의 금융기관 채무에 대해 보증을 서는 방식을 택했다. 우리나라에 대출이 가장 많았던 일본과 독일, 프랑스의 은행들도 이를 선호하였다. 이들은 대출액수가 훨씬 적은 미국 은행들이 주도권을 행사하면서 채권의 신규 발행에 따른 거액의 수수료를 챙기려는 데 대해 내심 못마땅해 하던 참이었다.

그러나 돌이켜보면 사실 정부보증도 할 필요가 없었다. 왜냐하면 국제 은행들이 대출금을 받아내려면 정부보증 없이도 만기를 연장해 주는 것이 자신들에게 더 이롭기 때문이다. 오히려 정부보증을 서줌으로써 외국 은행들의 무모한 대출을 한국 정부가 구제해 준다는 나쁜 신호를 국제 금융시장에 내보낸 것이다(NYT, 1998. 1. 2).

한편 정부는 더치 옥션보다 채권은행들과의 직접 협상을 통해 이자율을 결정하길 원했다. 아울러 일정 기간이 지나면 채무자가 만기가 도래하기 이전에도 빚을 갚을 수 있는 조기상환권(call option)을 희망했다. 지금은 신용 상태가 좋지 않아 높은 금리를 물 수밖에 없으나, 후일 상황이 나아지면 세계 금융시장에서 더 낮은 금리로 자금을 빌려 기존의 불리한 외채를 갚을 수 있도록 하자는 것이다.

1997년 말 현재 세계은행(IBRD) 기준으로 본 한국의 총대외지불부담액은 1,530억 달러였다. 이중 1년 이내에 만기가 돌아오는 단기 외채는 52.4%에 해당하는 802억 달러이고 나머지는 중장기 외채였다. 단기 외채 가운데 240억 달러가 금융기관이 빌린 것이다. 나머지는 국내 기업이 256억 달러, 외국 은행 국내 지점이 172억 달러, 외국에서 빌려 외국에서 운용하는 역외금융이 95억 달러 등이다.

뉴욕 외채협상의 대상은 우리 금융기관의 단기 채무인 240억 달러를 중장기 채무로 전환하는 것이다. 가장 주요한 협상조건은 금리였다. 채권은행들과 선진국 중앙은행들은 정부보증에 연 10~13%의 고금리를 제시했다. 당시 한국은 신용도가 낮으므로 이 정도는 되어야 한다는 것이다.

반면 우리 정부는 IMF도 인정하듯이 외환 위기가 일시적인 유동성 부족으로 생긴 것이고, IMF가 제시한 개혁안을 성실히 실천에 옮기고 있어서 경제의 장래가 밝으며, 정부가 보증까지 하므로 이 자율이 훨씬 낮아야 한다고 주장했다.

사실 한국은 협상의 출발점을 기존 대출금을 정부보증 없이 원래의 이자율로 만기 연장하는 데 두었다(WSJ, 1998. 2. 5). 그러나 1998년 1월 28일에 타결된 조건에 따르면, 단기 외채를 1·2·3년의 중장기 외채로 전환할 때 1년 만기 채무는 리보(London interbank offered rate ; LIBOR)에 가산금리 2.25%를, 2년은 2.50%를, 3년은 2.75%를 보태기로 하였다. 리보는 런던에서 일류 은행들간의 단기 자금 거래에 적용하는 런던 은행간 금리로서, 이번 협상에서의 기준금리는 6개월 만기 리보로 5.625%였다. 여기에 각각 가산금리를 보태면 7.875%, 8.125%, 8.375%가 된다.

IMF 사태가 나기 전인 1997년 10월 시중은행이 외국에서 단기 자금을 빌릴 때 40베이시스 포인트, 즉 0.4%의 가산금리를 물었던 것에 비하면 매우 높은 금리 수준이다. 또한 가산금리가 2%를 넘어선다는 것은 한국의 신용이 '투자부적격' 상태인 정크 본드 수준임을 뜻한다.

그러나 1997년 10월 말경부터 우리 은행들은 외국에서 신규 달러를 빌릴 수가 없었다. 기존 대출의 만기 연장을 할 때에도 리보에 5%나 되는 가산금리를 무는 것이 보통이었다. 따라서 우리 현실을 참작할 때 그 정도의 가산금리 수준은 불가피했던 것으로 보인다.

두 번째는 정부보증의 범위를 어디까지로 할 것인가 하는 문제이다. 정부보증은 결국 국민의 부담이 되므로 민감한 사안이다. 정부는 금융기관 채무 중에서도 2백억 달러 이상은 보증을 꺼렸다.

그러나 독일계 은행들은 한국의 건전한 종금사에 대한 대출도 보증 대상에 포함시켜야 한다고 주장했다. 이 문제는 한국 정부가 양보해서 240억 달러의 금융기관 채무 전체에 대해 보증을 서줌으로써 비교적 쉽게 결말이 났다. 또한 콜 옵션도 채택되어 만기 2년과 3년짜리 중장기 외채의 경우에는 6개월이 지나면 조기 상환이 가능하게 되었다.

이러한 내용의 협상 타결에 대해 재정경제부의 정덕구 차관보는 매우 만족한다고 했다 (NYT, 1998. 1. 29). 외국 언론도 한국이 협상면에서 성공했다고 했다 (FT, 1998. 1. 29). 그러나 국제 채권 은행단의 한 관계자는 공정한 거래 (it's a fair deal)라고 평가했다 (WSJ, 1998. 1. 29). 한국은 가산금리를 상당히 물었지만 보증 범위를 크게 확대했기 때문이다.

사실 국제 은행들은 만기 연장에서 후한 조건으로 오히려 이득을 보았다. 이는 매우 심각한 도덕적 해이 현상이다 (WSJ, 1998. 2. 2). 외국 은행들도 잘못된 투자에 대해 의당 대가를 지불했어야 했는데 오히려 정부보증에 높은 이자율까지 챙긴 것이다 (FT, 1998. 1. 30).

협상 타결로 이제 한국의 외환 위기는 한 고비를 넘기게 되었다. 속속 만기가 돌아오는 단기 외채의 상환 문제로 더이상 골머리를 앓지 않고 중장기에 걸쳐서 갚을 수 있게 되었다. 그러나 국민의 부담인 정부의 지급보증으로 상환기간을 연장했다는 중대한 문제가 제기된다.

외채구조는 단기 외채의 비중이 종전보다 훨씬 낮아져 전체의 36.7%로 줄어들었다. 훨씬 안정적으로 변한 것이다. 그러나 이는 장기 채무가 단기보다 이자율이 높으므로 이자부담의 증가를 뜻한다. 사실 선진국일수록 장기보다 이자율이 싼 단기 채무가 많다. 신용이 좋아 계속 만기 연장만 할 수 있다면 문제가 없기 때문이다.

올해 우리 금융기관과 기업들이 갚아야 할 외채의 원리금은 약 251억 달러로 추정되고 있다. 상환할 원금이 금융기관 114억 달러, 민간기업 30억 달러로 144억 달러이다. 올해 지급할 이자는 약 107억 달러이다(한국경제, 1998. 2. 6).

궁극적으로 수출을 늘려 국제수지를 흑자로 만들어야만 이 외채 원리금을 상환할 수가 있다. 뉴욕 외채협상의 타결은 단지 급한 불만 끄고 후일 빚을 갚겠다고 미뤄놓은 데 불과하다. 문제의 해결은 지금부터가 시작이며, 그 방법은 수출 증대뿐이다.

그런데 뉴욕협상은 우리 정부와 주요 국제 채권은행단과의 협상이다. 이제 수많은 채권은행들은 각각 자신의 거래선인 우리 금융기관들에 앞서 말한 조건에 따라 만기 연장을 해줄 것인지 자발적으로 결정해야만 한다. 이를 위해 정부는 세계 주요 금융 중심지인 뉴욕·도쿄·프랑크푸르트·홍콩 등지에서 국가경제설명회(road show)를 개최하였다. 다행히도 대부분의 개별 채권은행들이 뉴욕협상 타결의 조건에 따라 만기 연장에 동의함으로써 채무 조정은 일단락되었다.

이제 남은 문제는 고갈된 외환보유고를 채움으로써 잃었던 국제 금융사회의 신뢰를 회복하는 일이다. 이를 위해 정부는 1998년 4

월 9일 국제 금융시장에서 새로 40억 달러의 외국환 평형기금 채권을 발행하는 데 성공했다. 5년 만기의 10억 달러는 미국 재무부 채권(TB)의 발행 금리인 5.5%에 3.45%의 가산금리를 붙여 8.95%로 조달했고, 10년 만기의 30억 달러는 3.55%의 가산금리를 더해 9.05%로 빌렸다.

이는 한국의 대외신인도가 어느 정도 향상되었음을 의미한다. 이제 서방 선진국이 오래 전에 지원하기로 약속했던 80억 달러와, 신디케이트 론*(syndicated loan) 30억 달러 정도를 추가로 도입하면 외환보유고는 크게 늘어날 것이다. 그러나 이러한 계획은 그후 추진되지 않았다. 그 이유는 외환보유고가 수출 증대에 힘입어 예상보다 빨리 증가했기 때문이다.

---

* 여러 은행들이 공동으로 채권을 인수하는 형태로 해주는 대출.

몰락하는 한국의 위상

외환 위기로 IMF의 구제금융을 받으면서 한국의 위상은 모범생에서 낙제생으로 떨어졌다. 30여 년의 공든 탑이 일시에 무너져내렸다. 서방 언론들은 엊그제까지 동아시아의 기적을 침이 마르게 칭송하더니 돌연 태도를 바꾸어 동아시아의 가치관(Asian values)과 경제발전 모델(Asian model)에 대해 집중 포화를 퍼부었다.

그러나 세상이 하루아침에 완전히 바뀔 수는 없는 일이다. 어제까지 그렇게 좋던 것이 오늘 갑자기 모두 나빠질 수는 없지 않은가? 신중을 기하지 않고 중심 없이 한쪽 끝에서 다른 쪽 끝으로 입장을 완전히 바꾸는 것은 어리석은 행동이다.

1997년 12월 미국의 유력 경제주간지 《비즈니스 위크》(Business Week ; 이하 BW)는 이러한 당시의 분위기를 잘 나타냈다. 표지에는 태극기의 태극이 땅에 떨어져 있는 그림을 실었다. 기사에는 만원권 지폐와 함께 경회루가 물속으로 가라앉는 그림이 곁들여져 있었다. 주제는 물론 한국의 위기(Korean crisis)였다.

지난 1976년 영국도 외환 위기로 IMF 구제금융을 받은 일이 있었는데, 당시 《월 스트리트 저널》은 「대영제국이여 안녕」이란 기사를 썼었다 (Independent, 1997. 12. 14).

이번에도 한국주식회사는 이미 파산했다든가, 심지어는 파산 절차만 남겨둔 시체경제 (zombie economy)라고까지 극언한 사람도 있다 (International Herald Tribune ; 이하 IHT, 1997. 12. 12).

1997년 12월 하순 우리는 태국·인도네시아와 함께 국제신용평가기관으로부터 정크 본드 판정을 받았다. 투자 부적격으로 낙인 찍힌 것이다. 최우등생이 되기 위해 밤낮을 가리지 않고 30여 년을 열심히 일했는데 낙제생으로 떨어지는 데는 불과 몇 달이 걸리지 않았다. 마치 물거품같이 국부(國富)가 사라져버렸다.

우리는 1995년에 1인당 GNP가 1만 달러를 넘어 10,037달러가 되었다고 모두들 좋아했다. 또한 소득은 당연히 늘기만 하는 것이려니 하고 생각해 왔다. 그러나 이제 환율이 큰 폭으로 뛰어 달러로 표시한 우리 국민소득도 대폭 줄어들고 말았다. 선진국과의 소득 격차를 줄이기 위해 계속 뛰어도 모자랄 판에 뒷걸음질을 친 것이다. 우리는 과거 아르헨티나의 경험을 통해 지속적인 경제성장을 하다가도 얼마든지 퇴보할 수 있음을 보았다. 하지만 바로 그게 우리한테 닥칠 수도 있다는 것은 전연 예상하지 못했다.

그러나 어려운 현실은 꿰뚫어보되 근거 없는 지나친 비관론은 삼갈 줄 알아야 현명한 사람이다. 물론 환율로 인해 달러 표시 국민소득이 크게 줄어든 것은 사실이다. 그러나 지금의 환율은 달러화에 비해 진정한 원화의 가치를 과소 평가한 것이다. 한국과 미국의 물가 수준을 비교했을 때 환율은 지금보다 훨씬 내려가야 한다.

1996년 한국의 명목 GDP는 당시 환율로 4,788억 달러였다. 그런데 미국은 일반적으로 한국보다 물가가 비싸다. 따라서 물가수준

54

을 참작한 구매력 평가(purchasing power parity ; PPP*)에 의한 1996년의 실질 GDP는 6천억 달러였다.

이제 1998년의 명목 GDP는 1998년 2월 4일 환율로 따지면 2,720억 달러로 대폭 줄어들 것으로 예상된다. 그러나 물가 수준을 참작한 PPP에 의한 실질 GDP는 6,600억 달러로 예상된다(E, 1998. 2. 7). 즉 그때 그때의 환율을 적용해 계산하면 올해의 명목 GDP는 1996년에 비해 크게 줄어들 것이다. 그러나 실제로 한국 경제의 재화와 서비스 생산량은 전에 비해 크게 줄지 않았다. 따라서 PPP에 의한 GDP도 별로 변화가 없는 것이다. 이런 이유로 경제학자들이 흔히 쓰는 GDP는 명목 환율로 계산한 것이 아니라 PPP로 계산한 것이다.

IMF 사태가 발생한 지 1년이 다돼간다. 내가 아는 기업인 한 분은 쇠망치로 뒤통수를 맞은 것같이 멍해서 어떻게 시간이 갔는지 모르겠다고 했다. 우리 국민 대다수가 느끼는 바도 크게 다르지 않을 것이다. 나는 지난 30년 동안 늘 저녁 9시에 TV 뉴스를 봤다. 그런데 요즘은 학교에 있는 낮에도 자주 라디오 뉴스를 듣는다. 세 가지 수치를 알기 위해서다. 신문에서도 매일 화살표 그림으로 보여주는 환율·주가·금리가 그것이다. 이 셋을 보면 시장이 우리 경제를 어떻게 평가하고 있는가를 잘 알 수 있다.

영국의 《이코노미스트》지는, 우리가 외채협상을 마무리 지은 후 한국의 금융이 응급수술을 받아 상태가 안정적이기는 하나 심각하다고 표현했다. 금융시장이 허약하다는 것이다. 또한 불황이 이제 막 시작되었고, 경기가 회복되려면 상당한 기간을 기다려야 한다고 했다. 다른 나라의 경험을 보면 금융 위기에서 벗어나는 데 보통 3

---

* PPP = $\dfrac{\text{달러의 구매력}}{\text{원화의 구매력}} = \dfrac{\text{한국의 일반 물가 수준}}{\text{미국의 일반 물가 수준}}$

~4년이 필요하다는 것이다(1998. 2. 7).

지금도 금융시장은 허약하고 부서질 것 같은 불안정한 상태에 놓여 있다. 마치 살얼음판을 걷는 것 같다. 금리와 환율은 크게 떨어지긴 했으나 아직도 높은 편이다. 주가는 외국인 투자에 따라 널뛰기를 계속한다. 노동절인 지난 5월 1일에는 격렬한 시위가 있더니 주가가 큰 폭으로 떨어지고 환율은 급등했다. S&P는 한국의 신용등급을 하향 조정할지도 모른다고 했다. 이제는 우리 마음대로 데모도 못하게 됐다. 시장과 세계가 우리를 지켜보고 있기 때문이다. 격렬한 시위의 대가를 곧바로 돈으로 치러야 하는 시대에 살고 있는 것이다.

IMF의 피셔(Stanley Fischer) 부총재가 지적했듯이 금융 위기는 금방 끝나지 않는다. 멕시코의 경우에도 1994년 12월에 시작된 외환 위기는 다음해 4월 외국 투자가의 신뢰가 되살아나 회복되기 시작했다. 그러다가 1년 만인 1995년 11월에 또 한 차례 위기가 왔다. 외환 위기는 이런 식으로 진행된다(WP, 1997. 12. 6).

다른 나라의 이런 경험은 우리에게 많은 가르침을 준다. 여기서 교훈을 얻는 데 결코 소홀해서는 안되며 모든 것은 우리 하기에 달려 있다는 점을 분명히 인식할 필요가 있다. 특히 지도층부터 솔선수범해서 모두가 공정하게 고통을 분담하고, 지금까지 미뤄왔던 정치·행정·금융·재벌·노동시장 등 각 부문의 개혁을 결연한 의지와 각오로 과감하게 추진한다면 앞으로 1~2년의 고통은 21세기에 접어들면 오히려 커다란 축복으로 변할 수도 있는 것이다.

그 결과 한국은 훨씬 강력한 국가로 다시 부상할 수 있을 것이다. 재앙으로 보이는 IMF 사태이지만 우리 하기에 따라서는 전화위복의 계기가 될 수도 있으며, 감춰진 축복(blessings in disguise)으로 변할 수도 있는 것이다.

제2장

세계는 하나이다

미국 연방은행 총재 그린스팬과
재무부 장관 루빈마저도, 「아무도 현 국제 금융제도의
운용에 대해 제대로 이해하지 못하였기 때문에
태국 사태가 아시아 전체로 전염되리라고는
전연 예상을 못했다」고 털어놓았다 (WSJ, 1998. 2. 2).

삭스와 크루그먼

세계 인구는 1997년 7월 1일 현재 약 59억 명으로 추정되고 있다. 이중 선진국에 약 12억 명이 살고 있으며 발전도상국에는 47억 명이 살고 있다. 즉 80%가 후진국 사람들이다. 대륙별로 보면 아시아에 세계 인구의 약 60%에 달하는 35억 7천만 명이 밀집해 있다. 그 다음으로 아프리카 7억 7천만 명, 유럽 7억 3천만 명, 남미 5억 명, 북미 3억 명, 그리고 오세아니아 3천만 명 순이다.

선진국들은 유럽·북미·오세아니아에 주로 있고 후진국들은 아시아·아프리카·남미에 주로 분포되어 있다. 그런데 후진국들 가운데 지난 30여 년 동안 제대로 경제성장을 이룩한 나라는 동아시아 국가들뿐이다. 남아시아의 인도·파키스탄·방글라데시 등과 아프리카 및 남미의 여러 나라들은 성장률이 낮거나 심지어 마이너스 경제성장률을 보였다.

1965~1995년 동안 한국·대만·홍콩·싱가포르 등 소위 네 마리 호랑이들의 1인당 국민소득은 6배 이상이나 급증했다. 그 뒤를

이어 동남아의 인도네시아·태국·말레이시아도 다소 출발은 늦었지만 같은 기간 동안 3배 이상 성장하였다. 1970년대 후반부터 실용주의 노선을 택하면서 개혁과 개방을 본격적으로 추진하기 시작한 중국도 지난 20여 년 동안 급속한 경제성장을 이룩했다. 1985~1995년간 중국의 1인당 GNP는 8.3%로 매우 높은 연평균 성장률을 보였다.

세계 역사상 이렇게 높은 경제성장률을 보인 나라는 일본 외에는 없었다. 세계은행은 1993년 출간한 〈동아시아의 기적(The East Asian Miracle)〉이라는 책에서 2차 세계대전 이전에 이미 선진국이 된 일본을 비롯해 네 마리의 호랑이와 동남아의 세 국가를 언급하고 있다. 이 책에서는 이들 8개국을 가리켜 '높은 성장 실적을 보인 나라들(HPAE's ; high performing Asian economies)'이라고 불렀다. HPAE's는 고도 성장을 달성했을 뿐만 아니라 분배가 개선되었고 절대빈곤이 줄어들었으며 예상 수명도 늘어났다. 즉 성장과 형평(growth and equity)을 잘 조화시키면서 경제발전을 이룩했다는 평가였다. 다른 발전도상국들은 동아시아 모델에서 어떤 교훈을 얻을 수 있을까 연구하였다.

이 책은 특히 두 가지를 강조했다. 하나는 동아시아 국가들이 경제의 기초를 올바르게 세웠다는 점이다. 통화량을 과도하게 늘리지 않으며, 정부의 재정도 적자가 나지 않도록 조심했다. 따라서 물가는 안정되었고 인플레이션이 없었다. 경제 안정이 이룩된 것이다. 저축률도 세계에서 가장 높았고 그 결과 투자도 매우 컸다. 교육을 중시하여 인간자본(human capital)에 대한 투자에도 상당한 역점을 두었다. 또한 수출 증대를 중요시하는 등 경제정책이 처음부터 개방체제를 지향했다. 이는 선진 외국의 문물, 특히 기술이나 경영 기법을 배우는 데 커다란 도움이 됐다.

다른 하나는 정부가 경제에 개입하기는 하였으나 그로 인한 부작용이나 왜곡이 다른 후진국에 비해서 상대적으로 심하지 않았다는 점이다. 즉 선택적 개입 (selective intervention)만 있었다. 수출 촉진을 위한 무역정책을 쓴다든가, 전략산업을 육성하는 산업정책을 편다든가, 은행융자를 전략 부문에 치중하도록 하는 등 정부가 시장에 개입한 것은 사실이다. 그러나 다른 발전도상국들에 비하면 시장의 역할을 중시하는 친(親)시장적 (market friendly) 방식을 택했다.

동아시아의 경제 기적을 바라보며 서양은 아시아의 세기 (Asian century)가 다가오고 있다고 했다. 또한 아시아의 가치가 우월하다는 의견도 많았다. 저임금으로 무장한 동아시아 국가들이 구미의 선진국들을 경쟁에서 몰아낼 것이라고 두려워했다. 앞으로 20년 안에 선진국들을 물리치고 세계 경제를 주도하게 될 것이라고 걱정하기도 했다.

이에 대해 미국 MIT의 크루그먼 (Paul Krugman) 교수는 《포린 어페어스 (Foreign Affairs)》의 1994년 11·12월호에 「아시아 기적의 미신 (The myth of Asian miracle)」라는 글을 발표하여 커다란 반향을 불러일으켰다. 그는 아시아의 급속한 경제성장은 주로 노동과 자본의 투입 증가에 연유한 것이며, 효율이나 생산성은 별로 늘지 않았다고 주장했다. 다시 말해 노동자를 더 많이 쓰고 저축과 투자를 늘려 기계 (자본)를 더 많이 사용해서 GDP가 늘어난 것이지, 효율이나 생산성이 늘어 GDP가 증가한 것이 아니라는 주장이다. 만일 그의 주장이 사실이라면 노동자와 기계의 대수를 늘리는 데는 한계가 있으므로 경제성장은 머지않아 둔화되고 말 것이다. 효율이나 생산성이 늘어나야 GDP가 계속 늘어날 텐데 그렇지 못한 것이다.

크루그먼은 1960년대의 구(舊)소련과 오늘날의 네 마리 호랑이가 쌍둥이처럼 성격이 비슷하다고 했다. 당시 구소련도 노동과 자본의 급속한 투입 증가로 GDP가 상당 기간 급격히 늘었다. 그래서 흐루시초프 당시 구소련 공산당 서기장이 유엔 총회에 참석해 자기 신발을 벗어들어 책상을 치면서 「우리가 금방 미국을 따라잡고 말 것」이라고 큰소리를 친 일화까지 있다.

그러나 효율이나 생산성이 늘지 않는 한 경제성장은 한계에 부딪히게 마련이다. 구소련이 바로 그랬던 것이다. 당시 서양은 구소련을 상당히 두려워했다. 크루그먼은 당시의 걱정이 기우였던 것처럼, 오늘날 동아시아의 급속한 성장에 대한 서양의 걱정 역시 기우에 불과하다고 본다. 노동과 자본의 투입이 급속히 증가할 때 상당 기간 GDP가 급성장하는 것은 당연하며, 따라서 아시아의 기적은 처음부터 없었고 미신에 불과하다는 견해다.

네 마리 호랑이도 종이 호랑이에 지나지 않는다고 본다. 또한 선진국이 된다는 것은 일만 열심히 하고 아껴서 투자를 많이 하는 등 땀(perspiration)만 흘린다고 되는 것이 아니고, 반드시 새로운 아이디어나 혁신이 필요하다는 것이다. 즉 영감(inspiration)이 있어야 한다. 이를 다른 말로 하면 몸으로 때워서만은 안되고 머리를 써야 한다는 것이다.

크루그먼의 글은 그후 상당한 논란을 불러일으켰다. 동남아의 통화 위기가 발생한 이후 미국의 유력 시사주간지 《타임》은 1997년 9월 29일자에서 미국 하버드대학 삭스(Jeffrey Sachs) 교수의 반론을 실었다. 그는 「아시아의 기적은 그대로 살아 있으며 건재하다」고 주장했다. 세계은행(IBRD)이 지적한 대로, 동아시아는 경제의 기초가 건실하기 때문에 통화 위기로 인해 드러난 문제점들을 제대로 개혁할 수만 있다면 앞으로도 고도 성장을 지속할 수 있을 것이

라는 주장이다. 그 결과 21세기 초에는 세계의 GDP에서 아시아
가 점유하는 비중이 현재의 40% 수준에서 50% 이상으로 늘어날
것이라고 예측했다.

이에 대해 크루그먼은 「아니다. 아시아의 기적이란 처음부터 없
었다」는 종전의 주장을 《타임》의 같은 호에서 되풀이했다.

돌이켜보면 동아시아에 대한 서양의 평가는 균형을 잃는 경우가
적지 않았다. 1960년대 초 미국과 유럽이 괄목할 만한 경제성장을
하고 있을 때는 아시아가 정체 상태에 빠져버릴 것이라는 비관론이
지배했다. 그후 동아시아가 고도 성장을 이룩하자 이번에는 또다른
극단인 지나친 낙관론 쪽으로 옮겨갔다. 이제 통화 위기로 동아시
아의 외환시장과 증권시장이 혼미를 보이고 불황이 시작되자 아시
아의 기적은 끝났다는 주장이 크게 득세하고 있는 것이다.

그러나 진실은 지나친 낙관론과 비관론의 중간 어딘가에 있을 것
이다. 영국의 《이코노미스트》지가 동아시아 경제에 대한 전망기사
에서 자세히 보여주듯이, 30여 년의 급속한 성장을 겪고 난 이들이
현재 침체 상태에 빠져 있지만 이것으로 아시아의 경제 기적이 끝
난 것은 아니다 (E, 1998. 3. 7). 정부가 적절한 개혁조치를 취한다
면 다시 본격적인 성장궤도에 진입할 수 있을 것이다. 아시아의 경
제발전 모델은 그대로 살아 있으며, 앞으로도 지속될 수 있다.

태국에서 시작되다

1990년대에 들어오면서 세계 금융시장에는 커다란 변화의 물결이 일었다. 이는 다름아닌 금융의 세계화(financial globalization)이다. 나라들 사이에 자본의 이동이 빈번해지고 그 규모도 급증했으며, 각국의 금융시장들간에 상호의존성이 크게 증대된 것이다.

국제 외환시장에서 이뤄지는 주요국 통화의 1일 거래량은 1985년에는 1,900억 달러에 불과했으나 1995년에는 1조 2천억 달러로 급증했다. 또한 1990년에는 5백억 달러의 민간자본이 후진국으로 들어갔으나 1996년에는 무려 3,360억 달러가 유입되었다(E, 1997. 10. 25).

아시아는 후진국 중에서 성장에 대한 전망이 가장 밝은 지역으로 꼽혔다. 사실 1990~1996년 동안 세계 GDP 성장의 3분의 2가 일본을 제외한 아시아 지역에서 이루어졌다. 또한 일본 수출의 44%가 아시아로 갔고 미국은 30%, 유럽연합(European Union ; EU)은 9%를 아시아로 보냈다(E, 1997. 11. 29). 또한 엄청난 규모의 자본이 아시아로 들어왔다. 1992년 이후 아시아는 일본으로부터 2,630억 달러, 유럽에서 1,550억 달러, 미국에서 550억 달러 등 도합 7천억 달러를 빌렸다 (FT, 1997. 11. 20).

아시아에서는 무슨 일이 잘못될 수가 없다는 분위기가 팽배하였다. 지난 30여 년의 성장 실적이 이러한 생각을 뒷받침해 주었기 때문에 너도나도 아시아에 대출을 하고 투자를 했다. 특히 태국·말레이시아·인도네시아는 1980년대 후반부터 외환시장과 자본시장의 개방을 서둘렀다. 이는 외자 유입을 더욱 원활하게 했다.

외자 도입은 경제성장을 촉진시킨다. 수출이 큰 폭으로 늘어나며 증권시장은 활황세를 보이고 부동산도 값이 크게 뛴다. 한때는 태국의 국조 (國鳥)가 건설용 크레인이라는 말이 나오고, 말레이시아는 세계에서 가장 높은 빌딩을 가진 것을 자랑하며, 중국의 상하이에는 전세계 타워 크레인의 5분의 1이 몰려 있다는 이야기도 있었다. 도처에서 돈이 흘러 넘치고 건축 붐 (boom)이 일며 호황이 계속되었다.

그러나 좋은 일이 한없이 지속될 수는 없다. 특히 남의 돈을 빌려 무분별하게 빌딩·콘도미니엄·골프장 등 부동산 건설에 투자하는 식의 경기 호황은 엄청난 후유증을 남기고 끝나게 마련이다.

태국에서는 벌써 1996년부터 부동산의 공급 과잉으로 가격이 떨어지기 시작하면서 거품이 빠졌다. 건설업체의 도산이 늘어나고 이들에게 대출을 해준 금융기관이 부실해졌다.

한편, 태국의 수출은 통관 기준으로 1990~1995년 동안 연평균 18.8%의 높은 증가율을 보였다. 그런데 갑자기 1996년에는 수출 증가율이 4.0%로 급락하면서 국제수지 적자폭이 크게 확대되었다. 재화와 용역 (서비스)의 수출입 차이인 경상수지 (current balance)를 보면 1995년과 1996년의 적자폭이 GDP 대비 8%나 된다. 이

는 1994년에 외환 위기를 겪었던 멕시코의 7.8%보다도 높은 것이
다. 태국 경제에 비상신호가 켜졌다.

태국의 국제수지가 큰 폭의 적자를 낸 이유는 중국과 일본의 영
향이 컸다. 먼저 중국은 1994년 위안(元)화를 50%나 평가절하했
다. 이로써 중국은 수출을 증가시키고 수입은 감소시켰으나, 경쟁
관계에 있는 태국은 수출이 줄어들고 수입은 늘어나게 되었다. 일
본의 영향은 이보다 훨씬 컸다. 먼저 엔화 가치의 추이를 보자. 엔
고(高)가 되면 일본의 수출은 줄고 수입은 늘 것이다. 그러나 일본
과 경쟁 관계에 있는 나라들의 수출은 늘고 수입은 줄어든다.

보기를 들자면, 1980년대 후반 일본에 대해 큰 폭의 국제수지
적자를 내고 있던 미국은 이를 시정하기 위하여 1985년 9월 소위
'플라자 협정(Plazza accord)'을 맺어 엔고를 유도했다. 그 결과
1986~1989년 동안 미국 달러화의 가치에 비해 엔고가 계속되었
다. 일본의 수출은 줄이고 수입은 늘리며, 미국의 수출은 늘리고
수입은 줄여 미일간 국제수지 불균형을 완화시키기 위한 것이었다.
그런데 엔고는 아시아 지역에도 상당한 영향을 끼쳤다. 이 기간 동
안 우리 수출이 급증해 한국의 국제수지가 엄청난 규모의 흑자를
보였던 것이 좋은 예이다.

이제 반대로 1995년 이후 미국의 달러화 가치에 비해 일본의 엔
화가 떨어져 엔저가 되었다. 그런데 태국 · 말레이시아 · 인도네시
아의 통화 가치는 미국달러화에 연계되어 있기 때문에 덩달아 동남
아 국가들의 통화 가치도 엔화에 비해 절상되었다. 이는 동남아 국
가들의 수출은 줄이고 수입은 늘려 국제수지의 적자폭을 급속히 확
대시켰다.

환율정책이 실패한 것이다. 만일 동남아 국가들이 외환시장에서
외환(달러 · 엔 · 마르크 등)에 대한 수요와 공급에 따라 환율이 자

유롭게 변동하는 변동환율제도를 채택하고 있었다면, 엔저가 되어 국제수지 적자폭이 확대되었을 때 동남아 국가들의 화폐 가치도 의당 떨어졌을 것이다. 그러면 국제경쟁력이 회복되어 수출은 늘고 수입은 줄어들었을 것이다. 결국 기초경제 여건과 동떨어진 환율의 무리한 유지가 국제수지를 크게 악화시켰다.

이처럼 태국의 국제수지는 엄청난 적자를 보이고 있는데 환율은 그대로 있다면 바트(Bhat)화의 평가절하가 불가피해진다. 따라서 헤지 펀드(hedge fund)와 같은 단기 투기성 자금(hot money)이 바트화의 절하를 예상하고 매매차익을 챙기기 위해 태국의 외환시장에 대거 몰려와 바트화에 대한 투기적 공격을 하게 된다. 실제로 세 차례나 바트화에 대한 대규모 공격이 있었다.

처음 태국의 외환 당국은 바트화의 가치를 유지하기 위해 외환시장에 개입해 달러를 팔고 바트화를 샀다. 그러나 외환보유고가 급속히 줄어들면서 결국 손을 들고 말았다. 드디어 1997년 7월 2일 바트화의 가치가 폭락하면서 태국은 외환 위기에 휩싸이게 되어 IMF에 지원을 요청하였다.

동남아의 외환 위기 사태에 헤지 펀드는 상당한 역할을 했다. 한국을 방문한 적도 있는 소로스의 퀀텀 펀드(Quantum Fund)가 대표적인 보기이다. 이들은 고위험·고수익 자산에 대해 공격적인 투자를 일삼는 국제적인 투기자본으로서 엄청난 규모의 자본을 동원할 수 있는 능력을 지니고 있다.

1990년대에 들어와 각국의 금융규제 완화(deregulation)와 자본자유화(liberalization)가 급속히 추진되고 정보통신 기술이 눈부시게 발달하면서 금융의 세계화가 급진전되자, 헤지 펀드와 같은 투기성 거래자들이 운용하는 핫 머니가 급증하고 있다. 바야흐로 우리는 국제 금융시장을 좌지우지할 정도로 엄청난 영향력을 가진 핫 머니의 시대에 살고 있다.

말레이시아의 마하티르 총리가 소로스를 링기트(Ringgit)화를 폭락시킨 주모자라고 비난한 것, 환투기는 비도덕적인 일이므로 금지해야 한다고 주장한 것은 일리가 있는 말이다.

엔저 이외에도 동남아에 미친 일본의 영향은 저금리에서도 나타난다. 일본은 1980년대 후반 이후 지나치게 완화된 금융·재정정책을 써서 거품경제가 나타났으며 그 여파로 1990년대 초까지 높은 경제성장을 계속하였다. 그러나 1992년부터 거품이 빠지면서 주식과 부동산의 가격이 급격히 떨어지기 시작했다. 예를 들어 1991~1996년에 걸쳐 도쿄의 상업지 가격은 57%나 폭락하였다. 전국의 평균 부동산 가격도 25%나 떨어졌다. 또한 1989년 말경 38,900으로 최고치를 기록하였던 닛케이(Nikkei) 주가지수는 1998년 8월 31일에는 14,108로 폭락했다.

부동산과 주식의 가격 폭락은 이를 담보로 대출해 준 일본 금융기관의 엄청난 부실을 초래했다. 지난 1998년 1월 중순 일본 정부는 1997년 9월 말 현재 은행의 부실채권 규모가 77조 엔, 미화로 5,830억 달러에 이른다고 공식 발표했다. 이는 은행 총대출의 12%에 달하는 것으로 GDP의 15%나 된다. 이는 과거에 발표한 수치의 3배에 달하는 것이나, 문제는 서양 사람들이 이 수치를 믿지 않는다는 데 있다. 미국의 관리들과 금융전문가들은 부실채권 규모가 일본 정부가 밝힌 액수의 거의 2배인 무려 1조 달러에 이를 것으로 추정했다 (NYT, 1998. 7. 30).

1992~1996년 동안 일본의 연평균 GDP 성장률은 1.3%에 불과하였다. 1997년에는 1973년의 1차 석유파동 이후 처음으로 −0.7%의 경제성장률을 나타냈다. 1998년 1/4분기에는 경기 침체가 더욱 심화되어 −1.3%의 성장률을 보였는데, 이는 연율로 따지면

—5.3%의 성장률을 뜻한다. 경기 침체가 계속 악화되고 있는 것이다.

이를 극복하는 방법에는 재정정책과 금융정책이 있다. 즉 세금을 깎거나 정부 지출을 늘려 적자예산을 편성하는 팽창적인 재정정책을 사용해 경기를 부양시킬 수 있다. 그러나 일본 정부는 이미 막대한 정부 채무를 안고 있으므로 적극적인 재정정책으로써 경기를 진작시키는 것을 아주 꺼리고 있다. 오히려 1997년 4월에 재정적자를 줄이기 위해 소비세율을 3%에서 5%로 인상했는데, 이것이 바로 일본의 경기 침체를 초래한 주요 요인이 되었다.

결국 일본은 금융정책을 사용할 수밖에 없자 저금리로 경기를 부양시키려 하고 있다. 은행이 우량기업에게 대출할 때 적용하는 이자율인 프라임 레이트(prime rate)는 1997년 12월 말, 미국은 8.5%인데 일본은 1.63%에 불과하다. 그야말로 초(超)저금리인 것이다. 1992년 말 4.5%에서 1993년 말 3.3%, 1994년 말 3.0%, 그리고 1995년 말 이후 1.63%의 매우 낮은 금리가 현재까지도 지속되고 있다.

이처럼 일본의 국내 금리가 낮아지자 일본 자본은 높은 금리를 좇아 외국으로 나갈 수밖에 없다. 좋은 예로 일본의 미국 재무부 채권(TB) 보유량을 보면 1998년 5월 말 현재 2,669억 달러에 달한다. 이는 외국인 보유물량의 21.3%에 이르는 높은 수치이다(한국경제, 1998. 8. 5).

1990년대 동남아에 일본 자본이 대량으로 유입된 것도 국내의 저금리 때문이다. 지난 1994년만 해도 동남아에 대한 일본의 대출은 4백억 달러에 불과했으나 2년 만에 무려 2,650억 달러로 급증했다(문화일보, 1997. 11. 20). 그 동안의 대출금 회수로 1997년 말 현재 일본 은행의 아시아 전체에 대한 대출은 2,490억 달러로 줄어

들었다. 그러나 아직도 아시아가 안고 있는 총대출금의 3분의 1이
일본 돈이다.

거품이 꺼지면서 일본의 금융기관이 엄청난 부실채권을 안게 되
었을 때, 원칙대로 하면 대장성이 초기에 악성 부실채권은 대손충
당금으로 꺼버리고 그 밖의 불량자산도 증권화했어야 했다. 그러나
당국은 초저금리로 대처하면서 부실 금융기관의 처리를 미룬 채 시
간만 허송하고 말았다. 그 결과 문제는 점점 더 커지고 일본 경제
는 거의 10년간 침체의 늪에서 벗어나지 못하고 있다.

남미가 지난 1980년대에 외채 위기로 거의 10년 동안 경제성장
을 하지 못해 '잃어버린 10년 (lost decade)'을 겪었다면, 일본 역시
1990년대에 부실채권을 신속하게 정리하지 못해 약 10년을 허송하
고 있는 것이다.

더구나 일본은 이웃 동남아시아에까지 부정적인 영향을 끼쳤다.
거품경제가 꺼지면서 저금리가 되자 막대한 자본이 동남아로 이동
해 거기서 또 거품을 만들어놓았다. 즉 거품경제를 수출함으로써
동남아 외환 위기의 주요 원인을 제공한 것이다.

지금 동남아는 거품이 빠지면서 심각한 후유증을 앓고 있다. 그
영향은 다시 일본으로 건너와, 그렇지 않아도 엄청난 부실채권으로
어려움을 겪고 있는 일본 금융기관들은 동남아에 대출해 준 돈으로
인해 더욱 곤란한 처지에 몰리고 있다.

태국의 경우 일본 자본이 대거 유입되는 동안에는 경기도 좋고
증권시장도 활황이었다. 또한 외자를 부동산에 투자하면서 부동산
시장도 활기를 띠었다. 그러나 외자를 가지고 주로 부동산에 투자
했던 것이 공급 과잉으로 값이 떨어지면서 거품이 꺼지기 시작했
다. 이에 따라 건설업체의 도산이 이어지고 이들에게 대출을 해준
금융기관이 부실해져 대외신인도가 실추되었다.

태국이 외환 위기를 맞게 된 것은 오랫동안 국제수지가 큰 폭의 적자를 낸 데다가, 1996년 말 당시 외채가 GDP의 50%나 되었음에도 잘못된 환율정책으로 바트화의 고평가가 지속된 데 있다. 이것이 가능했던 이유는 물론 외국 자본이 계속해서 유입되었기 때문이다.

　이러한 상황에서 바트화의 평가절하가 예상되자 투기적인 공격(speculative attack)이 시작되었고, 종국에는 방어가 불가능할 정도가 되었다. 1997년 6월 말 1달러에 24바트이던 환율이 그해 연말에는 46바트로 폭등했다. 주가지수도 제일 높았던 1996년 2월 6일의 1,415에서 1997년 6월 30일에는 527로 폭락했다.

　1994년 12월 멕시코가 외환 위기를 겪으면서 페소(Peso)화가 폭락한 것도 비슷한 이유에서였다. 1991년 이후 대규모의 경상수지 적자를 내오다가 1994년에는 GDP 대비 적자폭이 7.6%나 되었다. 그러나 단기 자본 유입으로 페소화의 가치가 인위적으로 높은 수준에서 유지되었다. 한동안은 이렇게 경제를 끌고 갈 수가 있었으나, 결국 외국 투자가들의 신뢰가 떨어지면서 일시에 투자자금을 회수해 가자 IMF에 구제금융을 신청할 수밖에 없었던 것이다.

급속한 전염

태국의 외환 위기는 곧바로 이웃 국가인 인도네시아·말레이시아·필리핀으로 확산되어 갔다. 이러한 현상은 외국 은행들과 투자가들이 동남아 경제 전체에 대해 불신감을 갖게 된 데서 연유하였다. 나라별로 다소 차이는 있지만 인도네시아·말레이시아·필리핀도 경제 상황이 태국과 비슷했다.

이들 국가들도 경상수지의 적자폭이 확대되고 있었음에도 환율은 절상되지 않고 낮은 수준을 그대로 유지하고 있었다. 이는 헤지 펀드 등의 투기적인 공격을 불러일으켜 더욱 극심한 절하 압력이 가해졌다. 게다가 유입된 외국 자본은 부동산 같은 비 (非)생산적인 부문에 대거 투자되었다. 역시 거품이 꺼지면서 기업 도산이 늘어나 금융기관이 부실해지고 이들의 대외신인도도 실추되었다.

결국 인도네시아의 루피아, 말레이시아의 링기트, 필리핀의 페소화는 급속하게 가치가 절하되고 만다. 그러면 물가가 상승해서 이자율도 오른다. 동시에 환율 상승으로 기업들의 외채 원리금에 대한 상환 부담도 크게 늘어난다. 이로써 기업 도산이 줄을 잇게 되고 아울러 부실 금융기관의 폐쇄 가능성도 높아졌다. 이는 주가를 크게 떨어뜨리면서 외국인들의 투매를 부추겼고, 다시 환율이 급상승하는 악순환이 계속되었다.

외환시장에서 시작된 위기는 자금시장과 주식시장으로 파급되면서 전체 금융시장을 위기의 소용돌이로 몰아넣었다. 즉 외환율은 폭등하고, 금리도 급상승하며, 주가는 폭락하였다.

태국에서 시작된 금융 위기가 곧바로 이웃 나라들로 전염된 것은 이들 국가들이 무역과 투자에서 밀접한 상호관계를 가지고 있기 때문이기도 하다. 그러나 이보다 훨씬 더 중요하고 직접적인 이유는, 1990년대에 들어와 국제 금융시장에서 단기 투기성 자본의 이동이 훨씬 자유로워지면서 그 유출입이 빈번해진 데 있다.

1990년대 이전에는 이런 일이 없었다. 한 나라에 문제가 생기면 그곳에만 국한되었다. 그러나 이제는 급속히 다른 나라들로 전염(contagion)되는 것이다. 이를 흔히 전염효과 또는 테킬라 효과(Tequila effect)라고 한다. 1994년 말 멕시코가 외환 위기에 빠졌을 때 브라질, 칠레 등 주변국들도 멕시코의 독주인 테킬라에 취한 듯 함께 위기를 겪은 데서 비롯된 말이다. 이들은 경제 상황이 멕시코와는 달리 비교적 좋았음에도 외국 투자가들이 나라들간의 차이를 제대로 알지 못하고 남미를 한 묶음으로 취급함으로써 그런 문제가 발생했던 것이다.

뉴욕 월가(街)의 펀드 매니저들은 이번에 바트화가 폭락했을 때에도, 이를 동남아 전체의 위험으로 확대 해석하여 이 지역에 대한 투자 비중을 일시에 큰 폭으로 떨어뜨렸다. 이 때문에 달러가 흡사 가축떼처럼 (herd-like) 빠져 나가버려 이웃 나라들도 모두 외환 위기를 겪게 된 것이다.

좋은 예가 싱가포르이다. 이 나라는 1986년부터 이미 경상수지가 흑자로 바뀌었다. 1995년과 1996년에도 GDP 대비 각각 17.7%와 14.9%의 대폭적인 흑자를 기록하였다. 이처럼 경제 기초가 튼튼한데도 8월에는 환율이 급상승하였다.

1997년 8월 11일 IMF는 태국에 172억 달러의 긴급자금을 지원하기로 결정하였다. 이어서 인도네시아도 10월 8일 IMF에 금융지원을 요청하였으며, 10월 30일 IMF는 330억 달러의 긴급자금을 지원하기로 결정했다.

지금까지 외견상으로는 태국이 비교적 IMF의 프로그램을 잘 따르고 있는 것으로 보인다. 그러나 인도네시아는 수하르토 대통령의 장기 집권 문제가 맞물리면서 IMF와 잦은 마찰을 빚었다. 특히, 취소된 대형 투자 프로젝트들과 폐쇄된 은행들 중에서 대통령의 친인척과 관련이 있는 것들이 회생되면서 외국 투자가들의 신뢰도가 크게 떨어졌다.

인도네시아가 통화위원회 (currency board)제도 도입을 시도한 것도 IMF의 거센 반발을 샀다. 이 제도는 1983년 이후 홍콩이 실시하고 있으며 1990년대에 들어와서는 아르헨티나·에스토니아·리투아니아 등이 채택하고 있다.

홍콩은 지난 15년 동안 환율을 1달러당 7.8홍콩달러로 고정시켜오고 있다. 또한 시장환율이 여기서 벗어나지 않도록 외환정책과 통화정책을 실시하고 있다. 이 제도하에서는 국내 통화인 홍콩달러의 발행액과 동일한 액수만큼 미달러화 등의 외환을 보유해야 한다. 이때 외환의 유출입은 자동적으로 국내 통화량의 변동을 가져온다. 즉 실질적인 금융정책이 미국 중앙은행인 연방은행 (Federal Reserve System)에 맡겨진 것이다.

예를 들어, 홍콩의 외환시장에서 달러를 사기 위해 홍콩달러를 팔려고 한다면, 홍콩달러의 공급량은 줄어들고 이에 따라 이자율은 상승할 것이다. 이는 다시금 홍콩달러를 갖도록 유도할 것이다. 즉 이자율이 외환시장의 움직임에 따라 자동적으로 조절되는 것이다.

그런데 인도네시아에 통화위원회제도를 도입하는 것은 문제가 있다. 예를 들어 루피아의 환율을 1달러에 5천 루피아의 낮은 수준에서 안정시키려고 한다면, 외환보유고가 적은 상황에서 사람들이 루피아를 팔고 달러를 사려고 할 때 이를 억제하려면 이자율이 천정부지로 상승해야만 한다. IMF 총재의 말대로 이는 환자를 죽일 수 있는 과격하고 강한 투약이다 (WSJ, 1998. 2. 17).

인도네시아에서는 환율이 급등하면서 식료품 가격이 폭등하고 시민들의 시위와 방화가 여기저기서 일어났다. 더구나 상권을 장악하고 있는 중국 화교에 대한 나쁜 감정이 분출하면서 인종 분규 양상까지 띠었다. IMF 사태로 무고한 시민들이 엄청난 고통을 받고 있음을 우리는 잘 볼 수가 있었다. 그러나 1998년 5월 21일 소요가 확산되어 다수의 희생자가 생기자 마침내 수하르토가 사임하고 하비비 (B. J. Habibie)가 정권을 이어받으면서 인도네시아는 급속도로 안정을 회복해 가고 있다. 정말로 다행스러운 일이다.

한국 : 대만

1997년 10월이 되면서 동남아의 외환 위기는 기초가 건실한 홍콩과 대만에까지 급속히 전염되었다. 이는 헤지 펀드 등이 투기적인 공격을 시도했기 때문이다. 통화위원회제도를 채택하고 있는 홍콩은 이에 대항하여 금리를 대폭 인상함으로써 미달러화에 대한 고정환율을 유지하는 데 성공했다. 그러나 이자율 인상으로 1997년 10월 23일 홍콩의 주가는 10.4%나 폭락했는데, 이는 1987년 중국의 천안문 사태 때보다 더 큰 폭으로 하락한 것이다.

그 영향은 일본을 비롯한 아시아 각국은 물론, 유럽 증시에도 영향을 미쳤다. 또한 미국 뉴욕의 다우 존스(Dow Jones) 주가도 1997년 10월 27일 7.2%나 폭락하면서 주식거래가 중단되는 사태가 발생했다. 하루에 554포인트가 하락하면서 사상 최대의 하락폭을 보인 것이다.

홍콩의 외환보유고는 850억 달러나 된다. 은행들은 정부에서 건전성과 안전성을 잘 규제하고 있으며 자본금도 풍부해서, 부채-자본 비율이 스위스에 있는 선진국 중앙은행들의 클럽인 국제결제은행 (The Bank of International Settlements ; BIS)이 제시한 최저 기준 8%의 두 배를 훨씬 넘는 18%에 달하고 있다. 대출도 주로 주택 등 부동산을 담보로 잡고 있어서 안전한 편이다. 산업구조는 서비스 부문의 비중이 매우 높다. 공산품의 수출은 GDP의 10분의 1 이하이다. 앞으로 급속히 성장하는 중국 경제의 서비스 센터로서 역할을 수행할 것이며 중장기 전망도 밝다. 그러나 단기적으로 홍콩은 현재 상당한 어려움에 처해 있다. 미달러화에 대한 고정환율을 지키기 위해 이자율을 대폭 인상한 결과, 주가는 폭락하고 경기도 침체되어 올해 마이너스의 경제성장이 예상되고 있다. 부동산 가격도 무려 40%나 폭락하였다.

한편 대만과 한국은 지금까지 쌍둥이처럼 생각되었다. 경제발전론의 대가이며 동아시아 경제전문가인 미국 예일대학의 래니스 (Gustav Ranis) 교수는 대만의 기적은 계속되고 있다고 쓴 바 있다 (FT, 1998. 2. 19). 이번의 아시아 금융 위기가 멀리는 브라질과 러시아에 이르기까지 거의 모든 신흥시장 (emerging markets)에 영향을 주었으나 대만은 영향을 받지 않았다. 1997년의 경제성장률은 6% 이상이며, 인플레이션율도 1% 이하이고, 지난 석 달 동안 환율도 단지 12% 정도만 절하되었다. 증권시장 또한 아시아에서는 유일하게 1997년 주가가 8%나 상승했다. 외환보유고도 860억 달러나 되며 총외채는 단 1억 달러에 불과하다.

한국과 대만은 지난 40여 년 동안 모두 높은 경제성장률 · 수출증가율 · 저축율을 나타내었다. 그러나 투자율을 보면 한국은 38%인 데 비해 대만은 21%이다. 이는 투자의 해외저축 의존도가 대만은 10% 미만이지만 한국은 60%나 되기 때문이다. 또한 한국은 주로 차관 (loan)을 도입해 쓴 반면, 대만은 외국인 직접투자 (foreign direct investment ; FDI)에 더 많이 의존해 왔다.

농업 부문의 1인당 산출량인 노동생산성 (labor productivity)의 증가율도 1960년대와 1970년대에 대만이 한국보다 두 배나 높았다. 따라서 농가의 저축도 대만이 훨씬 컸다. 한국이 대도시 중심의 자본집약적 공업화를 추진한 데 비해 대만은 농촌의 발전을 강조했다. 그 결과 한국은 재벌 중심의 과점적인 산업구조를 초래했다. 재벌들은 정부의 지원 아래 금융기관의 대출을 마음대로 쓸 수 있었다.

제조업 부문의 부채-자본 비율을 보자. 대만은 87%에 불과한데 한국은 무려 300%에 이른다. 부채가 자기 자본의 세 배이다. 지난 수십 년 동안 생산성의 증가율도 대만이 훨씬 높았다. 중소기업의 비중이 커서 노동시장의 유연성이 높고, 노사관계도 한국처럼 적대적이지 않다.

홍콩·싱가포르·대만의 높은 경제성장은 일본식 재벌이나 연고주의 (cronyism)에 의해 달성된 것이 아니다. 합리적이고 사려 깊게 위험을 고려하면서 투자 결정을 내린 결과이다. 아시아 국가들은 대만의 경험에서 많은 교훈을 얻을 수 있다.

《포브스 (Forbes)》지의 탠저 (A. Tanzer) 기자도 한국과 대만의 경우를 비교한 바 있다 (1998. 1. 12). 그는 한국 경제가 엉망 (mess)인 데 비해 대만은 계속 경기가 좋다는 사실을 비교하며 한국을 혹평하였다. 그가 보여준 양국의 비교에서 우리는 중요한 교훈을 얻을 수 있다.

한국은 정부 주도하에서 재벌 위주로 경제성장을 해왔다. 거대한 자동차 공장·제철소·조선소, 그리고 반도체와 석유화학 공업 등이 그 상징이다. 민주주의 국가인데도 구소련의 스탈린식 경제발전과 비슷한 양상을 보였다. 이는 위에서 아래로 성장의 과실이 번지는 형태 (trickle-down)였다. 반면에 대만은 중소기업들이 주축을 이루는 경공업과 전자제품 등이 중심이 되어 아래에서 위로 성장이 확산 (trickle-up)되는 경제였다.

또한 대만은 17년 동안 연속적으로 경상수지 흑자를 냈으며, 일본·싱가포르와 함께 거대한 채권국가이다. 반면에 한국은 거대한 채무국으로서, 엄청난 돈을 해외에서 빌리면서도 외국인 직접투자 (FDI)에 대해서는 적대적이었다. 또한 재벌을 육성하기 위해 갖가지 보호조치를 취하였으며, 국내시장 개방을 극력 꺼렸다. 수출에만 자유무역이 적용되었고 수입은 가능한 한 억제했다.

자기 돈을 투자하는 사람은 매우 조심스럽게 마련이다. 그러나 해외에서 엄청나게 자본을 차입한 한국은 시장의 원리에 따르지 않고 정부의 산업정책에 따라 자동차·철강·반도체·조선·석유화학 등에 과잉 투자를 하였다.

대만의 GDP 대비 투자율은 1990년대에 인접 아시아 국가들의 절반 수준인 22% 정도였다. 그러나 이 돈은 정부의 간섭 없이 민간기업들에 의해 시장의 흐름에 따라 현명하게 투자되었다. 한국처럼 거창한 투자 프로젝트에 돈을 투입하는 것이 아니라 틈새시장 (niche market)인 전자부품, 컴퓨터 주변기기 및 공작기계 등 규모는 작지만 훨씬 알찬 분야에 투사했다.

미국의 증권회사 메릴 린치 (Merrill Lynch)에 의하면 1996년 대만의 10대 제조업체의 자본수익률 (return on equity ; ROE)은 평균 14%였다. 반면에 한국의 비슷한 표본들이 보인 수치는 4%에 불과했다. 대만의 한 고위 관료는 이에 대해, 「이윤이 높지 않으면 기업들은 은행이나 주식시장에서 자본을 조달할 수가 없다」고 말했다. 그러나 대만의 한 경제연구소 소장은 「한국의 재벌들은 손해를 보면 오히려 더 많은 돈을 은행으로부터 빌리려 한다」고 꼬집었다.

여러 가지 측면에서 한국은 자본주의보다는 사회주의 모델에 가깝다고 평가했다. 한국의 자본시장은 정부에 거의 예속되어 있어서 자금이 정부의 산업정책에 따라 배분되는 반면에 대만은 세계에서 가장 효율적인 자본시장을 지니고 있어서 저축된 돈은 가장 바람직한 용도에 투자되었다.

대만은 세계에서 가장 큰 컴퓨터 하드웨어 수출국이다. 스캐너·포인팅 디바이스·모니터·노트북 컴퓨터 등 수출 품목이 다양하다. 컴퓨터산업은 급속히 변화하는 분야이다. 대만의 중소기업들은 이에 민첩하고 기민하게 대응하여 성공을 거두었다. 정보산업은 규모의 경제(economy of scale)보다는 신축성과 대응 속도가 훨씬 더 중요하다. 그러나 한국의 거대한 재벌과 경직적인 관료제도로는 이런 일을 해낼 수가 없다.

대만과 한국의 비교에서 얻는 교훈은 자유로운 기업가의 활동을 장려하는 자본주의가 반(半)자본주의 또는 반(半)사회주의 모델보다 훨씬 우월하다는 것이다. 즉 대만의 경제발전 모델이나 방식이 한국보다 월등한 실적을 냈다는 평가이다.

싱가포르·홍콩·대만은 아시아의 외환 위기에도 불구하고 충분한 외환보유고와 건실한 경제 기초(economic fundamentals) 및 세계 금융시장에 신뢰를 심어주는 올바른 경제정책으로 별로 화를 입지 않고 버틸 수 있었다. 이들 세 나라의 공통점은 모두 중국 사람들이 살고 있다는 것이다. 전통적으로 중국인들은 경제를 매우 보수적으로 운용하며, 외양보다 내실을 중시한다. 불확실한 장래를 위해 미리 대비하고 비축해 두는 그들의 진가가 이번 위기에 유감없이 발휘되었다.

세종대왕 시절 편찬된 「용비어천가」에 나오는 '뿌리 깊은 나무는 바람에 아니 뮐세'라는 글귀는 환란을 당한 우리가 되새겨야 할 경구이다. 아시아의 경제력이 이번 위기에 큰 타격을 입은 일본과 한국으로부터 중국을 포함한 중화경제권으로 넘어가기 시작했다(FT, 1997. 12. 5)는 관찰은 결코 가볍게 보아 넘길 수 없는 대목이다.

동남아에서 동북아로

　　1997년 11월이 되면서 작은 나라 태국에서 시작되어 우리와는 별로 관련이 없어보이던 외환 위기가 점점 북쪽으로 확산되더니 드디어 한국과 일본에까지 전염되기에 이르렀다. 우리는 그 동안 동남아는 피부 색깔도 다르고 성격도 달라서 한국과는 별로 상관이 없는 나라로만 여겨왔다. 경제발전의 정도도 우리보다 훨씬 낮다고 생각했다. 가끔 추운 겨울철에 며칠씩 관광차 가서 즐기다 오는 나라쯤으로 여겼었다.

　　그러나 이번에 아시아 외환 위기가 급속히 전염되는 것을 보고 비로소 알게 된 것은, 1990년대에 들어와 세계 금융시장이 몰라볼 정도로 상호 긴밀하게 연결되어 있다는 점이다. 미국 연방은행 총재 그린스팬과 재무부 장관 루빈마저도, 「아무도 현 국제 금융제도의 운용에 대해 제대로 이해하지 못하였기 때문에 태국 사태가 아시아 전체로 전염되리라고는 전연 예상을 못했다」고 털어놓았다 (WSJ, 1998. 2. 2).

한편 정부 당국은 IMF에 구제금융을 요청한 당일까지도 한국은 경제의 기초가 건실하기 때문에 동남아 국가들과 같은 외환 위기는 없을 것이라는 조심성 없는 낙관론을 수도 없이 되풀이했다. 정부를 믿어달라, 아무 걱정 할 것 없다는 말을 반복하면서 국민들을 안심시켰다.

정부가 우리 경제를 건실하다고 본 근거는 무엇인가?

첫째는 GDP 대비 경상수지 적자의 비율이 1996년에 4.9%로서 동남아보다 훨씬 낮았으며 그 규모도 급속히 줄어들고 있었다. 또한 외채에 대한 원리금의 상환부담율(debt service ratio ; DSR)도 아주 낮았다.

둘째는 동남아의 환율은 달러에 일정한 비율로 고정되어 있는 고정환율제도이나 우리는 외환시장에서 달러에 대한 수요와 공급에 의해 환율이 결정되는 변동환율제도를 채택하고 있었다. 이는 동남아와는 달리 원화의 고평가를 막아준다.

셋째는 외환시장과 자본시장이 동남아와는 달리 제대로 개방되어 있지 않았다. 이는 외국의 단기 투기성 자금의 빈번한 유출입을 어렵게 했다. 즉 헤지 펀드 등에 의한 투기적인 공격이 어려웠다. 먼저 외환시장을 보면 규제가 심했다. 한국에서 사업을 하지 않는 외국 투자가들은 우리 외환시장에서 거래를 하기 전에 반드시 주식과 같은 원화 표시 자산을 가지고 있어야만 했다. 또한 이 자산의 가치만큼만 외환시장에서 거래를 할 수가 있었다. 원화 표시 자산도 자본시장의 규제로 마음대로 가질 수가 없었다. 즉 외국 투자가들은 개별 상장주식의 23%까지만 소유할 수가 있었다.

채권시장도 외국 투자가들에게는 거의 개방되어 있지 않았다. 따라서 단기 투기성 자금의 빈번한 유출입은 어려웠고, 이는 외환시장을 외국인 투자가들이 마음대로 쥐고 흔들 수 없게 했다. 결국 외환시장과 자본시장에 대한 규제 때문에 동남아의 통화 위기 중에도 한국은 10월 말까지 큰 폭의 평가절하를 피할 수가 있었다 (Asian Wall Street Journal ; 이하 AWSJ, 1997. 11. 1).

넷째로 동남아는 부동산 거품이 꺼지면서 금융기관이 부실채권을 떠안게 되었다. 그러나 우리는 1992~1995년 동안의 제조업 부문에 대한 과도한 투자 붐이 문제였지, 부동산 거품은 없었다. 1997년 말 기준 한국의 산업설비 총액은 1조 3천억 달러로 추정된다. 즉 한국은 부동산에 투자한 것이 아니라 주로 제조업 부문에서 설비 투자를 확장하였다. 따라서 한국의 금융기관이 대출을 하면서 담보로 잡은 부동산은 그 가치가 비교적 온전하였다.

위와 같은 정부의 생각은 옳다. 그러나 동남아 전체가 금융 위기에 휩싸여 있는 판국에, 국가별 차이를 따지기보다는 아시아는 하나이며 비슷하다고 생각하는 외국 투자가들에게는 별 의미가 없다.

미국의 저명한 경제학자이며 세계은행 (IBRD)의 수석 부총재인 스티글리츠 (Joseph Stiglitz) 교수는 아시아의 금융 위기는 신뢰성 상실에서 비롯된 것이라고 했다. 이때는 경제의 기초나 주요 거시 경제지표가 좋아도 아무런 소용이 없다 (조선일보, 1997. 12. 3). 예를 들면 은행이나 기업이 부실해 믿을 수가 없는 상황에서 경제 기초가 좋다는 것은 별 효과를 낼 수가 없는 것이다.

더구나 한국은 중국·대만·홍콩·싱가포르·일본에 비해 외환보유고가 턱없이 적었다. 중국인이나 일본인에 비해 경제를 조심성 있게 보수적으로 운용하질 못한 것이다. 또한 국제수지의 만성적인 적자로 외채가 누적되어 있었으며, 특히 상환기간이 1년 이내인 단기 외채가 많았다.

이처럼 단기 외채가 외환보유고의 몇 배가 되면 돈을 빌려준 외국인의 입장에서는 당연히 제대로 돈을 받아낼 수 있을까 의구심을 갖게 된다. 모든 채권자가 이런 생각을 갖게 되면 한꺼번에 상환을 요청하는 사태가 일어나게 된다. 은행에 돈이 없을 것 같으면 모든 예금자가 한꺼번에 예금을 인출하려고 몰려드는 예금인출 사태 (bank run)와 비슷하게 된다. 어떤 은행도 이를 감당할 수 없음은 물론이다. 즉 경제적인 기초는 튼튼하나 신뢰도를 상실해 채권자들이 빌려준 돈을 한꺼번에 받아내려고 하는 겁먹은 상태 (panic)가 일어나는 것이다. 이렇게 되면 단기적으로 현금 부족 상태가 발생하는 유동성 위기 (liquidity crisis)에 빠질 수밖에 없다.

이번의 IMF 사태는 우리나라 전체가 세계 경제의 급속한 변화에 깨어 있지 못했음을 여실히 보여준다. 말로만 세계화를 외쳐댔지, 실제로는 우물 안 개구리였던 것이다. 아시아는 하나이며, 세계 경제도 하나로 급속히 통합되어 가고 있었는데 이러한 큰 흐름을 미처 알아차리질 못했다.

이제 우리는 중국 양쯔강의 홍수까지도 걱정해야 하는 세상에 살고 있다. 이로 인해 중국 경제의 성장률이 둔화되면 위안화의 평가 절하 가능성이 있고, 이는 한국에도 영향을 미칠 것이기 때문이다. 한국 경제를 제대로 이해하기 위해서는 아시아, 더 나아가 세계 경제의 동향을 정확히 파악하고 있어야만 하는 것이다.

또한 과다한 단기 외채와 적은 외환보유고에서 보듯이 급변하는 국제 금융질서에 조심스럽게 준비하며 대응하지 못했다. 최악의 사태를 전제하면서 보수적으로 경제를 꾸려나갔어야 했는데, 세상을 너무 쉽게 낙관적으로만 보았던 것이다.

일본의 지도력이 필요한 때이다

일본에서도 1997년 11월 이후 야마이치[山一]증권, 산요[三洋]
증권 등 증권회사와 20개 도시은행 가운데 하나인 홋카이도 다쿠쇼
쿠[北海道 拓植]은행, 그리고 지방은행인 도쿠요[德陽]시티은행 등
이 도산함으로써 전체 금융기관에 대한 불신감이 높아졌다. 사실
일본은 1990년대 초 거품이 꺼지면서 발생한 금융기관의 부실채권
을 즉각 정리하지 못한 채 10년 가까이 시간만 끌고 있다. 또한 오
랫동안 계속된 경기 침체도 그대로 방치해 왔다.

그러나 후일로 결단을 미루는 것은 언제나 최악의 선택이다. 왜
냐하면 시간을 끌수록 부실채권은 점점 더 늘어나기 때문이다. 바
로 일본이 이런 경우에 해당한다. 일본이 부실채권을 하루빨리 정
리해서 금융기관을 건실하게 만들어야 침체된 경기도 회복시킬 수
있고, 수입 증대를 통해 아시아에서 기관차 역할을 수행할 수 있게
된다.

일본은 중국보다 경제 규모가 10배나 크고, 전체 아시아 경제의

70%를 차지하고 있다. 세계 총저축의 3분의 1을 차지하며 개인의
금융자산이 무려 1,200조 엔, 약 9조 달러에 달한다. 세계 최대의
채권국가인 일본은 이번에 IMF 지원자금의 절반인 420억 달러를
부담했다. 과거에도 그러했고 앞으로도 아시아 경제에 중국보다 훨
씬 더 큰 도움을 주게 될 것이다 (E, 1998. 6. 27).

　일본은 허약한 금융제도를 제외하면 아직도 경제력이 막강하다.
그러나 지금처럼 금융기관의 부실이 그대로 방치된다면 세계 경제
의 장래에 커다란 위협 요인이 될 것이다. 미국의 클린턴 대통령이
나 루빈 장관이 지적해 온 대로 일본 경제의 회복은 아시아의 위기
극복을 위해 필수적이다. 사실 일본의 도움 없이는 동아시아가 현
재의 금융 위기를 극복할 수 없다 (E, 1997. 12. 20).

　클린턴 대통령이 하시모토 전총리에게 규제 철폐, 부실 금융기관
정리, 수출보다는 내수에 기초한 경기 회복 등을 추구할 것을 강조
한 것이나 (NYT, 1997. 11. 25), 루빈 장관이 일본이 국내 경기
진작책을 써서 아시아 경기를 회복시키는 것을 돕지 않고 있는 데
대해 노골적으로 실망감을 표시하면서 일본을 위해서나 아시아와
세계 경제를 위해서도 지도력을 발휘할 좋은 기회라고 한 것은
(WP, 1997. 12. 17) 모두 같은 맥락에서이다.

　즉 일본 정부가 분명히고 결단력 있게 행동함으로써 일본 때문에
세계적인 불황이 초래되지 않도록 해야 한다는 것이다. 그러나 일
본은 현재까지도 이렇다 할 지도력을 발휘하지 못하고 있다. 이웃
이 어려운데도 뒷짐만 지고 있을 뿐 아니라 이웃에게 해가 되는 자
신의 경제정책도 바꾸려 하지 않고 있다.

　영국의 권위 있는 시사주간지인 《이코노미스트》는 「만일 일본이
붕괴한다면 (If Japan should crash)」이라는 제목의 커버스토리를 다
루었다 (1998. 4. 11). 이 기사에 따르면 세계는 지금까지 「일본이

성장하지 않고 있다」는 소리를 너무 들어서 싫증이 나 있다고 했다. 그러다가 이제는 「일본은 갑자기 붕괴할 것이고 이와 함께 세계 경제도 몰락하고 말 것이다」라는 주장에 귀를 기울이게 되었다고 한다.

사실 지금 전세계는 일본이 자신의 경제를 바로세워야 한다고 아우성이다. 일본 소니 회장인 오가(大賀典雄)도 일본 경제는 붕괴 직전이며 세계 전체의 불황을 초래할 것이라고 경고했다. 그는 하시모토 전총리를 대공황 당시 미국 경제를 회복시키는 데 실패했던 후버(Herbert Hoover) 전대통령에 비유했다. 세계은행의 동아시아·태평양 지역 담당 부총재인 세베리노(Jean-Michel Severino)도 일본의 경기 후퇴는 아시아에서 심각한 장기 불황(depression)을 일으킬 수 있다고 경고했다(AWSJ, 1998. 6. 17).

사실상 얼마 전까지만 해도 미국은 한국이 문제라고 생각했으나 이제는 일본이 한국보다 백 배는 더 강한 폭탄과 같다고 본다. 일본이 자신의 문제를 해결하지 않으면 아시아 전체가 큰 문제라는 인식이 지배적이다(IHT, 1998. 6. 12).

일본이 아시아에 영향을 미치는 것은 두 가지 경로를 통해서이다. 하나는 엔저이다. 미국 경제는 장기 호황으로 성장률은 높고 실업률은 아주 낮다. 물가도 지극히 안정되어 있다. 반면에 일본은 장기 침체에 빠져 있다. 이처럼 양국 경제의 기초가 판이하게 다르므로 달러화의 가치는 높고 엔화 가치는 낮다. 미국에 비해 매우 낮은 일본의 이자율도 자본 유출을 일으켜 엔저를 촉진시키게 된다.

그러나 일본과 거의 모든 분야에서 경쟁을 하고 있는 한국은 엔저로 인해 제일 큰 타격을 받게 된다(IHT, 1998. 6. 10/AWSJ, 1998. 6. 15). 다른 아시아 국가의 경우도 정도는 약하지만 수출이 줄어들게 된다. 따라서 아시아 국가들이 경기 침체에서 벗어나기 어렵게 된다. 이에 대해 일본의 경제기획청 장관인 오미 고지 (尾身幸次)는 엔화의 절하는 일본 경제에는 마이너스 효과가 없지만 세계 경제에는 문제를 일으킨다고 했다 (IHT, 1998. 6. 13~14).

둘째로 일본의 경기 침체는 아시아 국가들로부터의 수입을 감소시킨다. 따라서 자연히 이들 국가의 수출은 줄어든다.

이처럼 세계 여론이 들끓고 있는데도 일본의 정치인들은 일본 경제가 그렇게 나쁘지 않다고 본다. 사실 일본의 경기 침체는 구미의 과거 경험에 비추어보면 아직은 그렇게 심각하지 않은 편 (mild)이다. 세계경제포럼 (World Economic Forum)이 일본의 국제경쟁력을 12위로 평가한 데 비해 프랑스는 22위, 독일은 24위인 것을 보면 국제적으로 비교할 때 일본의 상태가 그렇게 나쁜 편은 아닌 것이다. 더구나 일본 정부는 1998년 4월 GDP의 2%에 해당하는 16조 엔 규모의 경기부양책을 발표했다. 따라서 시간을 두고 그 효과를 기대할 수도 있는 것이다.

그러나 금융기관의 부실을 너무 오래 방치해 왔고, 경기 침체도 장기간 계속되었기 때문에 투자가들은 일본 경제에 대한 신뢰를 잃어버린 상태다. 루빈 미국 재무부 장관은 일본이 아시아의 경제회복에 최대 위협이라는 비판을 수없이 되풀이했다 (NYT, 1998. 6. 18).

《이코노미스트》지는 「일본이 몰락하면 세계도 그렇게 될 것인가? (As Japan goes, so goes the world?)」라는 제목의 커버스토리를 다시 한번 다루었다 (1998. 6. 20). 즉 엔화 가치가 떨어지면 중국의 위안화도 평가절하될 것이다. 그러면 아시아의 다른 모든 나라들이 잇따라 평가절하를 하게 되어 아시아의 금융 위기가 재현될 것이다. 그렇게 되면 결과적으로 세계 경제도 불황을 피할 수 없게 된다.

실제로 1998년 6월 15일 엔화 가치는 8년 만에 최저 수준인 1달러에 147엔까지 떨어졌다. 그러자 미국은 일본의 부실금융 정리와 경기 부양에 대한 공개적 약속을 조건으로 외환시장에 개입하였다. 그 결과 이틀 후에는 136엔 수준으로 엔화 가치가 절상되었다.

그 동안 엔저가 지속되어 온 데 대해서 미국과 일본의 이해가 맞아떨어졌기 때문이라는 견해가 줄곧 제기되어 왔다(한경 Business, 1998. 7. 14). 일본은 오미 경제기획청 장관이 지적한 대로 엔저가 수출을 촉진시키므로 경기 회복에 기여할 수 있다. 일본《문예춘추(文藝春秋)》의 지적처럼 한국 경제가 죽어도 일본은 괜찮다. 반면에 미국은 일본의 자금이 높은 이자율을 좇아 미국으로 유입되므로 월가의 주가 상승 행진을 떠받칠 수 있다.

이처럼 미·일의 이해 관계가 맞아떨어졌기 때문에 엔저를 방치했다는 것이다. 바로 이때 중국이 영향력을 행사하기 시작했다. 즉 중국의 재무장관과 중앙은행 총재가 엔화의 폭락은 중국 위안화의 평가절하를 불가피하게 한다고 점잖게 지적했다. 특히 엔화가 150엔선 이상으로 오르면 중국 위안화의 평가절하를 시행하려 했던 것으로 보인다(IHT, 1998. 6. 18). 그러자 미국은 외환시장에 개입하여 달러를 팔고 엔화를 사들이게 되었다. 국제 금융시장에서 중국이 본격적으로 힘을 발휘하기 시작한 것이다.

최근 들어 미국은 일본에 대해 실망감을 느끼는 반면 중국을 높이 평가하고 있다. 일본처럼 하지 말고 중국처럼 행동하라는 것이다. 또한 이제는 아시아의 정치·경제 지도자는 일본이 아니라 중국이라는 견해도 제시되었다(IHT, 1998. 6. 29). 이는 일본이 너무나 타성에 젖어 아무런 개혁조치도 취하지 않는 데 대한 실망의 표시이기도 하다. 반면에 중국의 역동성은 높이 평가하고 있다. 현재 중국은 구미 여러 국가의 이런 분위기를 자국의 국익을 위해 충분히 활용하고 있는 추세이다.

미국의 클린턴 대통령도 중국과 홍콩이 상당한 비용을 치르면서도 평가절하를 하지 않음으로써 아시아 지역의 경제안정에 크게 기여하고 있는 데 대해 감사의 뜻을 표시했다(AWSJ, 1998. 7. 3～4). 사실 위안화와 홍콩달러만이 아시아 경제 위기 속에서도 예전과 동일한 환율을 유지하고 있는 것이다.

한편 이번의 아시아 경제 위기를 당하여 선진국들 가운데 유럽연합(EU)은 마치 결석한 학생처럼 있는지 없는지도 모를 지경이다. 아무런 역할을 하지 않고 있는 것이다. 결국 미국만 남게 된다. 즉 아시아가 외환 위기에서 벗어날 수 있는 길은 수출 증대뿐인데, 아시아 지역의 평가절하로 수출이 늘어날 때 모두 미국시장을 향해 갈 수밖에 없는 형편이다. 그러나 이는 아시아에 대한 미국의 국제수지 적자폭을 크게 확대시킴으로써 보호주의 경향을 초래할 위험이 있다.

세계 자본주의의 위기

일본과 한국은 전세계 무역과 투자에서 상당한 비중을 차지하므로 세계 경제에 미치는 영향이 매우 크다. 즉 세계적인 경기 침체를 초래할 수 있는 것이다.

1997년 최대의 경제 뉴스는 한·일을 포함한 아시아 전체의 금융 위기였으나, 1998년의 최대 문제는 아시아의 위기가 세계적인 디플레이션을 초래하지나 않을까 하는 걱정이다(WSJ, 1998. 1. 5). 그린스팬도 아시아 위기로 인한 세계적인 디플레이션의 위험을 경고했다(FT, 1998. 2. 16). 일부에서는 심지어 공황에 대한 우려까지 제기했다.

이런 사태를 막기 위해서는 먼저 일본이 세금을 삭감하고 정부 지출을 늘리는 등 확장적인 재정정책을 사용해서 침체된 국내경기를 회복시켜야만 한다. 동시에 지나친 엔저로 이웃 아시아의 수출에 부정적인 영향을 주지 않기 위해 엔화 가치의 절상을 도모해야 한다.

중국도 추가로 위안화 평가절하를 함으로써 아시아가 또 한차례 평가절하의 소용돌이에 휩싸이는 것을 최대한 막아야 한다. 다행스럽게도 아직까지는 중국 당국이 평가절하를 하지 않겠다고 거듭 밝히고 있다.

세계 경제에서 가장 역동적인 지역인 아시아의 금융 위기가 과연 여타 지역에 얼마만큼이나 영향을 미칠지 현재로서는 알 수가 없다. 아시아가 세계 GDP의 3분의 1을 차지하므로 상당한 영향을 미칠 것은 틀림없다. 대체로 올해 세계 경제의 성장률을 1% 정도 깎아 내릴 것이라는 예측이 우세하다.

그러나 S&P의 경제예측기관인 DRI는 설령 아시아에서 최악의 사태가 일어난다 할지라도 구미 선진국에 미치는 영향은 그렇게 크지 않을 것으로 보았다(WP, 1998. 8. 1). 미국은 정도가 약한 경기 후퇴(mild recession)를 겪을 뿐이며, 서유럽은 경제성장률만 다소 낮아질 것이라는 예상이다. 한편 러시아·브라질·중동 등에 대한 부정적인 영향은 매우 클 것으로 예측되었다.

그런데 한국의 금융 위기만 해도 전세계에서 그 영향을 느낄 수 있었다. 인도네시아·브라질·러시아 및 멕시코에 계획했던 자동차 공장 프로젝트가 어렵게 되었고, 스코틀랜드와 프랑스에서 추진 중이던 전자제품 공상도 힘들게 됐다. 다행히 한국 원화의 급속한 평가절하는 중국과 동남아가 주로 수출하던 신발·의류 등 경공업 제품에서 우리도 비교우위를 가질 수 있게 했다.

한편 1996년 말 현재 한국은 세계적으로 138억 달러의 직접투자를 했다. 2000년까지 6대 재벌그룹은 원래 8백억 달러를 해외에 투자할 계획이었으나, 이제는 모두가 어렵게 되고 말았다. 한국의 금융 위기로 취약지역인 러시아와 동구도 상당한 영향을 받을 것이다. 러시아 채권시장의 4분의 1을 한국이 차지하고 있으며, 동구에 대한 외국인 투자의 상당 부분도 우리가 한 것이기 때문이다 (AWSJ, 1997. 12. 16).

동구에는 오래 전에 이미 적신호가 켜졌다. GDP 대비 경상수지 적자폭이 위험 수준인 7% 정도인 나라가 많다. 특히 슬로바키아·에스토니아·리투아니아·체코는 경상수지 적자를 장기 외국인 직접투자가 아니라 단기 투기성 자금으로 메우고 있다(E, 1997. 10. 18).

브라질도 위험하다. 1996년 재정적자는 GDP의 6%나 된다. 또한 1997년에는 경상수지 적자가 GDP의 4.3%에 달했다. 1998년에만 경상수지 적자와 외채 원리금을 갚기 위해 450억 달러를 빌려야 한다. 환율도 약 20%나 과대평가되어 있는데 이것은 오래 지탱될 수가 없다.

작년 1997년 7월 2일 태국에서 시작된 아시아의 경제 위기가 이제 1년을 넘었다. 처음에는 1994년 외환 위기를 겪은 멕시코처럼 단시일 내에 이를 극복할 수 있을 것으로 믿었다. 즉 V자형의 급속한 경제 회복이 가능할 것이라고 생각했다. 그러나 멕시코는 특수한 경우였다. 미국이 옆에 있어 수출을 급속히 증대시킬 수 있었기 때문에 조기 회복이 가능했던 것이다.

지금 아시아의 위기는 악화되고 있다. 끝이 보이지 않는 추락을 하고 있는 것이다(NYT, 1998. 7. 6). 미국으로서는 아시아의 위기가 6년 동안 계속되고 있는 호황에 대한 최대 위협 요소이다.

IMF 지원을 받은 태국·인도네시아·한국은 물론이고 홍콩·말레이시아·일본도 올해 마이너스의 경제성장이 예상된다. 상대적으로 타격이 적은 대만·필리핀·싱가포르·중국도 성장의 둔화가 예상된다. 한국만이 아니라 아시아 전체가 어려운 것이다. 아시아가 완전히 회복되려면 5년은 걸릴 것이라는 주장도 있다(IHT,

1998. 6. 12).

《파이낸셜 타임스》는 이를 '아시아의 대공황(Asia's Great Depression)'이라고 표현했다. 아시아가 계속 추락하고 있고 언제 최저점에 도달하게 될지 알 수가 없다는 것이다(1998. 7. 1).

《이코노미스트》는 태국·인도네시아·한국의 경우 앞으로 3년 동안은 경제성장이 없을 것으로 예측했다. 그러나 이들 국가들은 과거에 연평균 7~8%의 고도성장을 해왔다. 따라서 평균 20~25%의 GDP 감소가 3년 동안 발생하게 된다. 미국의 대공황 기간인 1929~1933년 동안 약 30%에 달했던 GNP 감소분과 맞먹는 크기이다(1998. 4. 25).

현재 아시아가 당면한 문제는 크게 두 가지이다. 하나는 일본 경제가 아시아 지역의 경기 회복을 주도할 수 있을 것인가, 아니면 오히려 침체를 가속화시킬 것인가의 여부이다. 둘째는 IMF 및 이를 좌우하는 미국 재무부의 아시아에 대한 긴축적인 금융·재정정책이 과연 올바른 처방인가 하는 것이다.

IMF가 아시아의 경제 위기를 악화시켰다는 주장은 더욱 강력히 제기되고 있다. 미국 하버드대학의 삭스 교수와 펠드스타인(Martin Feldstein) 교수, 세계은행 부총재인 스티글리츠 박사 및 미국의 전국무부 장관 슐츠(George Shultz)가 대표적으로 그런 주장을 하고 있다. 미국 워싱턴 정가에서도 최근 이러한 견해가 크게 세력을 얻고 있다.

IMF의 지원을 받은 태국·인도네시아·한국의 경제 사정이 점점 더 악화되고 있는 것은, 결국 그 처방이 제대로 효력을 발휘하지 못했다는 증거이다. 오히려 환자를 죽이고 있는 것이다. 이때의 희생은 너무나 크다(E, 1998. 7. 11).

아시아는 지금 외환 위기·금융 위기에 이어 실업 위기에 직면하고 있다. 실업보험 등의 안전망이 제대로 갖추어지지 않은 채 실업자가 거리로 쏟아져 나오고 있는 것이다. 이는 결국 사회불안을 초래하게 된다(E, 1998. 4. 25).

세계은행 부총재 세베리노의 지적대로 가장 시급한 일은 큰 타격을 입은 태국·인도네시아 및 한국의 경기 침체를 회복시키는 일과, 엔화를 안정시키기 위해 일본의 경제 회복을 도모하는 두 가지이다. 이를 위해 조속히 조치를 취하지 않는다면 동아시아는 아주 장기간의 불황(very long-lasting depression)에 빠져들 수가 있다.

전자를 위해서는 재정적자폭의 확대와 이자율 인하와 같은 확장적인 재정·금융정책을 반드시 써야만 한다. 그래야 급증하고 있는 실업을 억제할 수가 있다. 이를 위해 세계은행은 자매기관인 IMF와 긴밀하게 협의하고 있다고 했다. 그 결과로 최근 이들 세 나라의 재정적자 허용폭이 확대되고 있으며, 이자율도 떨어지고 있다. 이는 구제금융을 받은 세 나라에 대한 영향력을 지금까지는 주로 IMF가 행사해 왔으나 이제는 IBRD가 발휘하고 있음을 시사한다.

궁극적으로 아시아의 외환 위기는 전세계에 영향을 미칠 것이다. 미스터 엔(Mr. Yen)으로 불리는 일본의 재무부 차관 사카키바라〔神原英資〕가, 아시아의 외환 위기는 아시아만의 위기가 아니라 세계 자본주의의 위기라고 본 것도 과장만은 아니다(BW, 1998. 1. 26). 우리가 제대로 인식하지도 못한 사이에 국제 금융시장은 이미 상호 밀접하게 연결되어 있었다. 아시아가 하나일 뿐만 아니라 세계도 이미 하나로 통합되어 있었던 것이다.

그런데 종전에는 경험한 적이 없는 아시아의 금융 위기를 당하자 국제 금융시장의 운용을 개선해야 한다는 논의가 활발하다. 심지어 소로스마저도 투자가들은 지나치게 극단적인 낙관론과 비관론 사이를 몰려 다니며 갑자기 비합리적으로 자본 이동을 일으키므로 규제가 필요하다고 주장했다. 즉 시장에만 맡겨두어서는 자본의 효율적인 배분이 세계적으로 이루어질 수 없다. 민간 투자가에게 자본의 배분을 맡기는 것보다 국제기구가 이를 담당해야 한다는 생각이다 (FT, 1997. 12. 31).

노벨상 수상자인 미국의 토빈(James Tobin) 교수도 아시아 국가들은 잘못된 국제 금융제도의 희생양이라고 했다. IMF의 구제금융을 받기 얼마 전 IMF는 한국을 '훌륭한 거시경제 실적과 부러울 정도의 정부재정 상태'를 가진 나라로 평가했었다. 그런데도 패닉 상태가 되면 한 나라 통화의 상당한 분량을 쉽게 사고 팔 수가 있다. 그 결과는 한 나라를 일시에 금융 위기로 몰아넣는 것이다. 이는 무고한 수많은 시민들의 소득과 직장을 하루아침에 집어삼키고 만다. 아시아 위기의 교훈은 국제 외환제도의 변동을 줄여야만 한다는 것이다. 즉 통화 거래에 대해 세금을 부과해야 한다는 주장이다.

미국은 늘 자본의 자유로운 이동을 주장해 왔다. 그러나 금융시장의 자유화·세계화가 반드시 좋은 것만은 아니다. 한국의 경험에서 보듯 시중은행들은 외화부채를 가져서는 안된다. 왜냐하면 이는 결국 중앙은행의 외환보유고를 위협할 것이기 때문이다.

또한 한국과 멕시코가 OECD에 가입할 때도 그러했고, 이번의 IMF 지원시에도 부대조건으로 요청한 바 있는 자본시장의 무리한 개방 요구도 바람직하지 않다. 이는 외환시장과 자본시장의 변동폭을 더욱 증대시키기 때문이다. 자동차시장의 개방과 외국인 투자 기회의 확대를 요구한 것도 이번의 위기를 타개하는 것과는 상관이 없는 사안이다.

지금과 같은 체제 아래서는 앞으로도 핫 머니의 유출입은 빈번할 것이며 이에 따라 국제 금융 위기는 자주 일어날 것이다. 이로 인해 무고한 시민들은 말할 수 없는 고통을 부담하게 될 것이다. 따라서 국제 금융제도는 시장이나 투자가들에게만 맡겨두어서는 안되며 규제하는 것이 바람직하다고 생각된다.

제3장

우리에게 자치능력이 있는가

이번 IMF 사태의 핵심은 나라 전체로 볼 때
우리 자신을 다스리는 데 실패했다는 점이다.
즉 자치 (自治) · 자율 (自律) · 자제 (自制)를 못한 것이다.

고비용

개인이든 나라든 일이 잘못되었을 때 남의 탓으로만 돌리고 자신의 과오는 반성하지 않는다면 앞으로 발전하기가 어렵다. 오히려 자신의 허물을 적극적으로 찾아내어 고치려 할 때 밝은 미래는 보장된다.

우리가 일제 식민지로 전락하여 온갖 수모와 수탈을 당하고 그 때문에 근대화가 지연된 데 대하여 일본의 사악함을 준열히 통박하는 것은 당연한 일이다. 그러나 이보다도 훨씬 더 중요한 것은 우리가 무엇을 잘못해서 제 나라조차 지키질 못하고 남의 식민지가 되었는가 하는 데 대한 철저한 자기 반성이다. 앞으로 다시는 이런 불행한 역사가 되풀이되지 않도록 하기 위해서는 우리 자신이 어떻게 해야 하는가를 스스로 깨닫고 실천에 옮기는 것이 중요하다. 우리에게 필요한 것은 일본만을 꾸짖는 소극적인 자세보다는 자신의 과오를 깨달아 고치려고 하는 적극적인 태도이다.

남미에서도 지난 1960년대에 경제발전이 더딘 것은 미국 등 선진국에 종속되어 있기 때문이라는 종속이론(dependency theory)이 널리 번졌었다. 그리고 선진국에 모든 책임을 떠넘겼다. 그러나 이는 지극히 소극적인 방법이며 남미의 발전을 위해 별로 도움이 되지 않는 것이다. 오히려 스스로 후진성을 탈피하려는 적극적인 노력이 필요하다.

IMF 사태도 똑같다. 외국 은행들과 투자가들이 우리한테 대출하고 투자했던 돈을 일시에 회수해 가려고 했기 때문에 IMF 사태가 발생한 것이 사실이다. 국제 금융시장이 몰라볼 정도로 변해서 마치 가축떼처럼 자본이 이리저리 몰려다니게 된 것도 하나의 원인이다. 엔저와 일본의 장기 침체도 우리의 수출을 부진하게 만들었다. 지난 1994년 중국 위안화의 평가절하도 동남아의 외환 위기를 일으킨 요인 가운데 하나이며, 그 영향이 우리한테까지 전염된 것이다.

이런 대외적 요인은 앞으로도 계속 한국에 영향을 미치게 될 것이다. 따라서 이런 충격에도 끄떡없는 기초가 튼튼한 경제를 만들어야만 한다. 그러기 위해서는 우리 자신이 무엇을 잘못했기에 이번의 아시아 위기에 주저앉고 말았는가를 알아야만 한다. 이는 대만·홍콩·싱가포르 등 다른 세 마리 호랑이는 이번 위기에도 별로 큰 상처를 입지 않았음을 볼 때 더욱 그렇다. 이들은 외부에서 충격이 가해져도 견뎌낼 수 있게끔 미리 경제 체질을 튼튼히 해왔으며, 상당한 대비와 비축을 해놓았던 것이다.

IMF 사태 같은 엄청난 일이 하루아침에 터지지 않는다는 것은 분명하다. 여러 가지 요인이 오랫동안 누적된 결과 발생하는 것이다. 그 시작은 대략 1987년 6·29 선언과 더불어서이다. 그전까지 우리는 독재정치 아래에서 살아왔다. 1962년 제1차 경제개발계획을 추진하기 시작한 이래 약 25년 동안 우리는 독재정치 아래 급속한 경제성장을 이룩했던 것이다.

독재하에서 고도 성장을 하는 것은 비교적 쉽다. 노사분규도 억누르고 임금상승도 막고 쌀값과 물건값을 동결하는 등 정부의 권한이 막강하기 때문이다. 그러나 일단 정치적인 민주화가 시작되면 사방에서 봇물이 터지게 마련이다. 노사분규가 폭발하면서 임금상승 요구를 억누를 수가 없고, 농민의 추곡수매가 인상 요청도 수용할 수밖에 없게 된다. 기업들이 물건의 가격을 인상하는 것도 막기 힘들게 된다.

이처럼 정치적인 민주주의 아래에서 안정적인 경제성장을 지속하기란 쉬운 일이 아니다. 근로자·농민·기업 등 모든 경제주체가 슬기롭게 자치(自治)·자율(自律)할 수 있는 성숙함이 있어야만 비로소 민주화와 안정적인 경제성장이 함께 이루어질 수 있다. 그러나 우리 실정은 그렇지 못했다. 모든 경제주체가 국민경제야 어떻게 되든 상관없이 자기 몫만을 키우는 데 골몰하였다.

근로자는 높은 임금 인상을 요구했고 농민은 더 높은 쌀값을 원했으며 기업 역시 더 높은 가격을 매겼다. 그 결과는 높은 물가 상승률로 나타났다. 1987~1994년 연평균 소비자 물가지수(consumer price index ; CPI)의 상승률은 6.4%로서 같은 기간 중 일본 1.6%, 독일 2.7%, 프랑스 2.8%, 대만 3.2%, 캐나다 3.4% 및 미국 3.8%에 비해 월등히 높았다.

물가안정이 안되고 인플레이션이 체질화되면 나라 전체가 고비용 체제가 된다. 먼저 고임금이 된다. 1987년 이후 노동운동이 활성화되면서 그 동안의 저임금을 보상받으려는 욕구가 강해져 임금이 가파르게 상승했다. 1987~1994년 제조업 부문의 연평균 명목임금 상승률은 16.8%였다. 소비자물가 상승률이 6.4%였으므로 실질임금 상승률은 10.4%였다.

같은 기간 중 실질임금 상승률은 대만이 7.1%로 비교적 높았으나 독일은 2.3%, 일본은 1.4%, 프랑스는 0.7%, 캐나다는 0.3%, 미국은 -1.1%로 지극히 낮았다. 미국 노동부의 조사 결과에 의하면 1995년 한국 제조업의 시간당 보수는 7.4달러나 되었다. 그런데 우리보다 소득이 훨씬 높은 경쟁국인 싱가포르는 7.28달러, 대만은 5.82달러, 그리고 홍콩은 4.82달러였다. 《이코노미스트》지에 의하면 한국 제조업 임금은 영국보다 30%가 높으며, 서울은 세계에서 세 번째로 생활비가 많이 드는 도시라고 한다(1997. 10. 18).

높은 물가 상승률은 높은 임금 인상률을 초래하며, 이는 다시 물가 상승률을 높이는 악순환이 계속되는 것이다. 인플레이션은 또한 고금리를 초래한다. 1995년의 평균 시장금리는 한국이 13.8%였는데 대만은 7.3%, 미국은 6.3%, 그리고 일본은 3.0%에 불과했다. 게다가 우리 기업들은 차입 의존도가 높아서 재무구조가 매우 취약하다. 1995년 한국 제조업의 부채-자본 비율은 302.5%로, 자기자본의 약 3배에 달하는 부채를 가지고 있었다. 그러나 1994년 일본은 286.8%, 대만은 209.3%, 미국은 87.2%에 불과했다.

고금리와 취약한 재무구조로 인해 1990~1995년 매출액 대비 평균 금융비용은 한국이 5.6%인 데 반해 일본은 1.6%, 대만 1.7%, 미국은 1.8%에 불과했다.

고지가도 고비용의 주요 요인이다. 공장용지의 분양가를 비교해 보자. 한국의 남동공단은 평당 55만 4천 원인 데 비해 홍콩 타이포는 46만 6천 원, 일본 센다이[仙台]공단은 43만 원, 태국 레이용은 12만 7천 원, 미국 뉴베드퍼드는 4만 6천 원이었다.

사회간접자본(social overhead capital ; SOC)의 부족으로 물류비도 매우 높다. 매출액 대비 물류비의 비중을 보면 1994년에 한국은 무려 14.3%나 되었는데 일본은 8.8%, 미국은 7.7%였다. 구체적인 예를 들어보자.

　서울-부산 간 440km를 화물차가 이동하는 데 평균 13시간이 소요된다. 그런데 서울-로스앤젤레스 간 1만km를 비행하는 데는 평균 14시간이 걸릴 뿐이다. 또한 광양에서 인천까지 철광석을 수송하는 데는 톤당 2만 3천 원이 드는데, 미국 피츠버그에서 광양까지는 불과 2만 2천 원밖에 들지 않는다.

　이처럼 우리 경제는 1987년의 민주화 이후 고임금·고금리·고지가 및 고물류 비용으로 인한 고비용 경제로 10여 년을 보냈던 것이다.

저효율

비용(cost)은 늘 효율(efficiency) 측면과 서로 비교해야 한다. 설령 고비용 체질이라 할지라도 이를 충분히 상쇄하고 남을 정도로 효율이 높다면 문제될 것이 없다. 그러나 우리 경제의 취약점은 고비용에 저효율이 겹친 데 있다.

효율이란 생산성을 뜻한다. 생산성은 산출량(output)을 투입물(input) 또는 생산요소의 양으로 나눈 것이다. 투입물에 비해 산출량이 많을수록 효율 또는 생산성은 높아진다. 그런데 생산성에는 여러 가지가 있다.

먼저 투입물에 노동(labor)이라는 생산요소만 있다고 가정해 보자. 이때 산출량을 노동의 투입량으로 나누면 노동자 1인당 산출량을 얻게 되는데, 이를 노동생산성이라고 부른다.

또 투입물에 기계와 같은 자본(capital)만 있다고 해보자. 이때 산출량을 자본의 투입량으로 나누면 자본 한 단위당 산출량을 얻게 되는데 이를 자본생산성이라고 한다. 그런데 보통 투입물은 노동과 자본 두 생산요소로 구성된다. 따라서 산출량을 자본과 노동의 투입량으로 나누면 총요소생산성 (total factor productivity ; TFP)을 얻게 된다. 효율 또는 생산성은 바로 이 TFP를 뜻한다.

지난 1998년 3월 세계 최고의 경영자문 (컨설팅) 회사인 매킨지 (McKynsie Inc.)는 한국의 주요 산업의 TFP 분석 결과를 발표하였다. 이 보고서의 제목은 「한국의 재창조 : 생산성 주도의 성장 (Reinventing Korea ; Productivity-led Growth)」이었다.

그 내용을 살펴보자. 미국과 비교했을 때 주요 산업의 경우 1995년의 자본과 노동 투입량은 거의 비슷했다. 그런데 산출량은 미국의 절반에 불과했다. 이는 곧 주요 산업의 경우 한국의 TFP가 미국의 TFP의 반밖에 안된다는 것을 뜻한다 (매일경제, 1998. 3. 25).

우리나라의 대표적인 산업이라고 말할 수 있는 자동차와 반도체의 TFP는 각각 미국의 48%와 52%로 절반 수준이었다. 이 밖에 가공식품 46%, 소매·유통 53%, 정보·통신 62% 등이었다. 철강산업만이 유일하게 미국의 111%로 효율이 더 높은 것으로 나타났다. 이는 곧 생산성의 측면에서 볼 때 포항제철 (POSCO)만이 미국의 동종 산업보다 TFP가 높았음을 뜻한다.

미국과 비슷한 양의 노동과 자본을 쓰면서도 산출량이 절반밖에 안된다는 것은 국가적으로 커다란 문제이다. 왜냐하면 이는 곧 효율 또는 생산성이 미국의 절반에 불과함을 뜻하기 때문이다.

그러면 어떻게 고비용·서효율의 문제를 극복할 수 있는가? 매킨지 보고서 제목의 부제가 그 해답이다. 즉 생산성 또는 효율의 증대가 주도하는 경제성장 형태로 전환해야만 한다. 이는 앞에서 본 MIT의 크루그먼 교수의 견해와 동일한 것이다.

지금까지 한국 경제는 노동과 자본의 투입 증대에 주로 의존하는 경제성장(input-driven growth)을 해왔다. 또한 우리 기업들은 수익성보다는 매출액과 시장점유율 같은 외형 팽창에 주력해 왔다.

매킨지에 따르면 지난 15년 동안 투자된 자본에 대한 수익률이 차입금에 대한 금융비용보다도 적었다. 이는 결국 기업이 이윤 창출을 못했음을 뜻한다. 《이코노미스트》지는 1996년 한국 재벌의 자본수익률이 3%에 불과해 '이익 없는 성장(profitless growth)'을 했다고 꼬집었다(1997. 10. 18).

기업의 가치가 이윤 창출에 있을진대, 이는 그야말로 심각한 문제이다. 매킨지는 이런 현상을 기업의 가치를 파괴하는 행위가 오랫동안 한국에서 계속되어 온 결과라고 보았다. 이런 어처구니없는 일이 가능했던 것은 부동산 가격의 상승으로 적자를 메울 수 있었기 때문이다.

크루그먼과 매킨지가 가르치는 바는 동일하다. 앞으로는 투입물 또는 생산요소의 증가에만 의존하는 성장을 해서는 안되고, 반드시 생산성 또는 효율의 증대를 통한 경제성장을 해야만 한다는 것이다. 아울러 외형 팽창이 아닌 수익성에 초점을 맞추어야 한다.

우리나라의 대형 시중은행들은 보통 8천 명 정도의 직원을 가지고 있다. 그런데 제일은행과 서울은행을 외국 은행에 매각한다는 말이 나왔을 때 한 미국계 은행은 현재 인원의 3분의 1만으로도 충분히 경영할 수 있다고 했다. 이는 저효율·저생산성이 제조업 분야뿐만 아니라 금융과 같은 서비스 부문에서도 일반화된 현상임을 시사하는 것이다. 저효율이 모든 산업 부문의 특징이 돼버린 것이다.

특히 블루 칼라(blue collar)의 생산성보다 화이트 칼라(white collar)의 생산성이 선진국에 비해 우리가 훨씬 더 낮다는 주장이 있다. 화이트 칼라는 사회의 상층부를 구성하고 있는 계층이다. 그

런 의미에서 정치·경제·사회·문화의 모든 분야에서 이들이 경쟁
국에 비해 제 몫을 하지 못한 것이 이번 위기를 초래한 주된 요인
이라는 주장은 상당한 타당성이 있다.

호두까기

지난 10여 년 동안 민주화를 슬기롭게 추진하지 못한 결과 고비용·저효율은 차츰 우리 경제의 체질로 굳어졌다. 지금처럼 세계경제가 긴밀하게 하나로 통합되어 있고 세계시장에서의 경쟁이 치열한 현실에서 고비용·저효율 체제는 곧 국가경쟁력의 실추를 초래하는 심각한 문제이다.

나라 전체가 국제경쟁력을 상실하게 되면 수출은 부진한 가운데 수입은 급속도로 증가한다. 그 결과는 국제수지의 적자이다. 상품과 서비스의 수출(export ; X)에서 수입(import ; M)을 뺀 경상수지(current balance ; X-M)를 보자. 3저(低) 호황기였던 1986년부터 1989년까지 우리는 막대한 경상수지 흑자를 기록했다. 저유가·저금리 및 달러화의 저가치 또는 엔고의 영향 때문이었다.

그러나 1990년대에 들어와서는 내내 경상수지가 큰 폭의 적자를 보였다. 특히 반도체 가격이 폭락한 1996년에는 사상 최대 규모인 237억 달러의 경상수지 적자를 나타냈다. 미국이나 유럽 등 선진국의 백화점에서 한국 상품이 자취를 감추었다.

이처럼 오랫동안 국제수지가 적자를 보이면 이것이 쌓여 외채가 눈덩이처럼 불어나게 된다. 국제수지 적자를 메우기 위해 외채를 도입해야 하기 때문이다. 또한 국제수지 적자에다 외채가 누적되면 자연히 외환(달러)보유고도 낮아질 수밖에 없게 된다.

외환 위기가 발생하기 전인 1997년 10월 컨설팅 회사인 부즈 앨런&해밀턴(Booz Allen & Hamilton)은 한국의 경제를 호두까기(nutcracker)에 비유했다(WSJ, 1998. 1. 23). 이는 철강·자동차·반도체·가전제품 등 주요 산업을 분석한 결과를 토대로 내린 결론이었다. 즉 중·저가품의 경우에는 고임금 때문에 중국 상품과 경쟁이 안되고, 반면 고급품은 기술 부족으로 일본 제품과 경쟁이 안된다. 이는 곧 모든 상품에서 한국이 국제경쟁력을 상실하고 있음을 나타낸다. 한국이 설 땅이 없는 것이다. 마치 일본과 중국 양쪽에서 한국이란 호두를 까고 있는 형국이다. 이런 '어중간한' 경쟁력으로는 생존이 불가능하다. 모든 일을 '대강 대강' 하는 습성을 버려야 한 단계 더 뛰어오를 수가 있다.

부즈 앨런&해밀턴 보고서는, 한국은 동북아에서의 지리적 이점을 십분 활용해야 한다고 했다. 그리하여 한국 경제를 일본과 중국 경제에 결합시켜야 한다. 그 방법은 틈새시장을 찾는 한편 양국과 협력하는 길을 모색하는 것이다. 1대 1로 양국과 경쟁하는 것은 현명하지 못하며 실패하고 만다.

최근 들어 한국은 선진국 시장에서 점차 경쟁력을 잃고 후진국 시장에 더 크게 의존하게 되었다. 그런데 문제는 후진국들이 한국의 기술 수준을 급속히 따라오고 있다는 점이다.

예를 들면 반도체의 경우, 한국은 중국 내의 외국인 합작기업에 비해 별다른 기술적 우위를 보유하고 있지 않다. 특히 중국은 외국인 직접투자에 대해 상당히 개방적인데, 이는 한국을 앞지르는 데 큰 도움을 준다. 지금 중국은 국영기업 때문에 어려움이 많지만 기업가가 활동하는 데는 한국보다 훨씬 좋은 환경이라고 한다. 그 결과 1985년부터 1995년까지 한국에 대한 외국인 직접투자가 88억 달러인 데 비해 중국은 같은 기간 중 이보다 10배 이상을 끌어들였다. 외국인 직접투자는 자본은 물론, 이에 못지않게 중요한 선진기술과 경영기법도 가져다준다. 한국은 외국인 직접투자에 대해서 적대적이다. 이는 곧 외국인 친구가 별로 없다는 뜻이다. 따라서 첨단기술을 도입하고, 외국의 새로운 시장에 침투하는 데 도움을 받기가 어려운 실정이다.

게다가 현재 한국 기업들은 상당한 지식 격차에 직면하고 있다. 단지 기술 격차뿐만이 아니라, 세계 기업이 되기 위해 반드시 필요한 경영지식에 있어서도 격차가 심각하다. 후진국에 비해 별다른 우위가 없는 반면 선진국과는 상당한 지식 격차가 있으니, 이는 고비용·저효율의 또다른 표출이다.

고비용·저효율의 경제체제가 10년씩이나 계속되는 동안 많은 사람들이 국제경쟁력의 실추를 걱정했다. 어떻게든 고비용·저효율 체제를 고쳐야만 한국 경제가 생존할 수 있다고 입을 모았다. 그러나 말들은 그렇게 하면서도 다 아는 잘못을 고치기란 지극히 힘들었다. 왜냐하면 그럭저럭 모두가 좋고 편하게 지낼 수 있는데, 구태여 남에게 싫은 소리를 들어가면서까지 고통이 수반되는 개혁을 이행할 필요가 있는가 하는 생각이 자리잡고 있었기 때문이다. 다가오는 미래에 대비하기 위하여 상당한 고통을 수반하게 마련인 개혁을 실행하기보다는, 모두를 만족시키는 방향으로 모질지 않게 적당히 넘어가는 것이 당장은 편했기 때문이다. 우리 모두 장래에는 어떻게 되든 당장 오늘 편하고 좋으면 된다는 식으로 처신했던 것이다.

1997년 1월 국회에서 정리해고제를 도입하려고 했을 때 노동계의 반발이 워낙 거세어 철회할 수밖에 없었던 것은, 우리 스스로 개혁을 추구하기가 얼마나 어려운 일인가를 잘 보여준다. 금융 부문의 국제경쟁력을 키우기 위해 금융기관간의 인수·합병을 구상하는 등 금융 개혁을 오랫동안 계획해 왔으나, 이 역시 이해 당사자들간의 대립이 심해 실천에 옮길 수 없었다.

기업의 개혁도 마찬가지이다. 재벌들이 자진해서 부실 계열사를 정리하고, 핵심역량을 갖춘 분야에 자금과 인력을 집중적으로 투입해야만 세계 1등 기업으로 새롭게 태어날 수 있다는 논의는 오래 전부터 있었다. 그러나 아끼는 기업들을 문어발 자르듯 처분하는 것은 큰 고통을 수반하게 마련이다. 따라서 재벌그룹들의 비관련 분야로의 다각화는 고쳐지질 못했다. 이 과정에서 중복·과잉 투자가 초래되었으며, 모든 재벌들이 동일한 분야에 너도나도 진출함으로써 누구도 세계 1등이 못되고 2등, 3등에 머물고 말았다.

정치권은 다가오는 21세기를 준비하기 위해 국력을 하나로 결집시키는 책무를 수행해야만 한다. 또 스스로 정치 분야의 개혁을 단행함으로써 국민들에게 지도자로서 수범을 보여야만 한다. 그러나 우리 정치권은 이와는 거리가 멀다. 비생산적인 소모전을 일삼으며 국론을 분열시키기 일쑤이다. 정치 개혁도 지지부진하였다. 오히려 정경 유착이 깊어져 고비용·저효율 체제를 초래한 주요 원인이 되었다.

정부도 마찬가지이다. 조직을 대대적으로 개편·축소하고 효율과 생산성을 지금보다 훨씬 더 높여야만 한다. 작고 효율적이며 강력한 정부를 만들어야 한다. 무엇보다 공직자의 자세가 지금처럼 국민 위에 군림하는 오만함에서 벗어나 국민을 섬기고 국민을 위해 봉사하는 데서 보람을 찾는 겸허한 모습으로 새롭게 탈바꿈해야만 한다.

금 모으기 운동에서 잘 드러났듯이 우리는 세계 1등 국민의 자질을 가지고 있다. 나라경제가 어렵다고 평생을 아껴 끼던 금가락지를 내놓는 사람들이다. 진정 이 나라의 믿음직한 주인들인 것이다. 이들은 여유가 없어서 사치할 능력도 없고 근검절약이 체질화되어 있다.

역사적으로 보아도 한국에서 가장 문제되는 부분은 지도층이다. 정계뿐만이 아니라 관계·재계·금융계·문화계·교육계·언론계 등 각 분야의 지도층이 문제인 것이다. 이들은 높은 지위에 반드시 수반되는 막중한 책임을 제대로 다하지 못했다.

IMF 사태가 터진 후 환율이 내려가고 이자율이 떨어지길 온 국민이 학수고대했다. 매일 아침 신문에 실리는 막대기 그림표를 쳐다보면서 화살표가 밑으로 내려가길 기원했다. 그런데 한편에서는 외환 위기가 절정에 달했을 때에도 달러를 사 모으고 벌어들인 달러마저 내놓질 않았다. 살아남기 위해서는 할 수 없다며 재벌들이 금리 불문하고 자금시장에서 몇조 원씩 끌어가는 통에 이자율은 치솟을 수밖에 없었다. 소위 지도층이라는 사람들이 국민을 상대로 전쟁을 벌이면서도 잘못을 망각한 행위였다.

우리나라 개혁의 주된 대상은 바로 각계각층의 지도자들이다. 이들이 바뀌지 않고는 나라가 살아남을 수 없다. 지도층부터 스스로 진정 위기의식을 가지고 새롭게 태어날 수만 있다면 우리 민족의 힘은 폭발적으로 치솟을 것이다.

IMF 사태가 아니더라도 지금은 세기 말이며 천년대 (millennium)의 말이다. 새로운 2천년대를 목전에 두고 있는 때인 만큼 모든 것이 격변하고 있다. 앞으로 50년 동안 일어날 변화의 폭이 지난 수백 년간 우리가 경험한 변화의 정도와 맞먹을 것이라고 한다. 경쟁도 말할 수 없이 치열해져서 자동차산업의 경우 앞으로 10년 이내에 세계적으로 가장 경쟁력 있는 4~5개 업체만 생존이 가능할 것이라고들 한다.

이처럼 모든 것이 급변할 때에는 국민 모두가 매일같이 새롭게 태어나고, 변하고, 개혁해야만 생존이 가능하다. 특히 각계의 지도층이 철저한 위기의식으로 무장해야만 한다. 급변하는 세상에 변하지 않고 가만히 주저앉아 있으면 국가·기업·은행·정치권·언론·노조·학교·병원·가계 등 어떤 조직도 살아남을 수가 없다. 또한 개혁은 한 번만 하는 것이 아니다. 끊임없이 지속되어야 한다. 변하는 세상에 맞추어 매일 매일 새롭게 태어나려는 각고의 노력을, 특히 지도층부터 기울여야 한다.

정치권과 정부

이번 IMF 사태 발생의 주된 책임은 정치권과 정부에 있다. 정치권과 정부는 국가의 장래를 위해 서로 이해 관계가 대립되는 노사 간의 갈등을 지도력을 발휘하여 해결할 책무가 있다. 고통이 수반될 수밖에 없으나 나라의 앞날을 위해 개혁을 단행했어야만 하는 것이다. 지나친 임금 인상으로 국제경쟁력이 떨어지는 것을 막았어야 했다. 기업이 방만한 외부 차입으로 중복·과잉 투자를 일삼는 것에도 강력한 제동을 걸었어야만 했다. 이는 나라를 다스리는 자치(自治)·자율(自律)의 기본이다.

이번 IMF 사태의 핵심은 나라 전체로 볼 때 우리 자신을 다스리는 데 실패했다는 점이다. 즉 자치(自治)·자율(自律)·자제(自制)를 못한 것이다. 모두가 제 몫 부풀리기에만 혈안이 되어 나라가 산으로 가는지 바다로 가는지는 안중에 없었다. 문제가 있는지 뻔히 알면서도 이를 방치하고 자기 일을 스스로 해결 못하면 선진국이라 할 수 없다.

선진국이란 별게 아니다. 중요한 문제가 발생했을 때 정치권과 정부가 리더십을 발휘하여 서로 대립되는 계층들간의 갈등을 풀어가면서 국가 이익을 도모하는 것이다. 그런데 우리는 서로 싸움만 했다.

자기 일을 스스로 처리하지 못하면 IMF와 같은 외세에 의존할 수밖에 없게 된다. 즉 외세의 힘을 빌려 개혁을 하게 되는 것이다. 19세기 후반에 일어난 일도 성격은 이번과 비슷했다.

19세기 중엽 조선은 지배계층의 착취가 극심하여 일반 국민들의 생활이 도탄에 빠지게 되었다. 그 결과 전국 곳곳에서 민란(民亂)이 끊임없이 일어났다. 우리에게 자치능력이 있었다면 이러한 국민들의 불만을 수용하여 대대적인 개혁을 실천했어야 했다. 그러나 당시의 집권층은 국민들의 원성에는 상관없이 자기들의 기득권을 지키는 데만 온갖 노력을 기울였다. 결국 전국적 규모의 민중항쟁인 1894년의 갑오농민전쟁을 불러일으켰고, 이를 계기로 조선에 대한 영향력을 다투는 청일전쟁이 일어났다. 그리고 일본이 승리하면서 우리는 결국 일제 식민지로 전락했다. 남북이 분단된 것도 그 후유증이다.

이는 두고두고 우리에게 교훈으로 남을 것이다. 제 일을 스스로 처리하지 못할 때 외세가 개입하는 것은 어쩌면 당연한 일이지도 모른다. 물론 성격은 그때와 다르나 문제의 본질은 이번의 IMF 사태 역시 마찬가지라고 본다.

비슷한 예를 우리는 이탈리아에서도 본다. 이탈리아는 1947년 이후 현재까지 정부가 무려 57번이나 바뀌었다. 정부의 평균 수명이 1년도 채 안되었다. 부유한 나라이기는 하지만 이탈리아를 진정한 선진시장경제국가나 민주국가로 생각하는 사람은 드물다 (E, 1997. 11. 8).

물론 지난 5년 동안에 상당한 변화가 있었다. 예를 들면 기업들이 정치권과 정부에 뇌물을 주는 부패 관행이 크게 수그러들었다. 정부의 핵심에는 더이상 마피아의 지원세력이 없다고 한다. 그러나 아직도 야당에는 지원자가 있다.

이탈리아는 현재 오는 1999년 1월에 출범하는 유럽통화동맹(European Monetary Union ; EMU)에 가입하기 위해 심혈을 기울이고 있다. 거의 강박관념에 사로잡혀 있을 정도로 가입의지가 대단하다. EMU에 가입하는 것을 선진국가로 탄생하는 절호의 계기로 삼고자 한다. 특히 정치인들과 기업가들은 EMU에 가입하는 것을 이탈리아의 자치력을 증명하는 것으로 믿고 있다.

이는 지금까지 자신의 문제를 스스로 해결하지 못한 데 대한 좌절감을 반영하는 것이기도 하다. 이탈리아 사람들은 유럽통화동맹에 가입하기 위해 필요한 조건, 예를 들면 GDP 대비 정부의 재정적자를 일정한 비율 이하로 줄이는 것을 스스로는 도저히 달성할 수가 없을 것으로 본다. 그래서 유럽연합이나 유럽통화동맹 등 외세의 힘을 빌려 개혁을 단행하고 있는 것이다.

이탈리아가 현재 제일 필요로 하는 것은 스스로 문제를 해결하고 처리할 수 있는 효율적인 정부를 갖는 것이다. 이때 비로소 자치·자율할 수 있는 정부가 탄생하는 것이며, 진정한 선진국이 되는 것이다.

지난 1998년 1월 하순 노·사·정이 대타협을 이루어낸 것은 우리 역사상 초유의 일로서 획기적인 진보였다. 국난을 당하여 근로자·기업·정부가 공정하게 고통을 분담하면서 나라를 위해 서로힘을 합친 것은 자치·자율을 향한 첫걸음을 내디딘 것으로 높이 평가해야 한다.

앞으로도 노사정위원회와 같은 국민적인 협의기구를 통해 이해가 서로 엇갈리는 주요한 문제를 슬기롭게 풀어나갈 수 있는 성숙함이 필요하다. 대립과 갈등만을 일삼는 데서 벗어나 국익을 위해서는 서로 양보하는 자세가 절실히 요청된다.

그러나 새 정부 출범시 총리의 국회인준을 둘러싸고 온 국민이 보는 앞에서 여야가 벌인 힘겨루기와 마찰은 정치권 전체의 믿음을 크게 떨어뜨린 처사였다. 당시는 매일 실업자가 1만 명씩 거리로 쏟아져 나오고 있는 절박한 상황이었다. 그런데도 여야가 부질없는 소모전을 보인 것은 도저히 용납될 수 없는 일이다. 국민의 어려움은 등뒤로 돌리고 정쟁만을 일삼는 한심한 정치권이라는 인상을 다시 한번 각인시켰다. 국난을 당하여 제일 먼저 국민들에게 수범을 보이고 국력을 한군데로 결집시켜야 할 정치권이 거꾸로 국론을 분열시키고 국력을 낭비하는 일에 앞장선 것이다. 한심스러운 태도임에 틀림이 없다.

정부와 정치권이 해야 할 제일 중요한 일의 하나가 올바른 '제도 (institutions)'를 수립해 놓고 이를 철저하게 집행하는 것이다. 제도란 각 경제주체들이 경제행위를 할 때 반드시 지켜야만 하는 일종의 경기법칙 (rule of the game)이다. 선진국일수록 제도와 규범이 명확하게 설정되어 있으며, 동시에 이를 엄격하게 집행하는 관료제도가 잘 발달되어 있다. 즉 해도 되는 일과 안되는 일의 구분이 명확하다.

예를 들어보자. 건설공사를 할 때 결코 부실하게 할 수 없게끔 제도나 규범이 엄격하게 수립되어 있고, 이를 실천에 옮길 수 있는 청렴한 관료조직을 구비하고 있다. 이는 식품 안전·환경 보존·교통 안전 등 다른 분야에서도 똑같다.

어떤 이들은 정부의 규제는 풀수록 좋다고 한다. 그러나 이는 잘못된 생각이다. 공중질서를 지키고, 부실공사를 막고, 교통안전을 도모하며, 식품 위생을 철저히 하고, 금융기관의 건전성을 감독하고, 환경보존을 이룩하는 것 등은 규제가 철저할수록 좋다. 그러나 이 밖의 많은 것들은 민간의 자유로운 의사 결정에 일임하는 것이 바람직하다.

1998년 8월 24일 정리해고를 둘러싸고 현대자동차 노사가 한 달여 동안 조업 중단 등 극한 대립을 벌이다가 공권력의 투입이나 유혈충돌 없이 분규가 타결된 것은 다행스러운 일이다.

이번 사태는 금년 2월 정리해고제가 국회를 통과한 후 처음으로 대규모 사업장에서 이를 시행하려는 사측과 극력 저지하려는 노측이 대립한 것으로, 향후 우리 경제의 구조 조정 과정에 미치는 영향이 지대한 것이었다. 아울러 외국 투자가들에게는 한국에 투자를 했을 때 고용 조정을 제대로 할 수 있는가를 가늠하는 시금석이었다.

사측은 1,538명의 근로자를 정리해고하길 바랐으나 277명으로 타협을 보게 되어 실망감을 나타냈다. 그러나 다른 한편 노조가 정리해고의 원칙을 받아들였다는 것은 상당한 진전으로 평가된다. 또한 당초 8천여 명으로 예정했던 정리해고 대상자 가운데 7천여 명은 이미 희망퇴직을 하였다.

국내외 여론은 일반적으로 이번 사태의 해결방식에 대해 부정적인 반응을 나타냈다. 불행한 선례를 남겼다든가 (조선일보, 1998. 8. 25), 현대가 노조와의 투쟁에서 물러섰다든가 (IHT, 1998. 8. 25), 근로자들이 승리했다는 (AWSJ, 1998. 8. 25) 등의 제목을 붙이면서 한국 경제의 회복과 구조 조정에 좋지 않은 영향을 미칠 것으로 평가했다.

그러나 가장 기본적인 문제점은 경기법칙인 법과 제도와 원칙이 제대로 지켜지지 않은 것이다. 분규현장에서의 불법행위가 제대로 제제를 받지 않았다. 또한 무분별한 정치권의 개입은 노사간의 자율적인 타협을 저해하였다. 한남투자신탁의 경우 신탁상품은 원리금 보장이 안되는 게 원칙인데도 정치권이 개입하면서 원금 보장을 해준 것도 마찬가지이다. 정치논리가 경제논리를 압도한 단적인 예이다.

현재 투신·은행권의 신탁자산은 무려 3백조 원에 달한다. 이 가운데 또다시 부실이 생겼을 때 예금자들은 큰 목소리로 선례가 있으니 원금을 보장해 달라고 아우성을 쳐댈 것이다.

이처럼 한국의 문제는, 엄격히 규제해야 마땅한 분야는 제대로 규제하지 않고, 민간에 맡겨야 할 분야는 시시콜콜 간섭하는 데 있다. 규제와 자유방임의 대상이 거의 거꾸로 되어 있는 것이다.

경기법칙인 법과 제도와 원칙이 제대로 지켜지지 않을 때 정부에 대한 국민들의 믿음은 땅에 떨어지게 된다. 우리가 제일 걱정하는 것은 바로 이 점이다. 엄청난 고통이 수반되게 마련인 개혁을 제대로 추진하려면 단호한 의지를 가져야 하며, 여기저기 눈치를 보며 인기에 영합해서는 안되고, 말과 행동이 달라서도 안되며, 일관성을 지키면서 정공법 (正功法)을 택하는 것이 최선책이다.

우리 국민들은 정치권과 행정부가 대내외 신뢰를 무너뜨리는 일을 다시는 반복하지 않기를 바란다. 만일 과오를 되풀이한다면 그만큼 우리 경제의 회복은 더뎌지고 이에 따르는 국민들의 고통은 더욱 커질 것이다.

이번에 IMF의 구제금융을 받은 나라들을 보면 태국은 부패가 만연하고, 인도네시아는 수하르토 전 (前)대통령 일가의 족벌주의 (nepotism)가 지배하고 있으며, 한국은 대기업과 정치권·정부 사이의 정경 유착이 문제라고 했다 (IHT, 1998. 1. 7). 이는 곧 동아시아에서 경제성장의 속도가 제도보다 빨리 앞서 나아가고 있었음을 말해준다. 즉 경제성장을 제대로 뒷받침할 수 있을 정도로 제도가 올바르게 수립되어 있지를 못했다. 따라서 다가오는 21세기에 세계 자본주의하에서 동아시아가 제대로 경쟁할 수 있으려면 정치·경제제도의 개혁이 필수적이다(BW, 1997. 12. 1).

재 벌

1997년에 접어들면서 경기 둔화가 심해져 매출이 급격하게 떨어지자 허약한 체질을 가진 우리 대기업들이 무더기로 도산했다. 1년 동안 30대 재벌그룹 중 7개나 무너졌다. 1998년 8월 현재 모두 13개가 부도를 내거나 협조융자를 받았다.

한국을 빈곤에서 해방시켰고, 아시아의 대표적인 경제발전 모델이었던 재벌이 붕괴되기 시작한 것이다. 해외 언론은 거인이 무너지고 있다든가 (F, 1997. 10. 18), 한국의 발전모델이 제대로 작동하지 않고 있다는 등의 표현을 써서 재벌 중심의 경제구조를 신랄하게 비판하였다.

1995년 공정거래위원회의 자료를 보면 30대 재벌그룹은 우리나라 제조업 부문 총자산의 44%, 총매출의 40%, 고용자수의 18%를 차지하고 있다 (NYT, 1998. 1. 25). 실로 우리 경제에 막대한 영향을 미치고 있는 것이다. 이런 재벌이 도산하기 시작한다는 것은 한국 경제가 위기에 직면하였음을 뜻한다.

재벌의 무더기 도산으로 외국 은행들과 투자가들은 한국 대기업들이 많은 문제점을 지니고 있다는 것을 제대로 알게 되었다. 수익성보다는 외형을 중시하는 방만한 경영, 핵심역량을 지닌 분야에 주력하기보다는 서로 연관성 없는 분야에 무분별하게 경쟁적으로 한 중복·과잉 투자, 차입 위주의 경영 등 문제점이 백일하에 드러났다.

또한 은행·종금사 등 금융기관들이 재벌그룹에 대출을 해줄 때 투자 프로젝트(investment projects)의 사업성을 면밀히 검토하고 돈을 빌려주는 것이 아니라 정치권 및 정부와의 특별한 관계에 의해 대출이 이루어지고 있음도 밝혀졌다. 이에 대해 서양 사람들은 연고 자본주의(crony capitalism)라며 강한 비난을 퍼부었다. 정경유착이 공격의 표적이 된 것이다.

현대그룹은 해외에 광고를 할 때 '반도체에서 배까지'(from chips to ships) 만들고 있다며 자랑스럽게 선전했다. 그러나 미국의 유력 경제주간지는, 현대는 조선을 잘하므로 이에 집중적으로 투자해야 하고, 삼성은 반도체에 전력 투구해야만 한다고 충고했다(BW, 1998. 1. 19). 그래야만 세계 1등 기업이 될 수 있다는 것이다.

우리 재벌그룹들이 서로 경쟁적으로 중복·과잉 투자를 해 과잉 설비를 초래한 것은 세계적으로 비난의 대상이 되었다. 남이 투자하는 분야에 모두들 같이 들어가 시장질서를 교란시킨다는 것이다(NYT, 1998. 1. 25). 또한 한국의 기업들은 미국·일본 기업들과 경쟁할 생각은 하지 않고 아직도 서로를 주된 경쟁상대로 여기고 있다며 비아냥거렸다(Fortune, 1997. 12. 8).

1996년에 반도체 가격이 80%나 폭락한 것도 아시아에서의 과잉 투자 때문이며, 자동차산업에서 세계적으로 약 35%의 과잉 설비가 이루어진 것도 상당 부분 아시아에서의 과도한 투자 붐 때문에 빚어졌다는 비판이다. 특히 삼성그룹이 신규로 자동차산업에 진입한 것은 국제적으로 비난의 표적이 되었다. 이미 과잉 설비를 가지고 있는 분야에 무리하게 진출함으로써 세계 자동차시장을 더욱 교란시켰다는 것이다.

과도한 차입 위주의 경영을 무분별하게 지원한 금융기관도 비판의 대상이었다. 제조업 부문의 부채-자본 비율을 보면 우리는 317%로, 부채가 자기 자본의 3배를 초과한다. 그러나 일본은 206%, 미국은 160%, 그리고 대만은 86%에 불과하다 (조선일보, 1998. 3. 15).

물론 한국과 일본의 부채-자본 비율이 높은 것은 기업이 자금을 동원하는 방식이 미국과는 크게 다른 데도 연유하므로 무조건 비판의 대상이 될 수는 없다. 부채-자본 비율이 높을지라도 빌린 돈을 효율적으로 썼다면 지금처럼 문제가 되지는 않았을 것이다.

그러나 한라그룹의 경우처럼 부채-자본 비율이 무려 2,000%를 넘는 경우도 있었다 (E, 1997. 12. 6/IHT, 1998. 1. 9). 《뉴욕 타임스》는 「균형을 잃은 한국의 거인」이라는 제목으로 한라그룹에 대한 자세한 기사를 실었다 (1998. 1. 25). 그룹 회장이 1년에 2백일씩이나 전세계를 누비면서 수많은 분야에 걸쳐 정력적으로 사업을 벌였다든가, 구체적인 계획 없이 먼저 합작선과 투자의향서에 서명만 해놓고는 대부분이 실제로 집행되지 않았다든가, 1996년의 매출은 63억 달러이나 이윤은 2,800만 달러에 불과했다는 구체적 예를 들며 한라그룹의 무모한 시설 확장, 거의 무제한적인 차입, 가족 중심의 경영 및 봉건영주처럼 군림하는 오너 등의 문제는 정도의 차이는 있지만 한국 재벌의 공통적인 특징이라고 지적했다.

치밀한 사전 계획보다는 회장 자신의 강렬한 확장 욕구에 의해 그룹이 운영되었다. 또한 중공업 분야에 우선순위를 두는 정부의 경제정책 때문에 은행은 부채가 급증하고 있는데도 계속 한라그룹에 돈을 쏟아부었다. 더구나 은행 대출만으로도 부족해 장기 투자 프로젝트를 종금사의 단기 금융에 크게 의존하는, 매우 위험한 방식으로 재원 조달을 하였다. 이미 세계적으로 과잉 설비였으나 회장 자신의 꿈인 조선소를 짓기 위해서 한라중공업은 다른 계열사의 보증을 이용했다. 그런데 한라중공업이 부도를 내자 여기에 보증을 섰던 우량 계열사인 자동차부품 생산업체 만도기계까지 어렵게 되었다. 마치 물귀신처럼 물고 들어간 것이다.

회장 자신은 정직하고 열심히 일하며 매사를 긍정적으로 보는 모범적인 기업가이다. 매우 다이내믹하고 비전을 가진 사람이다. 주치의에 따르면, 회장이 바쁜 일정을 취소하고 매일 물리치료만 받을 수 있었더라면 휠체어 없이 걸을 수 있었을 것이라고 했다. 그러나 끊임없는 사업 욕구가 건강도 돌보지 않고 일에만 매달리게 했다.

한라조선소의 건설에는 10억 달러가 들었다. 다른 나라들이 과잉 설비라고 비난하는데도 조선소의 건설을 강행한 것은 1993년부터 시작된 엔고가 계속될 것이라 믿었기 때문이다. 그러나 1995년부터 엔저가 시작되자 한국의 조선은 일본에 비해 우위를 잃게 되었다. 주문량은 2000년까지 확보된 상태였지만, 업체들끼리의 치열한 입찰 경쟁으로 수주가가 너무 낮아 부채를 갚기에는 역부족이었다.

1997년 초 회장은 2세에게 자리를 물려주었다. 미국에서 경영학 석사학위 (MBA)를 받은 40대 초반의 젊은 회장은 구조 조정을 위해 인원을 축소하고 부동산을 매각하려고 했다. 그러나 정리해고제는 국회에서 시행이 연기되었고, 부동산시장은 침체되어 거래가 없었다.

그 뒤 IMF 사태로 여러 종금사가 폐쇄 위기에 놓이자 한라그룹에 대한 여신 회수를 서둘렀다. 결국 부채가 산더미 같은 한라그룹은 도산할 수밖에 없었다. 총부채 규모는 6조 5천억 원(약 53억 달러)인데, 이 가운데 거의 절반은 종금사로부터 빌린 것이었다. 자연히 한라에 대출해 준 은행과 종금사의 부실채권은 엄청나게 늘어났다. 대기업의 부실이 금융기관의 부실로 이어진 것이다.

이제 2세 회장은 대규모 감원을 단행하고 16개 계열사를 매각·합병하거나 청산함으로써 5개로 대폭 줄이려고 한다. 또한 외형 성장을 추구하던 데서 탈피하여, 현금흐름(cash-flow)과 자본수익률을 중시하는 경영으로 전환코자 한다. 핵심역량 사업 부문으로 자동차부품 생산과 건설 두 분야에 주력하려고 한다.

우리는 노(老)사업가가 온갖 심혈을 기울여 세운 한라그룹의 도산을 안타까워하면서도, 정도의 차이는 있으나 우리 재벌들이 지니고 있는 주요한 문제점을 발견하게 된다. 미국의 기업들이 지난 1980년대에 리스트럭처링(restructuring)·다운사이징(downsizing) 등 스스로 뼈를 깎는 구조 조정을 한 결과 오늘날 다시 세계 1등 기업으로 우뚝 솟은 것과는 너무나 대조적이다.

급변하는 세상에서 스스로 과감한 개혁을 해내지 못한 결과, 오늘날 재벌 자신은 물론이고 국민경제 전체에 엄청난 부담을 주고 있다. 재벌들이 국민들에게 씻을 수 없는 큰 죄를 지은 것이다.

《이코노미스트》지는 한국의 재벌들이 빚더미에서 허우적거리고 있다고 했다(1997. 10. 18). 그러나 재벌뿐만이 아니다. 1997년 말 현재 기업과 개인 사업자 등 국내 사업자들의 총부채는 9백조 ~1천조 원에 달할 것으로 한국개발연구원(Korea Development Institute ; KDI)은 추계했다(중앙일보, 1998. 4. 3).

GDP 대비 국내 사업자들의 총부채 비율은 1996년에는 1.63배였으나 1997년에는 환차손 등에 따른 막대한 적자로 1.96배까지 급증하였다. 또한 제조업의 부채-자본 비율은 300% 수준이지만, 건설업은 이보다 두 배인 600%에 이른다.

IMF 사태 이전 한국의 GDP 규모는 세계 11위로서 세계 경제에 적지 않은 영향을 미쳤다. 그런데 우리의 주요 산업인 반도체·자동차·철강·조선 및 석유화학을 보면 대부분 재벌그룹들이 중복·과잉 투자를 해서 시설 과잉이 되었다. 이는 그대로 세계 경제에 영향을 미쳐서 가격을 큰 폭으로 떨어뜨리는 등 시장질서를 교란시켰다. 외국의 해당 경쟁업체가 보기에는 밉기만 했다. 더구나 시설 확장을 위한 재원이 주로 정경 유착에 의해 금융기관으로부터 빌린 돈이었다. 이는 국제적으로 받아들여지는 경기법칙에는 어긋나는 것이다.

이제 한국이 IMF 구제금융을 받게 된 것을 계기로 미국을 비롯한 선진국들은 재벌들이 은행 등 금융기관으로부터 돈을 빌려 급격한 시설 팽창을 더이상 못하도록 막으려고 한다. 즉 이제부터는 경제 규모가 커졌으므로 세계적으로 받아들여질 수 있는 행동규범에 따라 경제행위를 해야 한다는 것이다.

금융기관

1997년에 들어와 대기업들이 연쇄적으로 도산하자 이들에게 돈을 빌려준 은행·종금사 등 금융기관들이 막대한 부실채권을 떠안으며 부실해졌다. 금융기관들이 투자 프로젝트의 사업성을 면밀히 평가한 뒤 대출해 준 것이 아니라, 정부의 정책적인 판단을 좇아 수동적으로 대출을 해온 것이 드디어 문제를 일으킨 것이다(E, 1997. 11. 29). 우리나라의 경우 금융기관은 단지 정부의 산업정책을 그대로 집행하는 곳에 불과했다.

정부는 금융기관의 안전성을 제대로 규제하고 감독하지도 못했다. 이는 홍콩과 싱가포르를 제외한 동아시아 국가들의 공통적인 특징이다. 이처럼 동아시아 국가들은 현대의 금융제도가 갖추어야 할 기반이 제대로 구비되어 있지 못했던 것이다(NYT, 1998. 1. 22).

미국의 재무부 장관 루빈은 정부·은행 및 대기업 간의 유착이 불건전한 은행 대출과 비합리적인 대기업 투자를 초래했다고 비난했다. 또한 대기업과 금융기관의 투명성이 결여되어 외국인들이 그 문제점을 제대로 알 수가 없었다. 루빈 장관은 월가에서 26년을 보낸 사람이다. 따라서 금융시장의 작동에 커다란 신뢰를 가지고 있다. 그렇지만 시장에만 맡겨두어서는 문제를 제대로 해결할 수가 없다고 본다.

미국에서는 이미 오래 전에 이를 인식하여 연방은행제도 (Federal Reserve System)·증권거래위원회 (Securities and Exchange Commission) 및 예금자 보호 (deposit insurance)제도 등을 정비해 놓았다. 금융시장이 제대로 작동하기 위해서는 시장에만 맡겨놓아서는 안되며 그 건전성을 보장할 수 있는 법과 제도를 반드시 갖추어놓고 이를 엄격하게 집행해야 하기 때문이다.

IMF의 수석 부총재인 피셔도 정부가 은행과 기업들이 외국에서 너무 많은 돈을 빌리는 것을 제대로 규제하고 감독하지 못했다고 비난했다 (FT, 1997. 12. 17). MIT의 에임스덴 (Alice H. Amsden) 교수와 고려대의 어윤대 (魚允大) 교수도 한국이 1970년대와 1980년대에 금융시장을 제대로 규제했을 때는 문제가 없었으나 1990년대 초 이후 금융시장에 대한 규제 완화를 추진하기 시작하면서 금융기관들이 외국으로부터 돈을 마구 빌리고 빌려주었기 때문에 이번의 외환 위기를 맞게 되었다고 보았다 (NYT. 1997. 11. 27).

특히 1995년에 정부는 OECD 가입을 위해 국내 및 외국의 금융기관에 대한 거의 모든 규제를 풀었다. 따라서 외국 은행들은 이제 외환을 대량으로 사고 팔 수 있게 되었고 원화에 대한 투기를 할 수 있었다. 그 결과 외환 위기가 엄습했을 때 원화는 이들의 투기로 인해 더욱 급속히 평가절하되었다.

정부는 국내 금융기관도 제대로 감독하질 못했다. 특히 종금사들은 외국으로부터 마구 돈을 빌려 인도네시아·브라질·러시아 등 위험성이 높은 지역의 고수익 주식 및 채권에 대량으로 투자했다. 한편 외국에서 단기로 싸게 빌린 돈을 국내에서 장기로 대출해 주었다. 대기업들도 정부의 규제 없이 외국으로부터 자유로이 돈을 차입할 수 있었다. 주로 미국의 압력으로 한국이 너무 빠르게 금융시장을 자유화하고 개방한 반면, 금융제도에 대한 규제와 감독은 제대로 하지 못했던 것이 IMF 사태를 가져온 것이다.

국내 금융기관이 떠안고 있는 부실채권 또는 무수익 여신의 규모를 보면 먼저 국내 기준인 6개월 연체 이상을 적용했을 때 은행·증권·보험·종금·리스 등을 모두 합해 1997년 말 현재 약 32조 1천억 원에 달한다(한국경제, 1998. 4. 3). 그러나 3개월 연체 이상을 모두 불건전여신으로 간주하는 IMF 기준을 적용하면 그 2배가 넘는 67조 8천억 원이나 된다. 이는 총여신 511조 3천억 원의 13.2%나 되는 것이다. 불건전여신은 은행이 55조 9천억 원으로 총여신 375조 4천억 원의 14.9%나 된다. 미국은 이 비율이 1996년 말 현재 1.2%에 불과하다. 그 다음이 리스인데 6조 7천억 원으로 리스사 전체 여신의 17.5%를 차지하며, 종금사는 2조 3천억 원으로 5.8%, 증권회사 1조 8천억 원으로 16.6%, 그리고 보험이 1조 1천억 원으로 2.3%이다. 즉 국내 금융기관은 통계에서 빠진 투신사를 포함하여 대부분이 부실하다.

일본은 1980년대에 형성된 거품경제가 1990년대 초부터 붕괴되면서 부실채권이 급증했는데, 이를 신속히 정리하지 못해 1990년대 내내 소위 장기 복합불황에 시달리고 있다. 1996 회계년도의 일본 도시은행들의 불량채권 비율은 4.2%인데, 일본의 기준은 6개월 이상 연체이다. 이 기준을 우리나라 26개 일반은행들에 적용하면 비율이 6%가 된다. 은행의 부실이 심각하다는 일본보다도 높은 것이다.

더구나 기업 도산이 줄을 이으면서 부실채권도 급속도로 그 규모가 늘어나고 있다. 1998년 3월 현재 국내 기준을 적용했을 때 부실여신은 은행이 40조 원, 비은행이 28조 원으로 도합 68조 원이었다. 1997년 말에 비해 그 규모가 2배 이상이나 급증한 것이다. 그러나 IMF 기준을 적용하여 요주의여신인 50조 원 (은행 46조 원과 비은행 4조 원)까지 포함하면 전체 불건전여신의 규모는 118조 원에 달한다. 불과 석 달 전에 비해 2배에 달하는 것이다.

금융기관은 망하지 않는다는 믿음도 이제 깨졌다. 30개의 종금사 가운데서 16개가 폐쇄됐거나 영업정지 중이다. 고려증권과 동서증권 등 2개 증권사가 부도를 냈고, 신세기투자신탁이 문을 닫았으며 4개 생명보험사가 퇴출되었다. 정부는 1998년 6월 29일 동화·동남·대동·경기·충청 등 5개 부실은행까지 퇴출시킴으로써 강한 금융 개혁 의지를 보였다.

또한 은행들은 1998년 초 일제히 명예퇴직을 실시했는데 당시에만 모두 1만 2천 명이 은행을 떠났다. 금융 개혁이 진행되면서 그 수는 더욱 늘어날 것으로 예상된다. 바야흐로 금융기관의 폐쇄와 정리해고 바람이 거세게 불고 있는 것이다.

일본의 전철을 밟지 않으면서 금융산업의 국제경쟁력을 높이려면 부실채권과 부실 금융기관을 조속히 정리하고, 금융기관들 사이의 인수·합병을 서두르는 등 강력한 구조 조정 노력이 요청된다.

제4장

하늘은 스스로 돕는 자를 돕는다

IMF가 축복인지 서주인지,
크리스마스에 찾아온 산타클로스인지 마귀인지는
우리 국민이 얼마나 잘 대응하느냐에 달려 있다.
— 강만수 (姜萬朱) 재성경제부 차관 퇴임사
(매일경제, 1998. 3. 24)

축복인가 저주인가

　미국은 자국이 동아시아를 경제 위기로부터 구출하고 있다고 생각한다. 그러나 정작 현지의 분위기는 감사의 마음보다는 반미 (反美) 감정이 앞선다 (NYT, 1998. 2. 17). 몇 가지 예를 들어보자.

　태국의 영자신문 《더 네이션 (The Nation)》은 베를린 장벽이 무너진 것이 사회주의에 대한 미국의 정치적・이념적 승리인 것처럼, 아시아 경제가 붕괴된 것도 좀더 미묘한 형태로 미국의 금융 제국주의가 아시아에 대해 승리한 것으로 보았다.

　태국의 다른 일간지 《마티천 (Matichon)》도 서방이 아시아에 대해 지적 (知的) 식민주의와 경제적 식민주의를 기도하고 있다고 경계했다. 서방이 아시아를 꺾기 위해 금융 전쟁과 경제 선생을 벌이고 있다는 것이다.

　아시아 국가들 중에서 가장 개방적인 일본에서도, 올해 시작되는 금융시장의 개방은 흡사 2차 세계대전 이후 미군의 점령과 비슷한, 제2의 미국 지배를 초래할 것이라고 이야기하기도 한다.

특히 1989년 소니의 창립자 모리타 아키오〔盛田昭夫〕와 함께 〈노라고 말할 수 있는 일본(A Japan that can say No)〉을 출판해 큰 화제가 되었던 이시하라 신타로는 민족주의 성향이 강한 작가로서 반(反)미 감정이 유별나다.

국회의원도 지낸 바 있는 그는 이 책에서 미국은 황색 인종에 대한 편견에 사로잡혀 있다고 했다. 또한 첨단기술의 시대가 다가오고 있으며 그때는 일본이 주도권을 잡을 것으로 예상했다. 미국의 무리한 각종 무역 관련 요구에 대해 일본은 구소련을 활용하면서 이를 거절해야 한다고 주장했다.

최근에 「다시 노라고 말할 수 있는 일본」이라는 글에서 이시하라는 미국이 일본을 이리저리 밀치지 (push us around) 못하게 만들어야 한다고 주장했다. 그는 미국이 일본 재산을 사들이려는 음모를 꾸미고 있으며, 일본의 금융제도를 미국의 이익을 위해 바꾸려 하고 있고, 세계에 대한 군사·경제적인 패권을 증대시키려 한다고 주장했다. 그러나 일본은 미국의 재무부 채권 (TB)을 다량 보유하고 있으므로 이를 무기로 미국의 지나친 요구를 거절해야 한다. 만일 계속해서 미국이 지나친 요구를 한다면 TB를 팔아 거품이 잔뜩 들어간 미국의 증권시장을 붕괴시켜야 한다. 그러면 전세계가 불황에 빠지게 된다. 일본이 이러한 힘을 가지고 있다는 것을 미국에게 주지시켜야 한다는 주장이다.

이시하라는 청·장년층을 포함하여 일반 대중에게 인기가 대단하다. 32세의 한 은행원은 대부분의 사람들이 생각은 그렇게 하면서도 말로 표현하지 못하는 것을 그가 대변해 주기 때문이라고 했다 (AWSJ, 1998. 6. 10). 그는 말레이시아의 마하티르 (Mohammad Mahathir) 총리와 함께 〈노라고 말할 수 있는 아시아 (The Asia that can say No)〉라는 책을 일본에서 출판하기도 했다. 여기서 그는 아시아에서 일본의 역할과 관련해서 엔화에 기초한 대동아 공영권을 주장하기도 했다. 이런 생각은 일제의 잔혹한 식민지 경험이 있는 대부분의 아시아인들한테는 거부감을 일으키게 마련이다. 그러나 미국의 달러화에 대한 아시아의 의존도를 줄이기 위해 '엔 블록'을 형성하는 것이 어떻겠는가 하는 생각은 이미 오래 전부터 여러 사람들이 해왔다.

이시하라가 일본의 도산한 기업이나 값이 폭락한 부동산을 마구 사들이는 미국에 대해 경계하고 있는 것에 많은 일본인들도 공감하고 있다. 이를 일본에 대한 미국의 침략으로 보는 견해도 만만치 않다. 그는 또한 세계 최대 채무국인 미국이 어떻게 세계 최대 채권국인 일본을 계속 이용만 할 수 있는가 반문하고 있다.

한편 최근 말레이시아에서 출판된 몇 권의 책을 보면 아시아 경제 위기의 주된 요인으로 미국의 음모설이 주장되고 있다 (E, 1998. 6. 20). 아시아에 위기를 조성해 무역협상에서 승리하고, 중국을 억누르고 아시아에 대한 영향력을 확대하려고 한다는 내용이다.

중국 공산당 기관지인 《인민일보(人民日報)》도 미국이 동아시아에 진정 선의로 마셜 플랜 (Marshall Plan)을 제공하는 것이 아님은 분명하다고 주장한다 (마셜 플랜은 2차 세계대전이 끝난 후 미국이 유럽의 전쟁 복구를 위해 제공한 원조를 말함). 그러나 이번에는 동아시아에 도움을 주는 한편 굴복시키려 하고 있고, 미국의 정치적·경제적 모델을 채택하게 하면서 미국에 대한 동아시아의 위협을 누그러뜨리려 한다는 것이다.

미국이 IMF를 지원하는 것이 과연 바람직한 일인가, 또한 태국·인도네시아 및 한국에 대한 IMF의 긴급 구제금융의 제공이 합당한 것인가를 놓고 미국 국회에서는 논란이 한창이다. 그러나 아시아에서는 오히려 미국이 아시아의 금융 위기를 기회로 너무 많은 이득을 취하고 있다고 생각한다.

미국의 국무부 장관이었던 키신저(Henry Kissinger) 박사도 IMF
가 구제금융을 제공하면서 가혹한 조건을 달아 아시아에서 반미 감
정이 일고 있음을 경계하였다. 그는 특히 민족주의 성향이 강한 한
국이 위험하다고 보았다. 이 기회를 이용하여 한국을 식민지로 만
들려 한다는 오해를 받지 않도록 조심해야 한다는 것이다(IHT,
1998. 1. 12).

사실 우리는 작년 말 IMF 사태가 처음 일어났을 때 이를 국치
(國恥)라 했고, 한국 경제가 파산해서 법정관리를 받게 되었다고도
했고, IMF의 신탁통치가 시작되었다고도 했다.

당시 《동아일보》는 사설에서, IMF의 구제금융을 빌미로 미국과
일본이 우리가 감당하기 힘들 정도의 시장 개방을 요구하고 있는
데 대해 불만을 나타냈다(1997. 12. 4). 우방의 위기를 이용하여
자신들의 이익을 취하려는 것은 바람직하지 않다는 것이다. 《중앙
일보》도 한국의 재계가 우리 기업의 힘을 이 기회에 약화시키려는
미국의 음모에 반발하고 있다는 내용을 실었다(1997. 12. 3). 즉
자동차·반도체 같은 분야에서 미국·일본과 경쟁하는 우리 대기업
을 무력화시키려 한다는 비판이었다. 특히 미국이 IMF를 조종하
여 자유시장주의 철학을 관철시키려는 데 대해 못마땅해 했다. 이
는 모두 한국인들이 미국의 도움에 대해 감사하고 있지 않음을 나
타내는 것이다(NYT, 1997. 2. 15).

돌이켜보면 초기의 이러한 감정적 대응은 충분히 이해가 간다.
예상 밖의 엄청난 일이 터졌을 때 차분하게 이성적으로 대응한다는
것은 누구에게도 쉬운 일이 아니다. 그러나 무슨 일이 잘못되었을
때 무조건 남을 비난하는 것은 올바른 태도가 아니다. 오히려 우리
의 책임을 따지는 것이 미래를 위해서도 건설적이고 적극적인 태도

이다.

1998년 3월 17일 아침 서울 하얏트호텔에서는 산업자원부 주최로 11개 정부부처 공무원들이 주한 미국 및 유럽연합(EU)의 기업인 40여 명을 초청해 그들의 불만을 듣는 자리를 마련하였다. 이 자리에서 외국인들은 이구동성으로 한국에서 반(反)외국인 정서를 자주 접하게 된다고 했다. 또한 IMF와 외국 기업들은 한국을 도와주고 한국에 투자하려고 하는데 오히려 자신들을 실업·물가고·고금리·고환율·도산 등 경제 위기의 주범으로 몰고 있다고 볼멘소리를 했다.

우리는 현재의 국난을 미국·일본·IMF 탓으로 돌려서는 안된다. 처음부터 우리 내부에서 발생한 문제이지 남이 일으킨 것이 아니기 때문이다. 밖에서 무슨 일이 일어나더라도 버틸 수 있는 강건한 경제를 이룩하지 못한 것은 전적으로 우리 탓이다.

또한 거의 국가부도 사태에까지 이르렀을 때 우리를 도와준 미국·일본·EU 등 선진국들과 IMF에 대해 고마운 마음을 갖는 것은 당연한 일이다. 실제로 시간이 흐르면서 이들에 대한 비난은 현저히 줄어들고 있고, 대신 우리 자신의 잘못 때문이라는 인식이 일반화되고 있다(WP, 1998. 2. 24). 우리 국민들은 현명한 사람들이다. 미국 언론도 이러한 분위기의 일대 반전을 커다란 변화로 보았다(NYT, 1998. 2. 17).

물론 남에게 손을 벌리는 일이 결코 다시는 없어야 할 것이다. 개인적으로도 친하면 친할수록 경제적인 도움만은 삼가야 한다. 국가들끼리도 마찬가지이다. 우리의 우방국인 미국·일본·EU 등에 대해 다시는 신세를 지는 일이 없어야 하겠다.

그리고 주목해야 할 것은 IMF가 우리에게 돈을 빌려주면서 제시한 조건들이 대부분 원래 우리 정부가 추진하려고 했던 개혁안들이었다는 사실이다. IMF가 요구한 구조 조정은 주로 금융 부문의 개혁이고 이 밖에 재벌 개혁과 노동시장의 개혁 등이 있는데 이 셋은 우리 스스로 추진하려고 계획했던 것들이다. 그럼에도 금융·재벌·노동시장의 개혁을 주체적으로 실천에 옮기지 못했던 까닭은, 금융기관들간의 이해가 상충되었고 재벌과 노동계의 반발이 심했기 때문이다.

따라서 금융·재벌·노동시장의 개혁은 IMF의 요구에 의해 추진한다기보다는 한국 경제의 국제경쟁력을 높이기 위해 우리 스스로 적극적으로 실천에 옮겨야만 할 것이다. 수동적으로 마지못해 하는 것이 아니라 능동적으로 우리 스스로 개혁해 나가야 한다. 만일 IMF 사태가 일어나기 이전에 우리 스스로 이 세 분야의 개혁을 추진했더라면 IMF 사태도 발생하지 않았을 것이고 개혁의 속도도 우리가 조절하면서 완만하게 수행할 수 있었을 것이다.

그러나 이제는 이미 때가 늦었다. 개혁의 속도도 IMF가 결정할 수밖에 없으며, 매우 급속할 수밖에 없다. 이에 따라 개혁에 수반되는 고통도 지금 우리가 매일 겪고 있는 것처럼 엄청날 수밖에 없다. 의당 추진했어야 할 개혁을 지연시킨 데 따른 비용이 막대하고 그로 인한 국민들의 고통이 너무 크다.

강만수 재정경제부 차관은 퇴임사에서 「IMF가 축복인지 저주인지, 크리스마스에 찾아온 산타클로스인지 마귀인지는 우리 국민이 얼마나 잘 대응하느냐에 달려 있다」고 말했다 (매일경제, 1998. 3. 24).

이는 지극히 균형 잡힌 견해이다. 한편에서는 IMF의 캉드쉬 총재처럼 IMF 사태가 오히려 숨겨진 축복이라고 낙관하기도 한다 (NYT, 1997. 12. 7). 즉 미루어왔던 경제 개혁을 제대로 추진한 다면 몇 년 후에는 오히려 우리 경제가 지금보다 훨씬 강해질 것이라는 생각이다. 다른 한편에서는 비관적으로 IMF 사태를 재앙으로만 본다.

  그러나 지나친 낙관론이나 비관론 중 어떤 한편으로 치우치기보다는, IMF 사태의 결과는 우리 자신이 어떻게 하느냐에 달려 있다고 보는 것이 문제의 본질을 꿰뚫는 시각이다. IMF 사태뿐만이 아니라, 사실 세상 모든 일이 다 자신이 어떻게 대응하는가에 따라서 판가름 난다. 위기를 기회로 활용한 예를 우리는 주위에서 얼마든지 발견할 수 있다.

  이렇게 볼 때 MIT의 돈부시(Rudiger Dornbusch) 교수가 IMF는 별로 중요한 게 아니라고 지적한 것은 당연한 말이다(한국금융연구원, 1997. 12). 즉 지금부터 우리가 어떻게 개혁을 추진해 나가는가가 중요한 것이며, IMF는 단지 조언자에 불과하다. IMF 사태가 축복인가 저주인가 하는 것은 우리 자신이 하기에 달린 것이고 IMF와는 아무런 관련이 없다. 이렇게 보면 IMF에 의한 신탁통치니 하는 것은 별 의미가 없다.

모든 것이 그대로 있다

   우리는 흔히 IMF 사태를 6·25 전쟁 이후 최대의 국난이라고 한다. 맞는 말이다. 전쟁 때는 산업시설이 크게 파괴됐었다. 반면 지금은 환율은 크게 오르고 주가는 폭락했으니 달러로 계산하면 한국의 재산 가치가 엄청나게 떨어진 셈이다. 두 경우 모두 재산이 날아가버린 것이다.

   그래서 어떤 사람들은 한국이 망했다고도 한다. 국민소득을 현재 환율로 계산하면 IMF 사태 이전에 비해 크게 떨어진 것도 사실이다. 다시 1만 달러의 소득 수준을 회복하려면 몇 년은 더 걸릴 것이라고 한숨짓는다.

   물론 명목적으로만 계산하면 다 맞는 이야기다. 그러나 상식적으로 한 나라가 하루아침에 주저앉을 수는 없는 일이다. 국민소득이 좋은 예이다. 환율이 폭등했으니 1인당 소득은 달러 가치로 표시할 때 크게 떨어졌다. 하지만 지금의 환율은 정상적인 수준이 아니다. 달러에 비해 원화 가치가 과소평가되어 있다. 그 이유는 이렇다.

142

한 나라의 물가가 오를수록 그 나라 화폐의 구매력(purchasing power)은 떨어진다. 그러면 그 나라 화폐의 대외 가치인 환율도 평가절하된다.

그런데 지금은 물가가 상승한 데 비해 환율이 너무나 과도하게 평가절하되어 있다. 예를 들면 IMF 사태가 발생하기 이전에 비해 물가는 10%가 올랐는데 환율은 50%나 폭등하였다. 이는 곧 구매력으로 평가했을 때 원화의 가치가 상당히 과소평가되어 있음을 나타내는 것이다.

영국의 유력 시사주간지인 《이코노미스트》도 바로 이 점에 유의하였다(1998. 2. 7). 흔히들 한 세대 동안 이룩한 아시아의 부(富)가 최근의 금융 위기로 말미암아 일순간에 물거품이 됐다고 말한다. 그러나 환율로 계산한 수치는 경제의 실제와는 상당한 거리가 있다.

1997년에 비해 1998년의 GDP는 달러로 표시하면 급속하게 떨어질 것이다. 그 까닭은 원화로 표시한 GDP의 성장률은 1998년에 -5% 정도의 감소가 예상되나 환율이 폭등했기 때문이다. 즉 실제로 생산된 양이 크게 줄지 않았음에도 불구하고 GDP가 급격히 감소하는 것이다. 이는 원화 표시 GDP를 환율을 적용하여 달러 표시 GDP로 바꾸는 것이 많은 문제점을 지니고 있음을 말해준다. 따라서 환율보다는 물가 수준을 참작한 구매력 평가(PPP)를 이용하여 국민소득을 측정하는 것이 현실적이다. 그런데 물가 수준은 선진국에 비해 발전도상국이 더 낮으므로 발전도상국의 GDP는 환율보다는 PPP를 이용하여 측정했을 때 더 높다. 특히 지금처럼 물가 수준에 비해 환율이 지나치게 평가절하되어 있을 때는 더욱 그러하다.

최근의 환율로 환산하면 아시아의 달러 표시 GDP가 급격하게 줄어든 것이 사실이다. 그러나 PPP로 환산하면 GDP는 거의 줄어들지 않았다. 1998년 2월 4일 현재 중국을 포함한 동아시아의 GDP는 당시의 환율을 적용하면 세계 전체 GDP의 7%에 불과하다. 그러나 PPP를 적용하면 20%를 점유하고 있다.

여기서 우리가 강조하고자 하는 바는 환율을 적용해 산출한 국민소득의 급속한 감소가 나타내는 것처럼 한국 경제가 갑자기 축소된 것은 아니라는 점이다. 즉 PPP를 사용해서 GDP를 산출해 보면 IMF사태 이후나 이전이나 큰 변동이 없다. 왜냐하면 재화와 용역(서비스)의 생산량은 거의 그대로이기 때문이다. 경제학자들이 국민소득을 국제적으로 비교할 때 주로 사용하는 것도 환율로 환산한 것이 아니라 PPP로 계산한 달러 표시 GDP이다.

사실 경제의 본질이나 내용도 변한 것이 없다. 제일 중요한 인간자본이 우선 그대로 있다. 근면 성실하고 검소하며 교육 수준이 높은 노동력은 IMF 사태 이전이나 지금이나 마찬가지이다. 지금은 어렵지만 외국 투자가들이 우리 경제의 장래를 밝게 보는 근본적인 이유도 바로 풍부한 인간자본 때문이다. 산업기반도 그대로 있다. 공장도 그대로이며, 기술도 전과 같고, 사회간접자본도 변한 게 없다. 즉 경제의 실체나 기초는 전연 손상되지 않고 그래도 남아 있는 것이다. 이 점이 6·25 전쟁과 IMF 사태의 주요한 차이점이다.

IMF 사태로 금융면에서는 커다란 손해를 보았다. 그러나 한국 경제의 실물 측면은 거의 다치지 않았음을 주목해야 한다. 따라서 겉으로 보이는 것처럼 한국 경제가 추락한 것은 아니라는 점을 분명히 인식할 필요가 있다.

현실의 어려움은 있는 그대로 직시해야만 한다. 그러나 지나친 비관론은 경제주체들을 심리적으로 크게 위축시키므로 경계해야 한

144

다. 왜냐하면 경제는 사람들이 마음먹기에 따라 크게 달라지기 때문이다. 특히 언론은 사태를 냉정히 보도할 필요가 있다. 조심성 없는 낙관론도 문제지만 무턱대고 비관론을 펴는 것은 더 큰 문제이다.

소비만 해도 그렇다. 문제가 되는 것은 사치와 낭비, 과소비이지 정상적이고 합리적인 소비는 오히려 권장해야 한다. 왜냐하면 소비가 지나치게 위축되면 생산이 크게 줄어들어 경제가 악순환에 빠질 수 있기 때문이다.

너무 움츠러들고 위축되어서는 안된다. 금융면에서는 큰 손해를 보았으나 다른 것들은 모두 그대로 있다는 사실을 똑바로 알자. 그리하여 위기를 극복할 수 있다는 확신과 굳은 신념을 갖자. 자신감과 굳은 신념을 가져보자. 현실이 몹시 어려울지라도 미래에 대한 희망찬 비전을 잃어서는 안된다. 우리 민족은 이보다 더한 어려움에 처했을 때도 결코 용기를 잃지 않았으며, 굳은 결의로 온갖 국난을 극복하였다.

《이코노미스트》지는 최근 29개국 1만 6천여 명의 성인을 대상으로 설문조사를 하여 희망지수(hope index)를 산출했다. 설문 내용은 1년 후 경제 형편이 지금보다 더 나아질 것으로 예상하는가, 10년 후에 더 나아질 것으로 예상하는가, 자녀들이 당신들보다 나아질 것으로 기대하는가이다(1998. 8. 1).

이는 사람들이 장래에 대해 얼마나 낙관적으로 기대하고 있는가를 알아보기 위한 것이다. 만점을 100으로 했을 때, 말레이시아와 콜롬비아가 각각 66으로 1위이고, 브라질이 64로 3위, 한국과 미국이 62로 4위, 태국이 60으로 6위, 중국이 58로 7위, 대만이 50으로 8위, 영국이 48로 9위 등이다. 아시아가 경제 위기를 겪고 있으면서도 10위 이내에 다섯 나라가 포함되었다. 이러한 낙관론

은 아시아의 장래를 밝게 볼 수 있는 중요한 근거가 된다. 일본만
이 12점으로 꼴찌인 29위였다. 이는 비관론이 팽배해 있음을 나타
내는 것이다.

세계 속의 한국 경제

우리는 근년에 너나할것없이 세계화를 목청껏 높여왔다. 사실 세계 경제의 추세가 1990년대에 들어와 이런 방향으로 급속히 진전되어왔다. 그러나 한국은 원래 인구는 많고 부존자원은 빈약한 나라이므로 처음부터 세계화 이외에는 살길이 없었다.

그런데 세계화에는 두 가지 측면이 있다. 하나는 세계 속의 한국 경제이며, 다른 하나는 한국 속의 세계 경제이다. 이 둘을 비교해 볼 때, 지난 30여 년 동안 우리는 세계 속의 한국 경제를 실현하는 데는 크게 성공했다고 볼 수 있으나 한국 속의 세계 경제를 이룩하는 데는 미흡했다.

세계 속의 한국 경제는 여러 군데에서 뚜렷이 드러난다. 먼저 GDP가 IMF 사태 발생 이전인 1996년에는 세계 11위였다. 공업화를 시작한 지 35년 만에 경제대국으로 탈바꿈한 것이다. 외국 언론들은 동일한 내용일지라도 반복적으로 보도하는 경향이 있다. 아마 이번 사태를 계기로 전세계인들은 한국이 11위의 경제대국이었다는 사실을 수없이 들었을 것이다. MIT 국가들(말레이시아·인도네시아·태국)의 GDP를 모두 합해놓은 것만큼 한국의 GDP 규모가 크다는 것도 알게 되었을 것이다. 따라서 유럽과 미국 언론의 보도 경향은 한국과 일본처럼 경제 규모가 큰 나라에서 문제가 생기면 MIT 국가들의 경우와는 달리 그 영향이 세계 전체로 파급될 것이라는 태도였다(WP, 1997. 11. 24). 수출입을 합한 교역량도 1996년 현재 세계 11위로 무역대국에 속했다. 5대양 6대주로 우리 물건이 수출되었다. 동시에 전세계로부터 각종 화물을 실은 컨테이너가 매일 수도 없이 우리 항구로 들어왔다.

성취욕이 강한 우리 기업인들이 전세계를 대상으로 맹렬하게 세계 경영을 시도하였다. 통일신라시대의 장보고 대사 이후 처음 있는 일이다. 선진국들은 물론이고 중·동유럽, 러시아, 중국, 동·서남아시아, 남미, 아프리카 등 우리가 투자하지 않은 지역이 없을 정도이다. 그리하여 1997년 말 현재 한국의 실제 해외 직접투자의 총액은 164억 달러에 이르렀다. 허가 기준으로는 296억 달러나 되었다. 1993년에는 GNP 대비 1.6%였으나 1997년에는 3.8%로 급증했다.

주요 공산품의 생산량을 보자. 조강(粗鋼) 생산량은 1996년에 3,890만 톤이었다. 선진국 클럽인 OECD 국가들 중에서 일본·미국·독일에 이어 4위였다. 선박의 건조량은 668만 G/T로서 일본에 이어 2위였다. 자동차 생산량은 281만 대인데 미국·일본·독일·프랑스에 이어 5위였다. 전자제품의 생산액도 477억 달러나 되어 미국·일본·독일에 이어 4위였다.

지금은 한국이 어려운 상황이어서 모든 것이 부정적으로만 생각될 수도 있다. 그러나 이 난관을 슬기롭게 극복하고 나면 한국의 장기 전망은 밝다. 세계은행은 지난 1994년에 세계 경제의 장기 전망을 발표한 적이 있다(E, 1994. 10. 1). 1992년에는 구매력 평가(PPP)로 환산했을 때 미국의 GDP 규모가 제일 컸다. 미국을 100으로 놓았을 때 2위는 일본, 3위는 중국이었는데 각각 미국의 약 40% 수준이었다. 4위가 독일, 5위가 프랑스, 6위가 인도, 그리고 이탈리아가 7위였다.

그런데 2020년에는 중국이 1위가 된다. 2위인 미국을 100으로 놓으면 중국의 GDP는 140이 된다. 3위가 일본으로 45 정도이고, 4위 인도, 5위 인도네시아, 6위 독일, 그리고 7위가 한국이다. G7의 범주 안에 드는 것이다. 현재 우리가 당면하고 있는 단기적인 어려움에도 불구하고 세계은행의 2020년에 대한 장기 예측은 여전히 유효하다고 생각한다.

세계 경제 속에서 상당한 위치를 점유했던 한국 경제가 금융 위기로 고통을 받자 그 영향은 세계적으로 느껴졌다(Pain of South Korean turmoil is felt around the world ; AWSJ, 1997. 12. 16). 왜냐하면 아시아·남미·러시아·동서유럽 등에 한국 기업들이 계획했던 투자 프로젝트들이 취소되거나 연기되었기 때문이다.

UN은 한국의 6대 재벌이 2000년까지 8백억 달러를 해외에 직접 투자할 계획을 세웠다고 했다. 주로 경쟁국인 일본이 침투하지 않은 시상을 내상으로 했다.

이미 동유럽에서의 해외 직접투자는 한국 기업에 의해 주도되었다. 또한 러시아·브라질·인도네시아 등에는 상당 액수에 달하는 대출과 주식 및 채권 투자를 했다.

우리 기업들의 적극적인 해외 진출이 금융 위기로 말미암아 제동이 걸린 것은 후일 매우 안타까운 일로 평가될 것이다. 세계 속의 한국 경제 실현을 이루어내야만 생존할 수 있는 우리로서는 더욱 그러하다.

이제 우리는 지금까지의 실수가 무엇이었는가 꼼꼼히 점검하고, 앞으로는 더욱 튼튼한 기초 위에서 건실한 세계 경영을 힘차게 추진해 나가야만 할 것이다.

한국 속의 세계 경제

이처럼 세계 속의 한국 경제를 구축하는 일은 우리가 피부로 느끼는 것보다 훨씬 더 급속도로 진행되어 왔다. 그러나 한국 속의 세계 경제 이룩은 지금까지 부진하였다고 할 수밖에 없다.

비근한 예를 살펴보자. 세계 어떤 나라를 가봐도 중국 음식점과 상점들이 몰려 있고 중국인들이 집단으로 거주하는 차이나 타운이 있다. 그런데 한국과 일본에만 차이나 타운이 없다. 이는 중국인들이 발붙이고 살 수가 없기 때문인 것이다.

단기적으로는 중국인들이 돈을 벌어가지 못하므로 우리에게 이득이 될 수 있을지 모른다. 그러나 장기적으로 이는 국익을 저해하는 것이다. 세계 모든 나라 사람들이 우리나라에 들어와 마음대로 사업을 하고 장사를 할 수 있을 때 우리 국력은 극대화된다.

미국을 보라. 세계의 거의 모든 민족이 살고 있어 마치 하나의 커다란 용광로와 같다. 미국 로스앤젤레스 올림픽 대로(Olympic Boulevard)의 코리아 타운이 좋은 예이다. 한국인들이 모여 살고 온갖 종류의 상점들이 다 있다. 간판도 한글 일색이다. 이는 미국 속의 세계 경제가 실현된 증거이기도 하다.

세계의 여러 나라 사람들이 들어와 살며 사업하는 활기찬 서울이 되어야 한다. 우리끼리만 사는 단일민족 시대는 이미 지나갔다. 피부색·민족·종교·언어·풍습 등에 관계없이 어떤 사람들과도 더불어 살 수 있는 개방적인 한국인이 되어야 한다. 지구촌은 먼저 한국 속에서 실현되어야 한다. 그래서 다른 사람에게서 서로 배우고, 도움을 주고받을 수 있어야 한다. 한국 속의 세계 경제를 이룩하는 것이 장기적으로 우리의 국력을 극대화하는 첩경임을 깨달아야 한다.

그런데 현실은 이와 거리가 멀다. 외국인들이 한국에 대해 지니고 있는 인상은 대체로 부정적인 것 같다. 먼저 지나치게 민족주의 성향이 강하여 남들과 더불어 사는 데 어려움이 많다. 폐쇄주의·국수주의로까지 흐르는 경우가 많다. 외국인과 외국 것을 싫어하는 성격 (xenophobia)도 있다고 본다. 노조는 세계에서 가장 투쟁적이라는 프랑스의 트럭 운전기사 못지않을 정도로 강성이라고 생각한다. 노동시장의 경직성도 두드러져서 한국의 근로자를 해고시키는 것은 인도에서 공무원을 해고시키는 것만큼 어렵다고 한다. 한국의 관청은 외국 기업을 도와주는 곳이 아니라 괴롭히는 곳이라고 생각한다. 모두가 세계화와는 거리가 멀다.

요즈음엔 흔치 않지만 얼마 전까지만 해도 양담배를 피우고 양주를 마시면 애국자가 아니라는 식의 외제 소비를 배격하는 민간 운동이 종종 있었다. 물론 그 충정은 높이 사야 한다. 그러나 지구촌 시대에 이런 식의 외제 배격 캠페인은 금방 외국의 반발을 불러일으키게 된다. 세계의 주요 교역국으로서 우리 물건만 외국에 내다 팔 수는 없다. 반드시 외국 물건도 수입해서 써야만 하는 것이다.

1997년에 우리는 131만 6천 대의 자동차를 외국에 수출했다. 반면 그해 자동차의 국내 수요는 모두 115만 대였는데 그중 외제 승용차는 8,132대로서 0.71%에 그쳤다. 형편이 이런데도 외제차를 타는 사람에게 욕설을 퍼붓는 것이 우리 현실이다. 외국에 이런 행동이 알려지면 미국과 EU는 우리에게 국내 자동차 시장을 더욱 개방하라고 촉구할 것이다. 또한 우리 차를 수출하는 것도 곤란해질 것이다.

대우자동차의 김태구(金泰球) 사장은 우리가 외국에 차를 많이 팔려면 외국 회사들도 한국에서 외제차를 많이 팔 수 있어야 한다고 했다. 이는 상호주의(reciprocity) 원칙에서 볼 때 당연한 것이다(조선일보, 1998. 3. 15).

지금은 더불어 사는 지구촌 시대이다. 우리가 벌이는 외제 배격 운동은 금방 미국의 CNN(Cable News Network)을 통해 전세계로 방송된다. '눈 가리고 아웅' 하는 식으로는 살 수가 없다. 국산을 쓰든 외제를 쓰든, 그 선택권은 국민에게 일임해야 한다. 품질·성능·가격을 꼼꼼히 비교하여 합리적으로 소비행위를 한다면 간여할 바가 아니다.

또 한 가지, 한국은 외국인들에게 '사업하기가 너무나 힘든 나라'로 인식되어 있다. 관료들의 심한 규제 때문에 「한국에서 사업을 하는 것은 마치 총탄이 쏟아지는 참호 속에서 전투를 벌이는 것(trench warfare)과 같다」고 본다.

사실 우리는 지금까지 외국인 직접투자(FDI)를 별로 받아들이지 않았다. 1962년부터 1998년 5월까지 모두 264억 달러의 FDI가 도입되었을 뿐이다(한국은행, 조사통계월보, 1998. 7).

1995년 현재 GDP 대비 FDI 도입액의 비중은 2.3%에 불과하다. 반면에 말레이시아는 52.1%, 영국은 28.5%, 중국은 18.2%,

그리고 대만은 7.3%였다. 선진국의 FDI 평균은 9.1%이며 아시아 발전도상국의 평균은 15.1%였다. 또한 1996년의 총투자 중에서 FDI가 차지하는 비중을 보면 한국은 1%였는데, 동남아 9개국의 평균은 8.1%였으며, 23개 선진국의 평균도 5.7%였다.

너무 과도하게 FDI에 의존하는 것도 문제가 있다. 그러나 우리는 FDI를 거의 활용하지 못했다. GDP 대비 FDI의 비중은 최소한 10%는 되어야 한다. 또한 총투자 중에서 FDI가 점유하는 비중도 5% 수준은 되어야 한다. 그래야 활력 넘치는 경제를 만들 수 있다.

그런데 《파 이스턴 이코노믹 리뷰》가 설문 조사한 결과를 보면 한국의 투자환경이 아시아 18개국 중에서 다섯 번째로 열악한 것으로 나타났다(Far Eastern Economic Review ; 이하 FEER, 1997. 8).

전국경제인연합회가 1998년 2월, 주한 외국 경제인 5백 명을 대상으로 실시한 설문조사에서도 우리의 투자환경이 동남아보다 못한 것으로 드러났다. 또한 투자를 저해하는 주요인들을 순서대로 보면 정부의 지나친 행정 규제, 노사 관계의 유연성 부족 및 외국 기업에 대한 배타적인 태도 등이었다.

그 단적인 예가 세계적 실리콘 생산업체인 미국 다우 코닝의 한국에 대한 직접투자 포기이다. 전라북도가 2년에 걸친 노력으로 유치하려던 28억 달러 규모의 FDI가 결국 말레이시아로 가고 말았다. 주된 이유는 중앙과 지방의 담당 공무원들이 빈번하게 교체되는 가운데, 건설교통부와 농림부는 농지를 공장용지로 용도 변경해 주는 것을 꺼렸다. 한편 재정경제부는 조세 감면을 주저했고, 지방 공무원들은 업무의 전문성과 추진력이 부족했다. 제도도 중요하지만 실제로 이를 운용하는 관리의 태도가 얼마나 중요한가를 보여준 것이다.

미국의 《워싱턴 포스트》는 김대중 대통령이 외국인 직접투자가 한국에 이롭다는 것을 국민들에게 설득하는 데 상당한 노력을 기울여야만 했다고 보도했다 (1998. 2. 24).

한국개발연구원 (KDI) 산하 국민경제교육연구소는 1998년 3월 일반 국민과 경제전문가를 대상으로 FDI에 대한 의식을 조사했다. 그 결과를 보면 IMF 사태 이후 외국인과 외국 기업에 대한 한국인들의 인식이 크게 변화하고 있음을 발견할 수 있다.

「외국 자본이 국내에 기업을 직접 설립하는 것이 우리 경제에 도움이 될 것으로 보느냐」는 질문에 국내 경제전문가들은 98.1%가 「도움이 될 것」이라고 응답했고, 일반 국민들도 87.1%가 그렇게 대답했다.

한편 「한국에 진출한 외국 기업인 한국 IBM과 영국 원야드에 진출한 삼성전자 중 어느 기업이 한국 경제에 더 기여한다고 보느냐」는 질문에 대해서 전문가들은 62.4%가 한국 IBM이라고 응답한 반면, 국민들은 56.3%가 삼성전자를 들었다. 그러나 미국인들에게는 Toyota US가 IBM Japan보다 더 중요하다는 생각이 보편화되어 있다.

「외국 자본이 국내 기업 및 금융기관을 인수하여 경영하는 것이 우리 경제에 도움이 될 것으로 보느냐」는 질문에 「도움이 될 것」이라고 응답한 비율이 전문가는 94.8%였고, 국민들도 80.6%가 긍정적인 반응을 보였다.

이러한 조사 결과는 외국인·외국 자본·외국 기업에 대한 한국인의 생각이 급속히 변화하고 있음을 나타낸다. 지금까지 닫혔던 마음을 세계를 향해 한껏 열어가고 있는 것이다. 이는 지구촌 시대에 바람직한 변화이며, 장기적으로 국익을 극대화하는 데 기여할 것이다.

  개인이든 나라든 치열한 경쟁만이 체질을 튼튼하게 한다. 한국 속에 세계 경제를 실현하는 것이 이를 위한 주된 수단이다. 경쟁을 두려워한다거나 움츠러들지 말아야 한다. 정정당당히 맞서서 이길 수 있어야 한다.

도를 넘어선 IMF

태국·인도네시아·한국의 금융 위기를 수습하는 과정에서 구제금융을 주도하고 적극적으로 처방전을 제시한 IMF의 역할에 대하여 지난 몇 달 동안 상당한 논란이 있었다. 그중에서도 가장 포괄적이고 논리적인 공격은 미국 클린턴 대통령의 경제자문회의 의장을 역임한 바 있는 하버드대학의 펠드스타인(Martin Feldstein) 교수가 한 것이다(Foreign Affairs, 1998. 3·4월호).

IMF는 원래 국제수지 적자로 일시적인 외환(달러) 부족을 겪고 있는 회원국을 돕는 것이 본분이며 마땅히 그래야만 한다. 그러나 근자에는 이러한 본분을 넘어서서 그 나라의 구조적인 개혁까지 강요하고 있는데, 이는 단기적으로나 장기적으로 나쁜 결과를 초래할 것으로 본다.

1990년대 초 남미가 외채 위기에 처했을 때, IMF는 구제금융을 제공하면서 국제수지의 적자를 줄이기 위해 주로 긴축적인 재정·금융정책만을 요구했다. 그러나 체제전환국인 동유럽과 러시아에 대해서는 자금을 지원하는 조건으로 기본적인 제도 개혁까지 강요했다.

이번에 또다시 체제전환국과는 여건이 전혀 다른 아시아 국가들에 대해서도 비슷한 내용의 요구를 하고 있다. 이에 더하여 남미처럼 긴축정책도 부과하고 있다.

동남아 국가들의 금융 위기는 큰 폭의 국제수지 적자가 지속되었고 환율을 달러에 고정시킨 데 따른 불가피한 결과이다. 그러나 한국은 사정이 달랐다. 환율도 고정되어 있지 않고 계속 변동해서 과대 평가되어 있지 않았다. 국제수지의 적자폭도 크지 않았으며 그나마도 줄어들고 있었다 (AWSJ, 1998. 6. 3).

그러나 문제는 1997년 중반에 이르러 민간기업과 은행들이 외환보유고를 훨씬 초과하는 단기 외채를 갖게 되면서 발생했다. 10월이 되면서 단기 외채는 1,100억 달러에 이르러 외환보유고의 세 배 이상이 되었다. 이때는 마침 홍콩에서 금융 위기가 일어난 때였으므로 한국도 소용돌이에 휘말리게 되었다.

곰곰이 따져보면 한국의 총외채는 GDP의 30%에 불과하다. 이는 발전도상국 가운데 제일 낮은 편에 속한다. 더구나 1998년 5월 말 현재 IMF 기준 총외채는 1,216억 달러이지만 여기서 대외자산 848억 달러를 빼면 순외채는 412억 달러에 불과하다 (재정경제부, 월간 경제동향, 1998. 8). IMF의 캉드쉬 총재도 한국은 GDP 대비 외채가 아주 적다고 했다 (BW, 1997. 12. 29). 따라서 문제는 지불 불능(insolvency)이 아니라 일시적인 현금 또는 유동성(liquidity)의 부족인 것이다.

더구나 경상수지 적자폭은 적었으며, 급속히 줄어들고 있었으므로 IMF의 전형적인 정책 수단인 긴축적인 재정·금융정책도 필요하지 않았다. 오히려 채권은행들이 협의해서 단기 외채를 장기 외채로 전환해 주며, 당장 이자 지불을 할 수 있도록 추가 신용만 제공하면 충분했다.

이는 채권단에게도 이로운 것이므로 수용할 수밖에 없다. 왜냐하면 모두가 당장 채권을 회수하려 들면 한국의 민간 부문 채무자들은 지불 불능 상태에 빠질 수밖에 없기 때문이다. 사실 IMF는 첫 번째 금융 지원이 실패한 후인 1997년 12월 말에야 이러한 조치를 취했다.

그러나 IMF는 1997년 12월 초 585억 달러의 구제금융 지원을 약속함으로써 한국의 민간기업들이 선진국 은행들에 진 빚을 갚도록 했다. 즉 IMF가 선진국의 부유한 채권자들을 구제한 것이다. 그리고 그 대가로 한국 경제의 전반적인 제도 개혁을 요구했다. 아울러 남미에 적용했던 긴축적인 재정·금융정책도 채택할 것을 권고했다.

여기서 생기는 기본적인 문제는 국제기구인 IMF가 일시적인 달러 부족으로 도움을 요청하는 주권국가에 대해 과연 어떻게 행동하는 것이 온당한가 하는 것이다. 분명한 것은 어떤 나라의 경제구조나 제도는 그 나라의 적법한 정치기구가 결정해야만 한다는 것이다. 비록 어떤 나라가 단기적으로 자금이 필요해 도움을 받는다고 해서 그 나라의 정치기구가 결정해야 할 과제를 IMF가 대신할 수 있는 도덕적인 권리는 전혀 없다. IMF가 한 나라의 외환 위기를 이용하여 이를 해결하는 데 직접적 도움을 주는 국제수지 적자의 해소책 이상으로 제도 개혁까지 요구하는 것은, 설령 그것이 그 나라에 장기적으로 도움을 줄지라도 해서는 안될 일이다.

IMF가 한국에 요청한 갖가지 구조 개혁은 한국 경제의 장기 성장실적을 향상시킬 수 있다. 그러나 이런 것들이 한국이 다시 국제자본시장에 나가 자본을 빌리는 데 당장 도움을 주는 것은 아니다.

인도네시아의 한 경제학자가 지적한 것처럼 IMF 프로그램은 인도네시아 경제를 개혁하기 위해서는 적합할지 모르나, 외환 위기에서 벗어나는 데는 도움이 안될 것이다. 구조 개혁은 외환 위기가 끝난 후에 해야지 위기 중에 하는 것은 시기적으로 좋지 않다(AWSJ, 1998. 2. 26).

또한 노동시장, 기업의 지배구조(governance structure), 정부와 재계의 관계, 무역 제한조치 등에 관해 IMF가 요구한 개혁조치들은 정치적으로 가장 민감한 사안들이다.

한국에게 자금 지원의 조건으로 개혁하라고 요구한 것들은 사실 유럽의 주요 국가들에서는 흔히 발견되는 것이다. 평균 12%의 실업률을 초래하는 각종 노동시장 규제가 그렇고, 은행과 정부가 상당한 지분을 가지고 있는 기업의 소유구조가 그렇다. 비효율적이며 손실을 내는 산업에 대해서 정부가 보조를 하는 것이 그렇고, 일본 자동차의 수입을 최소한도에 머무르게 하는 수입 장벽이 그렇고, 자국 기업을 외국인이 매수하는 것을 막는 조치가 그러하다.

IMF의 고통스럽고 포괄적인 개혁 프로그램의 강요가 발전도상국들에게 주는 메시지는 분명하다. 가능하면 IMF를 불러들이지 말아야 한다는 것이다. 바로 말레이시아가 그렇게 하고 있으나, 실제의 상황은 태국, 인도네시아와 비슷하다.

한국에 외환 위기가 닥쳤을 때 IMF가 했어야 할 일은 채권은행들을 설득해서 만기가 돌아오는 채무를 연장해 주도록 하는 일이었다. 즉 한국에 외환(달러)이 부족한 것은 장기적인 지불 불능이 아니라 일시적인 유동성 부족 때문이라는 것을 채권은행들에게 설득했어야만 했다.

그러나 이와 반대로 IMF의 논조나 프로그램은 한국 경제의 구조적이고 제도적인 문제를 지나치게 강조함으로써 부정적인 인상을 주었다. 자연히 채권은행들은 한국 경제의 전반적인 개혁이 없으면 외채를 상환할 수 없겠구나 하는 생각이 들게 만들었다.

IMF는 1차 지원 프로그램이 실패로 끝난 후에야 비로소 1997년 12월 하순 채권은행들에게 만기 연장을 해주도록 설득했다. 이를 처음에 했었더라면 한국의 상황은 지금보다 훨씬 더 나았을 것이며, 위기도 피할 수 있었을 것이다.

이번에 IMF가 요구한 개혁조치 중에는 오래 전부터 일본과 미국이 한국에 대해 요청한 것들이 들어 있다. 특정 일본 제품에 대한 무역장벽을 줄이라든가, 자본시장의 개방을 대폭 확대하여 외국인 소유지분을 늘리라든가, 적대적 M&A를 허용하라든가, 금융산업에 직접 투자할 수 있도록 하라든가 하는 것 등이다. 이런 조치들은 한국 경제에 장기적으로는 도움이 될 것이다. 그러나 한국인들은 한국이 약해진 틈을 타서 IMF가 권한을 남용하고 있다고 생각한다.

국제기구인 IMF가 구제금융을 제공하는 조건으로 미국이나 일본이 평소에 바라던 무역 및 투자 관련 사항을 채무국에게 부과해서는 결코 안된다. 아시아의 금융 위기를 계기로 많은 나라들이 국제기구인 IMF를 미국의 자유시장 경제를 확산시키는 도구로 생각하게 된 것은(NYT, 1997. 12. 5) 유감스러운 일이다.

이는 IMF에 대한 국제적인 신뢰를 크게 떨어뜨렸다. 미국을 위해서도 IMF가 미국의 하수인(IHT, 1998. 1. 6)으로 비쳐지는 것은 바람직하지 않다. 미국의 강한 지도력은 누가 보아도 공정하며 도덕적으로 허물이 없을 때 비로소 제대로 발휘될 수 있는 것이다.

허리띠를 졸라매라

IMF가 외환 위기가 진행 중인 동아시아를 상대로 각종 급진적인 구조 개혁을 요구하는 것은 IMF가 원래 수행해야 할 본분을 벗어나는 것이며, 시기면에서도 맞지 않다.

이와 아울러 IMF가 금융 지원을 받는 모든 나라에게 늘상 요구하는 것이 있다. 여건이 달라도 똑같은 정책(one-size-fits-all programme)을 제시하는 것이다. 이는 다름아닌 「허리띠를 졸라매라(tighten your belt)」 「시장을 개방하라(open your market)」이다.

허리띠를 졸라매라는 것은 재정정책과 금융정책을 긴축적으로 운용하라는 것이다. 긴축적인 재정정책은 정부의 재정적자를 줄이기 위한 것인데, 조세를 올리고 정부 지출을 줄이는 것이 주된 내용이다. 긴축적인 금융정책은 고금리의 유지와 통화량의 공급을 줄이는 것이 주가 된다.

긴축적인 재정·금융정책은 수요를 줄이고 인플레이션을 억제한다. 그 결과 국제수지의 적자도 줄어든다. 왜냐하면 국제수지 적자는 기본적으로 한 나라의 총지출이 GDP보다 크기 때문에 생긴다. 따라서 지출 또는 수요를 줄이면 국제수지는 개선된다. 남미처럼 정부의 재정적자가 막대하여 인플레이션이 발생하고 이에 따라 국제수지가 큰 폭의 적자를 보이는 경우, 허리띠를 졸라매라는 IMF 의 정책은 효과를 거둘 수 있다.

그러나 한국은 사정이 다르다. 저축률은 이미 세계에서 제일 높은 편에 속한다. 물가도 안정되어 있으며 인플레이션도 없었다. 정부재정도 건실하여 재정 적자도 없었다. 국제수지 적자폭도 적었다. 이처럼 남미와는 큰 차이가 있으므로 허리띠를 졸라매라는 IMF의 전통적 처방은 적합하지 않은 것이다 (FT, 1997. 12. 9/E, 1997. 12. 13/IHT, 1998. 1. 6).

IMF의 자매기관인 세계은행 (IBRD)의 부총재 스티글리츠마저도 과도한 긴축정책은 기업 도산을 크게 늘리고 극심한 경기 침체를 초래할 수 있으므로 반대한다는 의견을 공식적으로 밝혔다. 이는 두 기관이 내부에서 상호 의견을 조율하고 의견 차이를 밖으로 노출시키지 않는 것이 관례인 데 비추어 지극히 이례적인 일이다 (AWSJ, 1998. 1. 8).

긴축적인 금융정책에 대해서는 다음에 보기로 하고 여기서는 먼저 긴축적인 재정정책에 대해서만 살펴보기로 하자. 피셔 (Stanley Fischer) IMF 부총재는 IMF 프로그램에 대한 비판은 크게 세 가지라고 하였다. 긴축적이라는 것, 금융자율화를 너무 조급하게 추진한다는 것, 그리고 부유한 선진국의 투자가가 저지른 잘못을 IMF 가 구제한다는 것 등이다. 그런데 긴축적인 재정정책이 필요한 이유에 대해서 그는 금융 부문의 부실을 처리하는 데는 막대한 구조조정 비용이 드는데, 이는 재정이 담당해야만 한다는 것이다. 아울러 국제수지 적자를 줄이기 위해서도 재정의 긴축은 필요하다고 보았다(FT, 1997. 12. 17).

그러나 IMF는 일본에 대해서는 은행의 부실채권을 정리하기 위해 재정적자를 늘리라는 정반대의 권유를 하고 있다. 미국도 1980년대 말엽 저축대부조합(savings and loan association)의 부실이 발생했을 때 재정적자를 통해 이를 정리하였다. 스티글리츠도 「불경기에는 거의 모든 미국의 경제학자들이 균형예산에 반대하면서 왜 다른 나라에 대해서는 그렇게 충고하지 않는가」라고 반문하였다(AWSJ, 1998. 1. 8).

서울대의 정운찬(鄭雲燦) 교수도 1998년에 실업자가 150만 명에 이를 것으로 예상되므로 고용보험을 대폭 확충해야 하며, 금융 부문의 막대한 구조 조정 비용도 마련해야 하므로 IMF가 요구하는 긴축재정은 문제가 많다고 보았다(한국금융학회, 1998. 3. 20). 칼럼니스트 울프(Martin Wolf)도 한국 정부의 재정 상태는 지극히 양호하므로 금융 부문의 부실채권을 정리하기 위한 기금을 마련하기 위해 국채를 발행해야 한다고 했다. 또한 경기 침체가 심화되고 있으므로 확장적인 재정정책을 써야 한다고 주장했다(FT, 1997. 12. 16).

한편 자본시장을 개방하라거나 금융을 자율화하라는 것도 미국과 IMF가 요구하는 단골 메뉴이다. IMF는 늘 금융시장의 개방에만 정신이 팔려서 채무국의 경제성장 촉진은 소홀히 했다(FEER, 1997. 12. 18). MIT의 에임스덴 교수와 고려대의 어윤대(魚允大) 교수도 미국의 압력으로 너무 급하고 과도하게 금융을 자율화하고 자본시장을 개방하면서 금융기관의 건전성 감독은 소홀히 한 것이 한국의 외환 위기를 초래했다고 보았다(NYT, 1997. 11. 27). 즉 자유스러운 자본 이동과, 규제와 감독이 제대로 안된 금융기관이 합쳐지면서 재앙이 초래된 것이다(E, 1998. 4. 11).

자본시장의 개방을 통해 외국 투자가들이 국내 회사의 주식과 채권을 사게 되면 자본이 부족한 기업들에게는 큰 도움이 된다. 그러나 일차적으로 국내에서 기업의 채무를 주식으로 전환함으로써 헐값으로 국내 기업들이 외국인 소유로 넘어가는 것을 막아야 한다 (FT, 1997. 12. 19).

금융기관도 외국 은행들이 상당한 지분을 갖게 되면 경영이 개선되고, 제도면에서도 기초가 튼튼해진다. 그러나 IMF가 주장하는 것처럼 즉각적으로 국내 은행들을 외국 은행에 매각하게 되면 아주 헐값으로 내줄 위험이 다분하다.

따라서 성업공사가 일단 부실채권을 인수한 후 이를 매각하게 하는 과정이 꼭 필요한 것이다. 그래야만 은행이 제 값을 받고 팔릴 수 있게 되고 외국 은행들도 헐값으로 국내 은행을 인수했다는 내국인들의 비난을 피할 수가 있는 것이다 (E, 1997. 12. 13). 또한 외국의 투자가들은 장기적으로 확고한 영업기반을 구축하기 위해서라도 눈앞의 무리한 이익에 너무 현혹되지 말아야 한다.

고금리 처방은 잘못됐다

IMF는 긴축적인 재정정책 이외에 긴축적인 금융정책도 요구한다. 즉 통화량의 증가율을 낮추고 높은 이자율을 유지하라는 것이다. 그런데 고금리의 영향에 대해서는 국내외에서 격렬한 찬반논쟁이 벌어졌다.

IMF를 비롯하여 고금리를 유지해야 한다고 주장하는 측에서는 고금리가 되어야 환율이 떨어진다고 생각한다. 즉 금리가 높아야 내국인들이 외화 대신에 국내 통화를 보유하며, 국내외 금리 차이가 커야 외자가 유입되어 환율이 하락한다는 것이다. 아울러 경영이 부실한 한계기업도 정리할 수가 있다는 것이다.

그러나 오히려 고금리는 불에 기름을 부은 격이 되어 경기 침체를 더욱 악화시켰다 (IHT, 1998. 1. 6). 외자 유입은 극히 저조한 가운데 경영 상태가 건전한 중소기업까지 흑자 도산하는 경우가 허다했다. 부도업체가 줄을 잇고 실업자가 홍수를 이루며 산업기반 자체가 붕괴되고 있다.

널리 알려진 바와 같이 우리 기업들은 과다한 빚을 지고 있다. 한국개발연구원(KDI)에 따르면 1997년 말 현재 개인 사업자를 포함한 모든 국내 기업들의 총부채가 무려 9백조 원에서 1천조 원에 이르는 것으로 추계된다. 이는 1997년 GDP의 1.96배에 달하는 것이다. 이런 가운데 고금리는 기업의 연쇄 도산과 부실을 가속화시켰다. 대표적인 예로 30대 재벌의 은행여신을 보면 1997년 말 현재 111조 원으로 1년 전에 비해 무려 43%나 늘어났다. 이는 주로 고금리 이외에 고환율로 인한 환차손 때문이다.

기업 부실은 자연히 금융기관의 부실로 이어졌다. 1998년 3월 말 현재 6개월 연체 이상을 대상으로 하는 국내 기준 부실채권 규모는 약 68조 원에 달한다. 그러나 IMF 기준을 적용하여 3개월 연체 이상을 불건전여신으로 보면 그 액수는 무려 118조 원에 달한다.

살인적인 고금리와 높은 환율은 거의 모든 국내 기업들을 파산상태로 몰아갔다. 경제성장이 촉진되고 수출이 증대되어야 외채를 갚을 수 있을 텐데, 자칫 성장 잠재력의 붕괴마저 우려되고 있다. 물가가 안정되고 재정이 균형을 이루고 있으며 내수는 격감되고 있는데 고금리를 적용하여 사태를 크게 악화시켰다. 더구나 기업이 어려울 때 자금줄을 죄는 법은 세계 어디에도 없다.

1998년 2월 삼성경제연구소는 당시 기업의 실제 자금조달 금리가 30%를 웃도는 상황이 6개월간 지속된다면 거의 모든 제조업체가 도산하며, 25%인 상태가 지속되어도 상반기 중 제조업체의 50%가 무너질 것으로 예측했다(한겨레, 1998. 2. 6). 의사가 환자에게 너무 독한 약을 처방한 것이다.

금융시장이 처음 얼마 동안은 심하게 널뛰기를 해야 환자들은 쓴 약을 먹게 된다(FT, 1997. 12. 27). 예를 들어 고금리로 한계기업이 도산하는 것이 그렇다. 그러나 이는 일정 기간 동안만이지 오래 계속되어서는 안된다. 이제 환율이 1,300원대에서 비교적 안정세를 보이고 있으므로 더이상 높은 금리를 지속시킬 까닭이 없다.

최근 들어 세계 주요 언론의 논조가 고금리를 완화해야 한다고 주장하는 것은 다행스럽다. 고금리는 처음에는 유용한 정책수단이었으나 시간이 지나면서 차츰 금리를 내렸어야 마땅했다는 것이다 (AWSJ, 1998. 6. 15).

그렇지 못하고 고금리를 지속한 결과 아시아 경제는 붕괴 위기에 놓였다. 경기 침체가 극심해지는 가운데 아시아의 외환시장과 증권시장은 곤두박질을 치고 있다. 심지어 중소수출기업이 제대로 무역금융을 받을 수도 없다. 또한 높은 부채-자본 비율 아래에서 기업의 채무가 급증하면서 금융기관의 부실은 더욱 악화되고 있다.

IMF의 원래 의도와는 달리 초고금리로 인한 기업과 금융기관의 부실은 시장과 외국 투자가의 신뢰를 오히려 붕괴시켰다. 기업들의 채무가 많을 때 고금리는 몹시 위험한 것이다. 은행과 기업의 부실을 더욱 악화시키기 때문이다. 결국 고금리는 외환시장, 자금시장 및 주식시장 등 전체 금융시장을 모두 불안정하게 만들어놓고 말았다.

고금리의 경제적·사회적 비용은 너무나 크다. 기업과 은행을 더욱 부실하게 한 이외에 중산층을 몰락시켰고 빈부 격차를 확대시켰으며 실업을 급속히 증대시켰다. 유럽과 미국 등 선진국과는 달리 실업보험이 미흡하여 한국에서의 실업은 엄청난 고통을 수반하게 된다. 무고한 국민들이 희생되고 있으며 이는 사회 불안으로 이어지고 있다.

고금리로 특히 타격을 입고 있는 것은 건실한 중소기업들이다. 대기업들은 이미 충분한 자금을 확보해 놓았다. IMF 사태 이후 네

달 동안 4대 그룹이 회사채 발행을 통해 조달한 자금 규모만도 약 14조 원에 이르는 것으로 추정된다(매일경제, 1998. 3. 10). 아울러 주로 대기업들이 수출로 벌어들인 돈을 외환시장에 내놓지 않고 가지고 있는 거주자 외화예금도 5월 초에 약 1백억 달러에 달했다.

이처럼 재벌그룹들은 이미 원화나 달러를 상당히 비축해 놓고 있으므로 IMF가 앞으로도 계속해서 고금리를 유지하는 경우 그 피해는 대부분 중소기업으로 돌아갈 것이다. 대기업의 구조 조정을 촉진하기 위한 방책으로는 고금리가 실효를 거둘 수 없는 것이다. 대기업의 구조 조정은 무차별적인 긴축정책과 고금리보다는 제도와 법규를 통해 이루어내야 한다. 거시경제적인 안정정책이 아니라 미시경제적인 구조 조정이 필요한 것이다.

IMF에 상당한 영향력을 가진 미국 재무부 장관 루빈은 아시아 순방을 마무리하는 기자회견에서 아직도 고금리정책이 타당하다고 주장했다. 또한 투자가의 신뢰를 회복하는 길은 각종 구조 개혁을 착실히 실행하는 것이라고 했다(AWSJ, 1998. 6. 30).

그러나 한국의 경우 외환시장이 1,300원대에서 안정되면서 경제정책의 우선순위는 환율 안정으로부터 금리인하로 자연스럽게 옮겨 갈 것이다. 사실상 고금리는 이제 그 수명을 다한 것이다. 또한 IMF의 자매기관인 IBRD의 부총재 세베리노가 밝혔듯이, 이제는 재정적자 확대와 고금리 완화를 통해 확장적인 경기부양책을 써서 내수를 진작시켜야만 날로 늘어가는 실업과 이로 인한 사회 불안을 막을 수가 있다(IHT, 1998. 6. 17).

최근 IMF가 구제금융을 받은 나라들의 재정적자 허용폭을 늘리고 금리도 떨어지도록 놔두는 것은 이러한 정책의 변화를 반영한 것으로 보인다. 최근 우리 정부와 IMF가 합의한 1998년 3/4분기 의향서에서도 금융·재정의 긴축을 풀고 금리를 내리기로 했다(한국일보, 1998. 7. 29). 구제금융 초기에 절대적인 영향력을 행사했던 IMF가 서서히 뒤로 물러서면서 IBRD가 발언권을 강화하고 있는 것이다.

금융 시스템의 정상화

지금 우리나라는 금융 시스템이 온전하게 작동하지 않는 매우 위험한 상황에 놓여 있다. 돈이 제대로 돌지 않는다. 건실한 기업의 진성어음도 제대로 할인되지 않고 있다. 수출입금융도 부진하여 수출 증대에 커다란 어려움을 겪고 있다. 수출의 획기적인 증대로 국제수지가 대폭적인 흑자를 내야만 비로소 IMF 위기에서 탈출할 수 있음을 생각할 때 이는 정말 문제가 아닐 수 없다.

수출은 대개 외상으로 이루어진다. 외국의 수입업자로부터 수출환어음이나 수출신용장(letter of credit ; L/C)을 받아 국내 은행에서 할인(negotiate)해 자금을 미리 쓰게 된다. 그런데 은행들이 신용장 매입을 꺼리고 있다. 원자재를 수입하는 경우에도 국내 은행들은 지불을 보증하는 L/C 발행을 꺼리고 있다(한겨레, 1998. 3. 16).

한국 이외에 외환 위기를 겪은 태국과 인도네시아에서도 금융제도가 붕괴되었다(미국 상무부, Journal of Commerce, 1998. 1.

15). 기업들은 운전자본도 구할 수가 없고, L/C도 구하기 어렵다 (NYT, 1998. 1. 15). 금융 위기가 무역금융까지 마비시킨 것이다.

이처럼 구제금융을 받은 나라들의 금융제도가 정상적으로 작동하지 않고 있는 것은 IMF의 개혁 프로그램과 관련이 있다. 부총재인 피셔가 밝혔듯이 IMF는 이 세 나라의 금융 부문의 개혁에 초점을 맞추고 있다(FT, 1997. 12. 17). 그러나 개혁방식이 너무 과격하다. 급격한 개혁방식(cold turkey ; 흡연, 마약 등을 갑자기 끊음)은 일본처럼 거의 10년간 금융 부문의 개혁을 미루는 것보다는 바람직할 수도 있다(FT, 1997. 12. 27). 그러나 너무 과격한 방식은 오히려 큰 화를 불러올 수 있다.

IMF 스스로 인정하는 것처럼 인도네시아의 경우 1997년 11월 16개나 되는 은행을 너무 서둘러 폐쇄하는 바람에 오히려 금융 위기가 심화됐다(AWSJ, 1998. 2. 26). 이는 경제를 수렁으로 몰고 갔으며, 생존을 위해 싸우는 수백만 명의 인도네시아 사람들의 일자리를 빼앗았다(NYT, 1998. 2. 5). 지금처럼 경제가 계속 붕괴되면 인도네시아는 1998년 말이면 전체 인구의 48%에 달하는 9,600만 명이 절대빈곤 상태에 직면하는 심각한 상황을 맞을 것이다(Newsweek 한국판, 1998. 7. 29).

우리나라에 대해서도 IMF는 부실이 특히 심한 제일은행과 서울은행을 당장 폐쇄하라고 요구했었다(FT, 1998. 1. 5). 만약 그렇게 했다면 예금 인출 사태를 초래하여 금융질서를 크게 교란시켰을 것이다. 따라서 정부는 1998년 1월 15일 두 은행의 자본금인 8,200억 원을 각각 1천억 원씩으로 감자(減資)하여 일차적으로 주주에게 책임을 부과했다. 그리고 두 은행에 각각 1조 1,800억 원씩을 출자하여 국유화하였다. 1998년 11월 15일 이전에 두 은행은 국내외 투자가들에게 공개 매각될 것이다.

1980년대 초 미국의 주요 시중은행들도 발전도상국에 대한 대출 부실화로 지불 불능 사태에 빠진 적이 있었다. 이때 연방은행은 예금자의 신뢰가 회복될 때까지 장부를 조작하도록 유도했다. 1997년의 증권시장 폭락 때도 연방은행은 막대한 자금을 투입하여 어떤 주요한 금융기관도 파산하는 일이 없도록 했다(IHT, 1998. 1. 6).

한편 우리 정부는 30개의 종금사 가운데 경영이 부실한 16개를 폐쇄하거나 영업 정지시켰다. 종금사는 이번의 금융 위기에서 가장 핵심적인 불안요소였다.

대기업의 연쇄 부도로 종금사들이 엄청난 부실채권을 안게 되자, 국내외의 금융기관들은 서둘러 종금사로부터 자금을 회수해 갔다. 종금사는 다시 대기업들로부터 자금을 마구잡이로 회수함으로써 이들을 벼랑 끝으로 몰고 갔다. 특히 종금사들은 초기에 외화 차입금 상환을 위해 콜시장 등에서 원화자금을 조달하여 이 돈으로 외환시장에서 달러를 매입하였다. 그 결과 환율은 상승하고 금리도 뛰었다.

정부는 가교 종금사(bridge bank)를 세워 폐쇄된 종금사의 부채와 자산을 인수하도록 했다. 그리고 앞으로 청산·합병·매각 등의 절차를 밟아 나갈 예정이다.

1998년 6월 29일에는 BIS 기준 8%에 미달하는 동화·동남·대동·경기·충청 등 5개 시중은행을 퇴출시켰다(서울경제, 1998. 6. 30). 이는 한국 금융사상 초유의 일로서 정부의 확고한 금융 개혁 의지를 나타낸 것이다. 이들 부실은행을 정리하는 데는 자산 부채 이전(purchases and assumptions ; P&A) 방식을 채택했다. P&A는 청산(liquidation), 인수·합병 등과 함께 부실 금융기관을 정리하는 방법 중 하나다.

P&A는 우량은행이 부실은행의 부실채권을 제외한 우량자산과 부채만을 인수한다. 부실채권은 정부가 따로 인수한 후 매각, 회수하게 된다. P&A는 M&A에 비해 부실은행을 정리하는 데 필요한 기간이 짧다. 부실은행의 자산과 부채를 모두 정리하는 청산에 비해 시장 충격도 적다. 이 밖에 고용승계 의무가 없어 인수 후 구조조정이 용이하다.

이처럼 P&A는 부실은행을 신속하게 정리할 수 있고 부실은행을 정리하는 데 따르는 충격도 적어서 미국도 1980년대 부실은행을 정리하는 과정에서 P&A를 주로 활용했다(한은정보, 1998. 6).

그 동안 무리한 금융 긴축과 조급한 BIS 비율의 충족 요구는 사태를 크게 악화시켰다. 은행을 비롯해 종금사·보험사 등 제2금융권은 5대 재벌그룹을 제외하고는 대출을 꺼리고 있다. 기업의 돈줄이 막혀 있는 것이다(한국일보, 1998. 4. 8). 현재까지도 BIS 8% 기준을 무리하게 맞추기 위하여 은행들은 기업에 대한 대출을 극력 꺼리고 있다. 심지어는 수출 증대를 위해 필수적인 무역금융마저도 제대로 이루어지지 않는다.

더구나 금융·기업 부문의 구조 조정이 계속되고 있어서 어떤 금융기관과 기업이 살아남을지조차 알 수 없는 불확실성이 지배하고 있다. 이는 높은 금리를 좇아 금융권 안에서만 돈이 돌아 기업들은 돈 가뭄에 시달리는 극도의 신용경색 현상을 초래했다. 따라서 금융·기업의 구조 조정을 가능한 한 조속히 완결짓는 것은 우리 경제의 회복을 위해 제일 시급한 과제이다.

일본이 자금경색으로 인한 기업 도산의 증가를 막기 위해 국제 금융에 종사하지 않는 일부 은행들에 대해서는 BIS 기준인 8%를 더이상 요구하지 않기로 했는데, 이는 우리에게도 많은 시사점을 준다.

과도한 금융 긴축과 기업·금융 부문의 구조 조정에 따르는 불확실성은 신용경색을 초래하여 정상적인 금융 시스템의 작동마저도 어렵게 하고 있다. 이는 기업의 연쇄 도산을 몰고 왔다. 그 결과 다시 환율은 오르고 주가는 떨어지는 현상이 빚어지고 있다.

　현재 우리가 당면하고 있는 시급한 과제들 중에서도 금융 시스템의 작동을 정상화시키는 것은 제일 먼저 이룩해야 할 일이다. 이는 금융경색이 실물경제의 붕괴로 이어지는 악순환을 단절하기 위해서이다.

　금융 부문의 개혁이 구조 조정의 핵심인 것은 두말할 필요도 없다. 그러나 여기서도 거시경제적인 안정을 위한 금융 긴축보다는 미시경제적인 금융제도의 개혁에 초점을 맞추어야만 한다. 원래 동아시아의 문제는 비효율적인 금융제도이지 인플레이션이나 재정적자가 아니기 때문이다. 초긴축은 오히려 금융 부문의 개혁을 저해하게 될 것이다.

언제 IMF를 극복할 수 있을 것인가

IMF 사태는 앞으로 얼마나 더 계속될 것인가? 언제 IMF 사태를 극복할 수 있을 것인가?

1998년은 금융·기업의 구조 조정이 지속됨에 따라 금융경색, 기업 부도 및 실업 증가가 초래되어 어려운 한 해가 될 것으로 보인다. 특히 올 하반기는 상반기에 비해 경기가 더욱 나빠질 것이다. 소비는 크게 위축되고 투자는 격감하는 등 국내 수요, 즉 내수의 부진이 계속될 것이다.

수출도 동아시아 지역 전체가 경기 침체에 빠져 있으므로 큰 회복세를 기대하기는 어려울 것 같다. 우리만 곤란을 겪고 있는 것이 아니라 일본·동남아·중국 등이 모두 어렵기 때문이다. 이에 따라 한국의 GDP 성장률도 올해는 -6% 정도를 기록할 것으로 예측되고 있다.

멕시코가 이웃해 있는 미국의 도움으로 수출을 크게 늘려 1년 만에 외환 위기에서 벗어나는 V자형의 경기회복을 보였다면, 우리는 동아시아 전체가 힘들기 때문에 회복이 지연되는 L자형을 나타낼 것이다.

현재 외국 투자가들이 한국에 대해 선뜻 투자를 하지 못하는 것은 구조 조정에 따르는 고통을 참고 견딜 수 있을지를 의심하기 때문이다. 즉 노사정이 공정하게 고통을 분담하면서 내부 갈등을 국민화합으로 승화시킬 수 있을 것인지에 대해 확신이 서지 않고 있는 것이다.

재벌의 개혁은 아직 눈에 보이는 뚜렷한 성과가 없는 가운데, 정부 및 산하단체의 개혁은 상당한 저항에 직면하고 있다. 노동시장 개혁도 정리해고제 도입에도 불구하고 현대자동차의 경우에서 보듯 상당한 진통을 겪고 있다. 경제정책도 부처별 사전 조율 없이 발표하는 바람에 혼란을 가중시키고 있다. 또한 정리해고, 빅딜, 부채비율의 급속한 감소 등과 관련해서 정부의 정책이 일관성을 지키지 못함에 따라 적지 않은 혼선이 빚어지고 있다.

그러나 금융·기업의 구조 조정이 어느 정도 마무리되면서 1999년에는 금융 시스템의 정상화가 이루어지고, 기업들의 재무구조도 개선되기 시작할 것이다. 이에 따라 대외 신인도도 회복 추세를 보일 것이다. 어떤 은행과 기업이 살아남을지조차 모르는 불확실성은 차츰 제거될 것이다.

1999년 하반기에 들어서면 금융경색이 해소되고 이자율은 안정되며, 환율과 인플레이션율도 내려갈 것이다. 내수도 회복되고 고용도 늘어나기 시작하며 외국인 투자도 본격화될 것이다. 1999년에 우리는 2% 정도의 경제성장률을 기대할 수 있다. 이때부터 비로소 경제가 나아지고 있음을 피부로 느낄 수 있을 것이다.

2000년이 되면 더 튼튼해진 금융·기업 부문을 바탕으로 본격적인 성장궤도에 진입할 수 있을 것이다. 성장률은 5% 수준으로 회복될 수 있고 고용도 눈에 띄게 늘어나기 시작할 것이다.

그러나 이러한 낙관적인 시나리오는 우리가 구조 조정의 고통을 슬기롭게 극복하고 금융·기업·정부·노동의 개혁을 원만히 추진했을 때의 경우이다. 만일 노사정의 갈등으로 개혁이 부진한 경우에는 한국개발연구원의 예상처럼 경기 침체가 3～5년 이상 이어질 수도 있다. 이 과정에서 제2, 제3의 외환 위기도 얼마든지 일어날 수 있다.

《아시아 월 스트리트 저널》도 한국이 아시아의 여러 나라들 중에서 제일 먼저 경제 위기에서 벗어날 가능성이 높다고 보도했다. 이는 원화 가치와 이자율의 급속한 안정, 가용 외환보유고의 급증, 경상수지의 대폭적인 흑자 등에 기초해서 내린 판단이다. 그러나 이러한 낙관적인 전망은 금융·기업·노동 개혁 등이 원만히 추진되는 경우에만 성립한다는 분명한 전제조건을 붙였다(1998. 9. 4 ～5).

과거의 경험에 비추어볼 때 과연 우리 스스로 이러한 개혁을 해낼 수 있겠는가 하는 질문에는 자신 있게 그렇다고 대답하기가 망설여진다. 그러나 이번에는 사정이 다르다. 우선 IMF라는 외부요인 이외에, 우리의 모든 행동을 규제하는 시장(market)이 있기 때문에 개혁의 성공 가능성은 그 어느 때보다 높다고 본다. 개혁이 지지부진하면 곧 시장이 평가를 내릴 것이다. 주가 하락, 환율 상승, 금리 상승이 바로 그것이다. 즉 시장의 힘이 워낙 커서 오히려 우리의 개혁은 성공할 가능성이 매우 높은 것이다. 정책의 일관성과 투명성만 지키면서 지속적으로 개혁을 실천에 옮긴다면 이번에는 성공할 수가 있을 것이다.

한편 구제금융 초기와는 달리 IMF에 비해 IBRD의 발언권이 높아지면서 태국·인도네시아·한국에 대해 재정 적자폭의 확대와 금리 인하가 허용되고 있다. 여기에는 IMF의 처방이 잘못되었다는 세계 여론도 상당한 작용을 한 것으로 보인다. 또한 초강도의 긴축이 실업의 급증과 산업기반의 붕괴로 이어지면서 사회 불안의 우려가 높아진 것도 한몫을 했다.

이와 관련해서 한국에서도 구조 조정과 경기 부양 중 어디에 우선순위를 둘 것인가를 놓고 논란이 일고 있다 (한겨레, 1998. 7. 18). 그러나 이 문제는 이분법으로 접근할 성격이 아니다.

금융·기업의 구조 조정을 착실하게 실행에 옮겨야 한다는 데 대해서는 거의가 의견의 일치를 보고 있다. 그러나 다른 한편 구조 조정 과정에서 불가피하게 발생하는 신용경색과 이에 따르는 산업기반의 붕괴를 막기 위해 통화량을 늘리고 금리를 내려야 하는 것 또한 당연한 처방이다.

외환시장이 급속히 안정을 찾고 있으므로 금리를 인하해도 외환시장이 동요할 가능성은 별로 없다. 또한 내수가 격감되고 부동산 값이 떨어지는 등 자산 디플레이션 (deflation)이 진행되며 임금이 삭감된 마당에 걱정해야 할 것은, 인플레이션 (inflation)보다는 오히려 디플레이션이라고 본다.

구조 조정이 아무리 옳은 방향이라고 할지라도 그 과정에서 우리의 산업기반이 붕괴된다면 구조 조정의 목표 자체가 상실되고 만다. 이처럼 기업이 모두 무너지고 만다면 구조 조정이 무슨 의미가 있겠는가?

통화량을 풀고 금리를 내리면 인플레이션이 일어날 것이라는 생각은 평상시에는 옳으나 지금과 같은 비상시에는 현실과 거리가 있다. 구조 조정은 지속하되 신용경색을 풀고 금리를 인하하며 통화량을 늘려서 그 부작용을 최소화해야 한다.

정부가 1998년 9월 2일 경제활성화대책을 발표하면서 그 동안의 경제정책이 구조 조정에 집중돼 있었다면 앞으로는 내수를 진작시켜 경기를 부추기면서 구조 조정을 추진하는 식으로 바꾸겠다고 선언한 것은 바람직한 정책방향의 선회라고 본다.

제5장

지속적인 개혁만이 살길이다

현재의 경제 위기를 극복하기 위해
제일 필요한 것은 실망과 좌절에서 벗어나
용기와 자신감을 갖는 것이다.
— 김우중(金宇中) 전국경제인연합회 회장
(재외공관장 연찬회에서, 1998. 4. 21)

고통을 딛고 개혁으로

　IMF 사태가 아니더라도 우리는 20세기 말에 살고 있고 21세기를 눈앞에 두고 있다. 더구나 1천년대를 마무리하면서 새로운 천년대(millennium)를 목전에 두고 있다. 세기 말과 천년대의 끝이 겹쳐 있는 것이다. 이는 우리가 대(大)전환기, 대격변기에 살고 있음을 뜻한다.

　이것만으로도 늘 위기의식을 가져야 한다. 급변하는 세상에서 살아남기 위해서는 항상 위기의식을 지니고 있어야 하며, 늘 깨어 있어야 한다. 이번의 IMF 사태처럼 세상 모르고 잠만 자다가 뒤통수를 얻어맞는 일이 다시는 없어야 한다.

　우리는 그 동안 세상을 너무나 쉽게만 생각했다. 별일이야 있겠는가, 잘되겠지 하는 막연하고 조심성 없는 낙관론이 우리 사회를 지배해 왔다. 그러나 이번에 분명히 경험한 것은 이 세상에는 어떤 일이든 일어날 수 있다는 것이다. IMF 사태처럼 상상조차 할 수 없는 일이 우리 앞에 현실로 다가올 수 있는 것이다.

우리는 태평성대 (太平聖代)란 말을 한다. 어진 임금이 다스리는 지극히 평화로운 세월이란 뜻으로 모두가 이런 시대에 살기를 원한다. 그러나 역사적으로 돌이켜보면 태평성대는 오직 철저한 위기의식으로 국민들과 지도층이 무장되어 있을 때만 오래 지속될 수가 있었다. 위기의식 없이 잠에 취해 있을 때는 곧 커다란 국난에 직면하게 된다.

1598년에 시작되어 7년이나 계속되면서 전 국토를 초토화시켰던 임진왜란을 보자. 율곡의 10만 양병설 주장이 그전부터 있었으나 당시의 조정은 아무런 위기의식도, 전쟁에 대한 대비도 없었다. 평화를 유지하고 태평성대를 이루려면 평소에 전쟁이나 외침에 대비해 충분히 힘을 축적해 놓아야 하는데 전혀 그렇지 못했다.

당시 영의정이었던 유성룡 (柳成龍)은 임진왜란의 참담함을 거울삼아 다시는 이런 수난을 겪지 않도록 후세를 경계하기 위해 〈징비록(懲毖錄)〉을 남겼다.

아무런 대비가 없었기에 불과 열흘 만에 서울이 적의 수중에 떨어졌고, 나중에는 임금이 피신해 있던 평양성마저 함락 위기에 놓였다. 그때 임금을 모시고 몰래 성을 빠져나가려는 신하들에게 백성들은 「너희들이 평시에는 앉아서 국록 (國祿)을 먹다가 이제 국사를 그르치고 또 백성마저 속이느냐?」면서 흥분하였다.

전세가 워낙 다급해지자 조정에서는 중국에 나라를 넘기는 합병까지 고려하였다. 한편 왜군들은 퇴각하면서 서울에 남아 있던 백성들을 닥치는 대로 잡아 죽이고, 관공서·사삿집에 불을 놓아버렸다. 또한 구원병으로 온 중국 군사들에게 군량미를 제대로 공급하지 못했다고 중국 장수가 조선의 영의정 등을 꿇어앉히고 꾸짖었다. 유성룡은 백배 사죄하면서 용서를 빌고 나라 형편이 이 지경에 이른 것을 개탄해 하며 걷잡을 수 없는 눈물을 흘렸다.

백성들은 왜병이 무서워 산속에 숨어 지냈고 굶어죽는 시체가 즐비했다. 만약 이렇게 몇 달이 더 지나간다면 이 땅의 생민 (生民)들은 모두 씨가 마를 지경이었다.

서울이 수복되었을 때 성 안에 남아 있던 백성들 중 성한 사람이라고는 백에 하나도 없었다. 그들은 모두가 굶주리고 병들어 차마 그 꼴을 볼 수가 없을 지경이었고, 거리마다 인마 (人馬) 썩는 냄새로 코를 막아야 했다.

왜군은 진주성을 함락시키면서 관민 (官民)을 합해 6만여 명을 죽였고 우마 (牛.馬) · 계견 (鷄犬)까지 남기지 않았으며, 성은 불태우고 참호와 우물은 메웠으며 나무는 모두 베어버렸다.

양식이 떨어져 심지어는 부자 (父子)와 부부 (夫婦)가 서로 인육을 뜯어먹기에 이르렀다. 원래 적들은 수륙 양면으로 공격하려 했으나 수전 (水戰)에서는 이순신 (李舜臣)에게 여러 번 참패를 당해 좌절되었다. 우리 국가가 보존된 것은 오로지 이 때문이었다.

이순신이 노량해전에서 죽자 그의 영구가 지나는 곳마다 백성들은 마치 자신의 어버이를 잃은 듯 애통해 했다. 「공께서 우리를 살렸는데 이제 우리를 버리시고 어디로 가신단 말입니까」 하고 수레를 붙들고 우니 길이 막혀 영구가 나가지 못할 지경이었다.

왜군들은 지나는 곳마다 민가를 불태우고 인민을 살육했다. 그들은 우리나라 사람들을 붙잡기만 하면 모조리 코를 베어 자신들의 위세를 보였다.

왜인은 몹시 간교한 놈들이었다. 그들이 용병 (用兵)하는 것은 사술 (詐術) 아닌 것이 하나도 없었으나, 우리는 백 년 동안 평화로운 세월을 보내 백성들이 군사라는 것에 대해 알지 못했다. 이제 졸지에 적병이 왔다는 말을 듣고 보니 어찌할 줄을 몰라 모두 넋을 잃고 우두커니 있을 수밖에 없었다.

우리는 지혜가 있어도 꾀를 낼 수 없었고 용맹이 있어도 이를 써 보지 못했다. 민심은 무너져 수습할 길이 없었다. 정말 우리나라에 단 한 명의 장수라도 있어 수만 명 군사를 거느리고 때를 보아 기계(奇計)를 써서, 긴 뱀과 같은 적의 영책을 칠 수 있었다면 그들의 수레바퀴 하나라도 제대로 돌아가지 못하게 했을 것이다.

이렇게 한 연후라야 적은 마음이 놀라고 담이 부서져서 수십 년, 수백 년이 된 뒤에라도 감히 우리를 바로 보지 못하여 다시는 뒷조심이 없었을 것이다.

그러나 조금도 징계하거나 두려움을 주지 못했다. 오히려 적으로 하여금 조용히 물러가게 하기 위해 그들을 봉공(封貢)하려 했으니 어찌 탄식할 일이 아니랴. 어찌 애석한 일이 아니랴. 지금도 생각하면 이가 떨리고 주먹이 쥐어지는 일이다. 우리가 쓰는 활이란 백보(步)밖에 못 가는데 조총은 수백 보를 나가니, 어찌해서 먼저 사람들이 잘못한 것을 뒤의 사람도 고칠 줄 모르고 지금까지 그것을 계속 답습해서 마침내 일을 그르치는가? 이러고서도 일이 무사하기를 바라는 것은 요행을 바랄 뿐이다.

가깝게는 6·25 전쟁이 일어나던 날도 북의 남침에 대응할 작전을 지휘해야 할 군 지도부가 모두 단잠에 취해 있었다. 바로 전날 밤 육군본부 장교구락부의 준공식 파티에 참석하여 밤늦도록 놀다가 새벽에야 귀가해서 잠자리에 들었기 때문이다.

지금처럼 모든 것이 급격히 변화할 때에는 이에 맞추어 개인·가계·기업·노조·학교·병원·언론·정부·정치권 등 모든 조직이 새롭게 변하고 자기 혁신을 이룩해야만 한다. 급변하는 세상에서 변하지 않고 그대로 남아 있다면 치열한 경쟁에서 탈락하게 마련이다. 특히 각 분야 지도층은 바로 나 자신이 개혁대상임을 깨달아 매일 새롭게 태어나려는 지속적인 노력이 절실하게 필요하다.

그리고 세상이 급속히 변하는 이상 개혁은 한 번 하고 마는 것이 아니다. 위기의식을 가지고 급변하는 세상에 맞추어 지속적으로 꾸준히 추진해야만 한다. 스스로 개혁을 지속해야만 IMF 사태와 같은 타의에 의한 갑작스런 개혁을 막을 수가 있다.

기업가들은 매일 매일을 치열한 세계 경쟁 속에서 살아간다. 따라서 남다른 위기의식을 피부로 느끼게 된다. 삼성그룹의 이건희(李健熙) 회장은 오래 전부터 변해야 살아남는다는 말을 되풀이해 왔다. 심지어 「마누라와 자식만 빼고 다 바꾸어보자」고까지 했다.

우리는 앞에서 한 나라의 경제제도는 그 나라 국민들로부터 위임을 받은 합법적인 정치기구가 결정할 사항이라고 했다. 따라서 IMF가 한국 경제에 대해 전반적인 제도 개혁을 요구하는 것은, 엄밀히 말해 본분을 벗어나는 일이며 도에 넘치는 행위이다. 더구나 경제 위기에 빠져 있는 어려운 상황하에서 강도 높은 제도 개혁을 요구하는 것은 자칫 위기 극복을 지연시킬 수 있다.

그러나 다른 한편 IMF가 우리에게 요구하고 있는 제도 개혁의 상당 부분은 원래 우리 정부가 추진하려고 시도했던 것이다. 다만 이해 당사자들의 치열한 반대에 부딪혀서 실천에 옮기지 못했을 뿐이다. 따라서 이는 IMF의 개혁 프로그램이라기보다는 사실 우리 자신의 개혁안이었던 것이다.

또한 우리는 이미 IMF와의 협약을 통해 제도 개혁을 추진하겠다고 국제사회와 약속하였다. 그렇기 때문에 개혁안의 성실한 이행은 외국 은행, 투자가 및 시장의 신뢰를 회복시키는 데 주요한 관건이 된다.

이 기회에 금융·기업·노동 등 경제 분야의 제도 개혁은 물론이고, 정경 유착의 다른 한 축이었던 정부와 정치권의 제도 개혁에 이르기까지 광범위하고 포괄적인 각종 개혁을 신속하고 과감하게 추진할 필요가 있다. 선진국가의 기본이 되는 제도와 규범을 튼튼하게 정비할 필요가 절실한 것이다.

아시아 금융 위기의 본질은 다른 무엇보다도 제도와 규범 자체의 결함에 있었다. 경제는 급속히 성장했으나 이를 뒷받침하는 제도는 옛모습 그대로 남아 있었던 것이 문제의 발단이었다. 이제 21세기에 우리가 생존하기 위해서는 정치·경제제도의 현대화와 개혁이 절실히 필요한 것이다.

사실상 IMF는 방관자일 뿐이며 개혁의 주체는 바로 우리 자신이다. 성공적으로 각 분야의 개혁을 실천에 옮길 수 있느냐의 여부도 전적으로 우리 자신에게 달려 있다. IMF는 단지 우리에게 절호의 기회를 제공하고 있을 뿐이다.

돌이켜보면 정부가 주도하는 일본식 경제발전 모델은 선진국을 따라잡는 데는 매우 유용한 수단이었다 (WP, 1997. 11. 25). 정도의 차이는 있으나 동아시아의 여러 나라들이 일본 모형을 따랐다. 특히 한국이 일본을 닮으려고 많은 애를 썼다. 그런데 MIT의 돈부시 교수는 한국이 실제로 일본을 닮는 데 성공한 것이 불행한 사태를 초래한 주된 요인이었다고 주장했다 (한국금융연구원, 1997. 12).

이제 선진국과 치열한 경쟁을 벌여야만 하는 단계에 이르러서는 일본식 발전모델은 더이상 효력을 발휘할 수가 없다. 민간의 창의와 자율을 존중하는 시장경제의 제도적 기반이 온전하게 갖추어져 있어야만이 선진국과 경쟁할 수 있는 것이다. 우리가 과감한 정치·경제제도의 개혁을 스스로 추진해 나가야만 한다고 주장하는 것도 바로 이 때문이다.

IMF 사태로 인한 위기를 귀중한 기회를 활용하여 우리는 급진적인 제도 개혁을 추진해야 한다. 일본은 달러가 많아 IMF의 구제금융을 받을 필요가 없었기 때문에 금융 부문의 심각한 문제점들이 우리와 비슷하면서도 개혁을 미룰 여유가 있었다. 물론 그 결과 1990년대의 거의 대부분을 경기 침체로 허비하였다.

　그러나 우리는 대내외적으로 과감한 개혁을 추진할 수밖에 없는 처지에 놓여 있다. 이는 단기적으로는 엄청난 고통과 희생을 수반한다. 그러나 장기적으로는 시장경제를 뒷받침하는 올바른 제도와 규범을 갖추어놓음으로써 성장 잠재력을 훨씬 더 증대시킬 수 있다. 즉 제2의 도약을 가능하게 하는 것이다. 또한 일본을 추월할 수 있는 좋은 기회가 될 수도 있다.

아직도 분열된 정치권

새 정부가 들어선 지 반년이 지난 지금 외환 위기는 일단 진정되었다. 단기 외채를 장기로 전환했고, 국제 금융시장에서 40억 달러의 국채도 성공적으로 발행했다. 가용 외환보유고도 1998년 8월 말 현재 413억 5천만 달러를 넘어섰다. 환율도 1,300원대에서 비교적 안정된 모습을 보이고 있다. 정부가 초기의 IMF 위기 관리를 잘한 것이다.

그러나 사실 어려운 고비는 지금부터다. 내수는 격감하고 실업은 계속 늘고 도산은 급증하고 경기는 바닥을 향해 내리막길을 달리고 있다. 이제 본격적인 불황이 시작된 것이다. 사회 일각에서는 마치 IMF 사태에서 벗어난 것처럼 생각하기도 하지만 이는 결코 아니다. 앞으로 최소한 2년 동안은 철저한 위기의식을 가지고 살얼음판을 걷듯이 조심스럽게 대처해야만 한다.

아직도 한국 경제는 국제 금융시장에서 '투자 부적격' 판정을 받고 있다. 우리가 발행한 국채가 정크 본드 취급을 당하고 있는 것이다. 1998년 8월 25일 현재 국제 금융시장에서 우리나라 국채의 수익률을 보자.

기준 금리를 미국의 10년 만기 재무부 채권(TB)의 수익률인 5.5%로 잡았을 때 가산금리가 무려 7.41%나 되었다. 태국과 인도네시아의 가산금리는 각각 7.96%이며, 중국은 우리보다 훨씬 낮은 3.07%였다. 가산금리가 2%를 넘으면 정크 본드에 해당한다(한국금융연구원, 주간 국제금융동향 1998. 8. 21). 이를 극복하기 위해서는 시장, 즉 외국 투자가들의 우리 경제에 대한 신뢰를 회복시키는 것이 선결 요건이다.

처음에 외국 언론들은 새 정부의 정책 방향에 대해 큰 박수를 보냈다. 노사정 합의를 이끌어내고, 외국인에 의한 적대적 M&A를 허용하는 등의 조치를 취하자 「한국은 계속해서 올바른 일만 하고 있다」고 반겼다. 김대중 대통령이 가장 낙관적인 예상도 초월하면서 바람직한 정책노선을 걷고 있다고 했다. 올바른 단추(right button)만 계속 누른다는 것이다(FT, 1998. 2. 11).

그러나 시간이 흐르면서 개혁 작업이 점점 미흡하다는 반응을 나타내고 있다. 이는 실제로 개혁을 추진하는 과정에서 개혁의 강도가 때로는 약하기도 하고, 개혁의 속도가 느리기도 하며, 개혁에 대한 서항 또한 만만치 않음을 보고 내린 평가이다.

시장의 신뢰를 조속히 회복하는 것이 한국 경제가 당면한 최우선 과제임을 상기할 때 이러한 반응은 우리에겐 부담이 된다. 그러나 우리가 할 수 있는 것은 일관성을 가지고 차근차근 순서에 따라 구체적인 개혁안을 하나씩 지속적으로 실천에 옮기는 것뿐이다. 백마디의 말보다 한 번의 실천이 시장에는 더 큰 신뢰를 준다.

만일 각 분야의 개혁을 시간만 끌고 지연시킨다면 1980년대의 남미처럼 10년 가까이 국민들을 고생시킨 전철을 밟을 수도 있다.

지극히 신중하면서도 신속하고 과감하게 개혁을 추진함으로써 국민들의 고통을 단기간 내에 끝내주어야만 한다. 이는 IMF와는 상관없이 전적으로 우리 자신의 선택과 의지에 달려 있다. 하루 속히 개혁이 성공적으로 추진될 것이라는 확신을 국민들과 외국 투자가들에게 심어주는 것이 필요하다.

그런데 개혁에도 순서가 필요하다. 그 순서는 이번의 사태를 초래한 책임의 크기에 따라 정해야 할 것이다. KDI의 유승민 연구위원은 정치권·정부·금융·재벌·노동의 순으로 개혁이 이루어져야 한다고 주장했다. 타당한 지적이라고 본다. 이들 경제주체들이 무엇을 어떻게 해야만 하는가를 차례로 살펴보자.

여기서는 정치권은 무엇을 해야 하는가 살펴보자. 한국의 정치권은 고비용·저효율의 대표적인 표본이다. 여러 분야 중에서도 제일 낙후되고 뒤떨어져 있다. 고비용 정치구조는 오래된 특징이다. 생산성이 낮은 정도가 아니라 비생산적이며 마이너스 생산성까지 보인다.

여야의 부질없는 소모전은 예나 지금이나 거의 변하지 않았다. 국가의 장래를 위해 대비하는 진지한 모습을 찾아볼 수가 없다. 국론을 수렴하여 통일시키기는커녕 오히려 분열시키기 예사이다. 엄청난 국력의 낭비가 아닐 수 없다.

하루에 실업자가 1만 명씩 쏟아져 나오는 바로 그 시각에 여야는 국회에서 네가 잘했니 내가 잘했니 하고 다투고 있었다. 국민들 눈에는 모두 제 본분을 다하지 못하고 있는 것이 훤히 다 보이는데 말이다. 국민들의 고통은 염두에 없다. 무고한 국민들이 정치권의 잘못으로 모진 고생을 하고 있는 순간에도 지도자라는 사람들이 반성은커녕 다툼만 하고 있다.

도저히 있을 수 없는 일이다. 최소한의 건전한 양식이 있는 인사들이라면 이렇게 할 수는 없다. 미국의 《비즈니스 위크》는 「6 · 25 전쟁 이후 최대의 국난을 당했는데도 한국의 지도자들은 단결을 못한다」고 비난했다. 파당정치는 지금 한국이 도저히 감당할 수 없는 사치라고 했다. 정치권의 분열은 국민들로 하여금 훨씬 더 큰 고통과 비용을 부담하게 할 것으로 보았다 (1998. 3. 16).

주인인 국민을 위해 헌신하며 국민을 진정으로 섬기고 두려워해야 할 정치인들이 주인을 업신여기고 있다. 당리 당략만 좇느라 국민들이 눈에 보이질 않는 것이다. 국민들의 마음은 오래 전부터 이러한 지도자들에게서 떠나 있다. 우리 지도자들이 국민들로부터 믿음과 존경을 받지 못하는 현실이 안타깝다.

개혁의 첫번째 대상은 정치권이지만 비단 정치권뿐만이 아니라 각 분야 지도자들 자신이 개혁의 첫번째 대상이 되어야 한다. 왜냐하면 이번의 위기는 근본적으로 이 사회의 각 분야 지도층이 저지른 것이기 때문이다. 그러나 고통은 무고한 국민들이 부담하고 있다.

작년의 한보 사태에서 우리는 정경유착의 폐해가 얼마나 큰가를 뚜렷하게 볼 수 있었다. 악덕 기업인이 정치권과 정부를 뇌물로 움직여 힘없는 은행으로부터 돈을 마구 빌려 썼다. 그리고는 사업 타당성 검토도 없이 마구잡이로 거대한 투자 프로젝트를 추진했다. 이제 사업이 부실해지자 부도를 냈고, 은행 빚을 갚을 수 없게 되어 은행 또한 부실해졌다. 그런데 그 부담은 전연 상관이 없는 선량한 국민들이 걸머지게 되었다.

이 같은 정경 유착은 고비용 정치구조 때문이다. 정치를 하고 선거를 치르는 데 너무 많은 돈이 드는 것이다. 따라서 정치권은 부정부패를 저지를 수밖에 없게 된다.

고비용 정치구조에 따른 부정부패와 정경 유착을 줄이기 위해서는 선거제도를 돈이 적게 드는 쪽으로 크게 개혁해야만 한다. 지난 1998년 4월 24일 선거법 개정에서 그 동안 돈 많이 드는 선거의 주요 원인이었던 옥외 연설회의 수를 줄인 것이나, 선거운동기간 중 유급 사무원 수의 감축, 명함형 인쇄물 제작 배포와 현수막 게시 금지, 정치인의 주례행위 금지 및 축부의금 제공 제한 등을 채택한 것은 바람직한 방향으로의 개선이다.

앞으로는 기본적으로 방송 연설에 주로 의존하는 '미디어 선거'를 지향해 나가면서, 동시에 선거 비용을 최소로 줄일 수 있는 획기적인 제도 개선을 이룩해야만 할 것이다. 후보들이 선거 비용으로 쓸 수 있는 법정 한도액도 대폭 삭감해야 한다.

이번의 선거법 개정에서는 지방의원의 수도 크게 줄였다. 그러나 정작 중요한 국회의원의 수를 줄이는 것은 미루고 있다. 한나라당은 일찍이 299명인 국회의원을 205명으로 줄일 방침을 정해놓았다. 오히려 여당이 감원 규모를 쉽게 정하지 못하고 있다. 우리보다 국민소득이 훨씬 높고 인구도 월등히 많은 미국의 경우에도 상원 100명, 하원 438명 등 국회의원이 도합 538명에 불과하다는 사실은 우리에게 많은 것을 시사한다(1995년 한국/미국의 인구는 4,500만 명/2억 6,300만 명이며, 1인당 GNP는 9,700달러/26,980달러이다).

다른 부문들이 구조 조정을 위해 뼈를 깎는 고통을 겪고 있는 터에 정치권만 예외일 수는 없다. 개혁을 선도하며 모범을 보인다는 뜻에서도 국민들의 여론을 겸허한 자세로 수용해야 할 것이다.

이밖에 정치자금의 투명성을 확보하는 것도 시급한 과제이다. 기업이 외부 감사를 받는 것과 똑같이 정치권도 정치자금의 입출금에 대해 감사를 받음으로써 투명성을 높여야 할 것이다. 이는 깨끗한 정치를 지향하는 데 중요한 이정표가 될 것이다.

작고 효율적인 정부

현재의 경제 위기를 초래한 주된 요인 가운데 하나는 정부 주도형 국민경제의 운영이다. 경제발전의 초기 단계에서는 정부 주도형 방식이 이로운 점도 많았으나, 경제 발달로 그 구조가 복잡해지자 오히려 각종 비효율을 초래하였다. 즉 시장경제의 운용에 대한 과다한 정부 개입과 규제가 오히려 심각한 부작용을 일으켰다.

이제 일본식의 경직된 상명하달(上命下達)식 관료주의에 의한 성장은 이(利)보다는 해(害)가 더 크다는 생각이 지배적이다. 특히 외국인들의 눈에는 더욱 그렇게 비쳐지고 있다. 주한 미국 기업인들은 정치보다 오히려 관료주의가 더욱 큰 문제라고 본다.

개혁에 가장 소극적인 곳도 바로 정부라고 판단한다. 관료들 개개인이 기득권을 포기하려고 하지 않기 때문이다. 또한 관료들은 아직 개혁의 필요성을 잘 느끼지 못하는 것 같다는 의견도 있다. 오히려 관료들이 개혁을 추진하는 데 집요하게 저항한다는 것이다 (한경 Business, 1998. 4. 1). MIT의 돈부시 교수는 심지어 관료들을 해외로 추방해야만 개혁이 제대로 추진될 수 있을 것이라는 극언까지도 했다.

우리 정부는 '작고 효율적인 정부'와는 거리가 멀다. 정부 조직 자체가 매우 비대하며, 그 기능도 비효율적이다. 국제경영개발연구원 (IMD)은 한국 정부의 종합적인 경쟁력이 평가 대상국 46개국 가운데 32위라고 했다 (The World Competitiveness Yearbook, 1997). 게다가 정부의 효율성과 투명성 측면에서는 38위이고, 민간 부문에 대한 정부 간섭에서는 최하위인 46위였다.

사실 공무원수를 보아도 과도하다. 정부 개혁을 표방하였던 문민정부는 세 차례 조직 개편을 했으나 공무원수는 1993년의 87만 2,543명에서 1997년엔 93만 1,615명으로 오히려 늘어났다. 더구나 조직 개편 과정에서 발생한 잉여 인력도 정리되지 않았다.

보직이 없는 소위 '인공위성' 공무원도 1993년의 677명에서 1997년에는 1,023명으로 늘었다. 특히 재정경제부의 경우 1995년 말 현재 인공위성 국장이 47명으로서 본부 국장 25명의 약 2배에 달한다 (박홍진, 현대경제사회연구원, 1998. 2).

이번에 새 정부는 일반 공무원 16만여 명 중 약 10%를 감축하기로 어렵게 결정했다. 그러나 실제 감원의 칼날은 주로 하위직과 기능직에 편중되었다. 더구나 정부 비대화의 대표적 예인 인공위성 공무원은 이번 조정에서 아예 빠졌다. 교육부의 경우 실제 감원된 사람들은 국립대의 청소원·경비·운전기사 들과, 사무직은 여비서가 대부분이었다. 눈 가리고 아웅 식이다.

정부 조직도 지극히 비효율적이다. 대부분의 중앙 부처는 본부·본청 등 중앙 조직보다 훨씬 비대한 하부 조직을 거느리고 있다. 경제부처의 경우 본부·본청에는 13%가 소속돼 있고 나머지 87%는 지방 조직이나 하부 기관에서 일한다. 그러나 하부 조직은 지방 행정기관에 위임해서 처리해도 얼마든지 할 수 있는 단순 업무만을 주로 수행하고 있다.

정부 투자기관·사업단·연구기관 등 정부의 산하단체 수도 너무 많고 계속 늘고 있다. 1997년 현재 총 261개로 약 28만여 명의 직원이 있다. 예산도 무려 101조 원이나 된다. 중앙 정부의 전체 예산보다도 훨씬 많은 것이다.

산하단체의 기능도 중복이 많아서 비효율적이다. 예를 들어 중소기업 지원 업무를 보자. 산업자원부와 중소기업청 등 중앙 부처에 중소기업 지원 기능과 조직이 있는데도 불구하고, 비슷한 기능을 수행하는 산하단체인 중소기업 진흥공단, 지방 중소기업청, 지방 중소기업 사무소가 별도로 있다. 지방 자치단체에도 중소기업 지원 조직이 또 있다.

끝으로 중앙 부처의 경우에도 기능 중복은 심한 반면, 부처간 정책 조정 (coordination) 기능은 미흡하다. 동일한 업무를 여러 부처에서 중복적으로 수행하는 경우가 흔한데, 이는 의당 한 부처에서 통합해 운영해야만 한다. 반면에 부처간 정책을 조정하는 기능을 담당하는 부처는 마땅히 없는 형편이다.

이처럼 우리 정부 조직은 너무 비대하며, 그 기능도 지극히 비효율적이어서 작고 효율적인 정부가 못된다. 그러면 정부 개혁은 어떻게 해야 하는가? 선진국들의 정부 개혁 경험이 그 방향을 제시할 수 있을 것이다.

대체로 선진국들은 정부 조직을 축소하고 규제를 완화함으로써 정부의 역할은 줄이는 대신에, 시장의 기능은 확대하는 쪽으로 정부 개혁을 추진하고 있다. 즉 정부의 비중은 줄이고 시장에 주로 의존하는 커다란 변화 (paradigm shift)가 일고 있는 것이다. 아울러 전통적인 규제 중심의 관료체제에서 탈피하여, 국가 경영을 목표로 하는 기업형 정부를 지향하고 있다.

새로 신설된 기획예산위원회도 바로 '기업형 정부'를 목표로 제시했다. 즉 정부도 행정 서비스를 판매하는 기업이라는 것이다. 따라서 경영원리를 적극 도입하고자 한다.

정부 개혁의 목표를 이렇게 설정하였다면 우선 불필요한 조직과 인원을 과감하게 축소할 필요가 있다. 지난번 새 정부의 조직 통폐합은 제대로 안됐다는 평가를 듣고 있다.

관료들의 줄기찬 저항이 근본 원인이지만 국회의원들도 정부 조직 개편을 정치적인 흥정거리로 삼았다. 기획예산처를 신설하는 원안을 기획예산위원회와 예산청으로 이분화시켜 오히려 정책 결정의 혼선만 빚게 만든 것이 그 대표적인 예다.

재정경제부의 군살 빼기도 실패하여, 종전의 막강한 파워를 거의 그대로 갖게 되었다. 이는 국난을 일으킨 가장 주된 부서였다는 세간의 호된 비난이 거의 반영되지 않은 것이다. 정부 조직 개편이 혁신적인 리스트럭처링 (구조 조정)이나 다운사이징 (조직이나 인원 축소)에 모두 실패한 것이다 (한경 Buisiness, 1998. 4. 1).

그러나 기업형 정부를 지향해 나가려면 지속적인 조직 개편과 인력 감축이 필수적인 전제조건이다. 또한 정부 산하단체의 대폭적인 축소도 작은 정부를 만들기 위해 반드시 필요하다. 특히 현재 GNP의 약 11%를 차지하고 있는 공기업은 주인이 없고 대리인이 경영하고 있어 효율성이 낮기 때문에 민영화되는 것이 바람직하다.

방만한 경영과 비효율의 표본인 공기업의 민영화는, 그 필요성은 모두 인정하면서도 지난 5년 동안 하나도 추진되지 않았다. 이 역시 기득권을 포기하지 않으려는 관료들의 반대가 주된 요인이었다. 물론 증권시장의 침체나 경제력 집중에 대한 우려도 늘 민영화를 지연시키는 이유로 등장했으나 정책 의지만 있었다면 해결할 수 있는 문제였다.

이제 경제 위기에 직면하여 공기업의 국내외적인 매각은 달러를 벌어들일 수 있다는 이점도 아울러 지니고 있다. 이는 우리가 경제 위기에서 조속히 벗어나는 데 기여할 수가 있다. 왜냐하면 민영화를 통한 효율성 증대와 외환(달러) 수입의 증가라는 두 가지 효과를 동시에 낼 수 있기 때문이다.

기획예산위원회는 1998년 7월 3일 '1차 공기업 민영화계획'을 확정, 즉각 시행에 들어갔다. 주요 내용을 보면 기업성이 강한 공기업은 민영화해서 주인 있는 책임 경영을 실현하고, 조기에 민영화가 어려운 경우에도 강도 높은 구조 조정을 통해 단계적으로 민영화를 추진한다는 것이다. 또한 매각 가치를 극대화하기 위해 매각 방법과 시기를 전략적으로 조정하며, 민영화를 추진하는 과정에서도 공정성과 투명성을 기한다는 것이다.

이에 따라 포항제철·한국중공업·한국종합화학·한국종합기술금융·국정교과서 등 5개 공기업과 그 자회사 21개를 1998년 7월 중 민영화하기로 했다. 또한 한국통신·담배인삼공사·가스공사·대한송유관공사·지역난방공사 등 6개사는 2002년까지 단계적으로 민영화하기로 했다. 정부는 공기업의 민영화를 통해 1999년 말까지 80~100억 달러의 외국 자본을 유치할 계획이다.

그러나 인도네시아의 공기업 민영화 계획에 대해 IBRD가 시급한 것이 아니라고 유보적인 태도를 취한 것은 주목할 만하다. 값이 쌀 때 파는 것도 문제가 되며, 외국인에게 팔리는 것도 후일 정치적으로 부담될 수 있다. 이렇게 해서 벌어들이는 달러는 큰돈이 못 된다는 지적이다(E, 1998. 6. 20).

공기업의 민영화는 물론 바람직한 것이다. 그러나 이를 어떻게 추진하는 것이 국익을 극대화할 수 있는 길인지 세심한 주의를 기울일 필요가 있다. 제 값도 못 받고 서둘러 헐값에 외국에 파는 것은 후일 상당한 문제가 될 것이다.

정부 조직의 개편에서 또하나 추진해야 할 일이 있다. 중앙 부처는 이제 정책 입안 기능만 수행하고, 집행 및 서비스 기능은 과감히 떼내서 분리하는 것이다. 즉 기업형 정부의 목표에 부합하도록 정부가 잘할 수 있는 핵심역량 부문인 정책 기능을 중심으로 정부 조직을 재구축하여 생산성을 높이고 경쟁력을 강화하는 것이다.

영국 정부도 중앙 부처에는 정책 입안 기능만 남기고 집행 및 서비스 기능은 집행기관(Executive Agency)이라는 새로운 조직을 만들어 분리시켰다. 1996년 현재 그 수는 130개에 달하며 전체 공무원의 4분의 3이 이 집행기관에서 일하고 있다.

뉴질랜드도 1980년대 중반 이후 시장경제 원리에 기초한 과감한 정부 부문 개혁을 추진해 오고 있다. 규제 철폐, 민영화, 사회보장 제도의 축소, 정부기구의 축소와 계약제 도입 등이 주요한 내용이다. 특히 교통부의 경우 직원을 4,328명에서 57명으로 과감히 축소한 것은 우리에게 많은 것을 생각하게 한다. 과거의 타성에 젖어 개혁을 하는 시늉만 하고 실질적인 진척은 별로 없는 것이 지금 우리 현실임을 볼 때, 진정한 개혁이란 얼마나 어려운 것인가를 다시 한번 절실히 깨닫게 된다.

이 밖에도 개혁할 일은 많다. 예산제도를 '성과' 중심으로 바꾸는 것이 그중 하나이다. 예를 들어 지금은 중소기업에 예산을 얼마나 지원했는가 하는 액수만을 따질 뿐, 이를 통해 중소기업의 경쟁력이 얼마나 향상되었는가 하는 사후 평가는 하지 않고 있다. 이런 예산회계제도가 엄청난 예산의 낭비를 초래했음은 물론이다.

예산회계제도와 관련해서 복잡 다기하며 중복이 많고 비대한 각종 '기금'의 통폐합도 이루어져야 한다. 중앙 정부의 예산보다도 더 많은 각종 기금을 정리하지 않고서는 작고 효율적인 정부를 도저히 이룩할 수가 없다. 1997년 4월 현재 무려 98개의 기금이 난립하고 있어서 통폐합이 시급한 실정이다.

지방 행정조직도 읍·면·동을 폐지하여 세 단계에서 두 단계로 줄여야 한다. 왜냐하면 읍·면·동에서 처리하는 업무의 대부분이 상급 자치단체의 위임사무이기 때문이다. 또한 행정의 분권화도 가속화시켜야 한다. 즉 중앙 정부의 각종 집행 기능을 지방 정부에 대폭 이양해야만 한다.

공무원의 의식도 변해야 한다. 국민을 규제하고 통제하며 선도한다는 생각에서 탈피해야 한다. 정부도 하나의 커다란 기업이라는 생각 아래 서비스 정신으로 무장해야 한다. 국민과 외국인을 마치 기업이 고객을 모시듯 받들어야 한다.

정부 부문의 개혁은 경제 위기를 극복하기 위해 반드시 추진되어야 할 시급한 과제이다. 그러나 새 정부의 조직 개편과 인원 축소 결과가 보여주듯 과거 오래된 관성을 타파하기가 보통 힘든 게 아니다. 새 정부가 스스로 정부 개혁을 철저히 실천에 옮김으로써 민간 부문의 개혁에 모범을 보이고, 이를 통해 위기 극복을 위한 리더십을 제대로 발휘할 수 있을지 귀추가 주목된다.

현재로서는 정부 개혁이 금융 및 기업 개혁에 비해 속도가 더디고 정도도 미흡하다는 것이 일반적인 평가이다. 오히려 관료들이 기득권을 유지하는 데 혈안이 되어 있으며, 부처 이기주의 또한 팽배해 있어 개혁에 저항하고 있다는 인상을 국민들에게 주고 있다.

건실한 금융제도

빅뱅 앞둔 금융산업

지금 우리나라의 금융산업은 총체적인 부실에 직면해 있다. 은행·종합금융·리스·생명보험·보증보험·증권·투자신탁 등 어디 하나 성한 데가 없는 형편이다. 3개월 연체 이상을 불건전 여신으로 간주하는 IMF 기준을 적용할 때 금융기관의 부실채권은 1998년 3월 말 현재 약 118조 원에 이른다.

금융기관의 부실채권은 바로 기업의 빚으로서, 양자는 동전의 양면과 같다. 1997년 말 현재 기업의 부채 총액은 약 9백~1천조 원으로 GNP의 거의 두 배나 된다. 기업의 도산이 늘어나면서 올해 말에는 금융기관의 불건전 여신이 더욱 증가할 것으로 예상된다.

부실 여신의 급증, 주가의 급락, 원화 가치의 하락 등으로 말미암아 금융기관의 건전성은 급격히 떨어졌다. 은행의 경우 국제적인 기준에 따라 주식 평가손과 대손(부실채권에 대한 대손충당금)을 반영한 후, BIS 자기 자본 비율이 8% 미만인 은행을 부실은행으로 규정하면 1997년 말 현재 26개 시중은행 가운데 12개가 이에 해당한다.

지금까지 구조 조정된 금융기관은 모두 30개에 달한다. 16개 종금사가 폐쇄 또는 영업 정지되었으며, 2개 증권사가 영업을 중지했고, 1개 투신사가 영업 정지됐다. 또한 5개 부실 은행과 4개 부실 생명보험사가 퇴출되었다. 리스사 역시 요즈음 연명만 하고 있을 뿐 사실상 영업 정지 상태에 놓여 있다. 종금사에 이어 구조 조정 0순위이다. 또한 영업 중인 종금사도 허덕이는 데가 많고, 상당수의 부실 은행들도 그대로 있으며, 투신사와 보증보험사도 사정은 비슷하다.

우리 금융산업의 경쟁력이 지극히 취약한 것은 이미 경제 위기 이전에도 널리 알려져 있었다. 국제경영개발연구원(IMD)이 펴낸 1998년도 국가경쟁력 보고서를 보면 46개 조사 대상국 중에서 한국은 종합경쟁력이 35위에 머물렀다. 금융 부문은 러시아가 제일 꼴찌이고 한국이 45위이다. 한편 정부 부문과 기업 경영은 각각 34위였다. 금융산업이 제일 낙후된 것이다.

금융산업의 구조 조정이 필수적이라는 공감대는 벌써 수년 전부터 형성되어 있었다. 다만 실천에 옮기지 못했을 뿐이다. 1996년 국내 은행의 자기 자본 이익률은 3.8%로서 외국 은행 국내 지점의 12.5%에 비해 훨씬 낮다. 1인당 당기 순이익도 7백만 원으로 외국 은행의 1억 4,200만 원에 비교도 안될 정도로 적다.

미국의 컨설팅 회사인 매킨지는 한국의 금융기관들이 포화 상태라고 했다. 너무 수가 많다는 것이다. 은행의 경우 지점의 4분의 1이 손실을 내고 있다. 금융 부문의 구조 조정이 완료되면 은행은 4개만 남고, 증권·생명보험·손해보험은 각각 3개씩만 살아남을 것이라고 예상했다. 금융산업이 빅뱅 (Big bang), 즉 대폭발 직전에 있는 것이다.

한국의 금융기관이 대규모 부실채권을 안고 있어 건전성이 상실된 것은, 결국 지난 30여 년 동안 정부 주도에 의한 경제 운용으로 정책금융과 관치금융이 일반화되었기 때문이다. 그 결과 우리 금융 시스템은 자칫 붕괴의 우려마저 안고 있다.

지금의 경제 위기를 극복하기 위해 우리가 시급히 해야 할 과제는 수없이 많다. 그러나 이중에서도 제일 먼저 추진해야 할 일은 바로 금융산업을 근본적으로 개혁하는 일이다. 이를 통해 금융제도를 정상화시키고 튼튼한 기초 위에 올려놓는 것이 한국 경제의 회생을 위한 최우선 과제이다. 이것이 선결되지 않고서는 다른 분야의 개혁도 제대로 이루어질 수 없다.

한동안 정책의 우선순위를 놓고 상당한 논란과 혼선이 있었던 것이 사실이다. 예를 들어, 실업대책이 금융 · 기업의 구조 조정보다 더 시급하다는 주장이다. 물론 급증하는 실업사태에 직면하여 어떻게든 이를 해결해야만 한다는 강박관념에 사로잡히게 되는 것은 당연하다.

그러나 한정된 정부재원을 실업자를 단기적으로 구제하는 데 지출한다면 이는 성과도 미흡하고 밑 빠진 독에 물을 붓는 결과를 초래할 것이다. 오히려 금융과 기업의 구조 조정을 서둘러 금융 시스템을 정상화하고 기업의 도산을 막는 것이 장기적으로 볼 때 실업을 최소화할 수 있는 첩경인 것이다.

금융 · 기업의 구조 조정 과정에서 단기적으로 실업의 증대는 불가피하다. 그러나 구조 조정을 서둘러 이를 신속하고 과감하게 완수하는 것이 국민경제를 바로세우는 길이며, 국민들을 실업의 고통에서 하루 속히 구출할 수 있는 최선의 방책이다. 단기적인 실업

증가를 걱정해 구조 조정을 지연시킨다면 오히려 경제 위기의 심화를 초래해 국민들로 하여금 엄청난 고통을 겪게 만들 것이다.

한편 금융과 기업의 구조 조정 가운데 어떤 것을 먼저 해야 하는가 하는 우선순위 문제도 있다. 이에 대해서는 기업 부실이 곧 금융 부실이므로 금융과 기업의 구조 조정은 현실적으로 동시에 추진될 수밖에 없다. 그러나 정부는 우선 금융의 구조 조정을 서둘러 금융 시스템을 정상화하는 데 전력을 기울여야만 한다. 그 결과 건실한 금융기관이 탄생하면 이를 통해 기업의 구조 조정을 담당하게 할 수 있다.

그 동안 한국 정부가 취한 금융 개혁과 기업의 구조 조정에 대해 외국인들은 그렇게 만족해 하는 것 같지 않다. 우선 다 쓰러져가는 부실 기업에 대해 '협조융자'라는 기이한 방법으로 과거의 구제금융 관행을 되풀이하고 있는 데 대한 비판이 상당하다. 이는 바로 작년 10월 이후 해태·뉴코아·진도·신호·한화·한일·동아건설·고합·신원그룹 등 9개 재벌에 지원된 협조융자 약 2조 원을 두고 하는 말이다. 부실 기업에 대한 거액의 협조융자는 마치 블랙 홀(black hole)처럼 자금을 빨아들여 건실한 중소기업에 대한 대출 여력을 줄인다는 것이다 (FT, 1998. 5. 13).

이에 대해 동아그룹에 6천억 원의 긴급 저리융자를 결정한 은행감독위원회 이헌재 (李憲宰) 위원장은 다음과 같이 설명했다. 동아그룹이 무너지면 여기에 막대한 대출을 해준 한국의 금융기관이 붕괴된다. 또한 수백 개 하청기업도 무너진다. 이번에는 과거와 달리 최고경영자가 사임했다. 또한 부채를 자본으로 바꾸면서 채권은행이 회사의 경영권을 가지게 되었다. 아울러 동아그룹의 핵심사업만 남기고 나머지는 모두 매각할 계획이다. 이는 실질적으로 동아그룹이 해체된 것을 뜻한다. 파산보다는 오히려 이러한 리스트럭처링이 국민경제 전체의 관점에서 바람직할 수 있다는 것이다. 동아그룹의 경우는 앞으로 있을 다른 재벌 개혁의 모델이 될 수도 있다고 했다 (FT, 1998. 5. 22).

외국인들은 또한 벌써 도산했어야 마땅할 제일은행과 서울은행이 아직 영업을 계속하고 있는 데 대해서도 비판적이다. 이들은 2000년까지 한시적으로 정부가 예금에 대한 원리금을 보장한다는 것을 이용하여 고금리로 예금을 끌어들이는 심각한 도덕적 해이 현상을 보이고 있다는 것이다. 이는 당장의 유동성 (현금) 부족을 해소시키는 데는 도움이 될지 모르나, 결국에는 부실을 더욱 키움으로써 국민들의 부담만 늘리게 된다는 것이다.

1998년 6월 18일에 발표된 55개 퇴출 기업의 명단을 본 외국 투자가들의 반응은 대부분 규모가 적은 기업들이며, 재벌 계열사의 경우도 상장기업이 하나밖에 포함되지 않는 등 전반적으로 미흡하다고 평가했다. 반면에 1998년 6월 29일의 5개 시중은행 퇴출 명령에 대해서 IMF 한국 출장소장인 도즈워스 (John Dodsworth)는 첫걸음이 매우 좋고 (the first step is very good), 정책 방향도 옳다고 했다 (IHT, 1998. 6. 30). BIS 8% 기준에 미달하는 부실은행의 퇴출이 IMF와 약속한 조건을 이행하려는 한국 정부의 확고한 결의의 표시로 받아들여진 것이다.

그러나 5개 퇴출 은행의 자산은 은행들 총자산의 7%에 불과하여 비중이 적은 것들이다. 따라서 대형 부실은행의 정리를 먼저 서둘러야 했었다는 의견도 있었다. 또한 우량은행이 부실은행을 P&A 하면 우량은행의 건전성이 손상될 것이라는 우려도 제기되었다 (AWSJ, 1998. 6. 30).

개혁을 하는 데 있어서 모든 것을 철저하게 추진해 나가는 방법도 있겠지만, 이보다는 오히려 제일 중요한 것을 최우선적으로 집중 공략하는 것이 시장의 신뢰를 사는 데는 더 큰 도움이 될 수가 있다. 즉 중요한 것에 개혁의 불길을 붙임으로써 그 효과가 다른 데로 파급되도록 하는 것이다. 이는 대체로 서양식 개혁 방법이기도 하다. 예를 들어 금융 개혁에서는 제일·서울 두 부실은행을 최우선적으로 정리하며, 기업 개혁에 있어서는 한보·기아 두 부실기업을 먼저 처리하는 식이다.

지금까지 우리가 이룩한 공공 부문, 금융 및 기업, 노동시장 개혁의 내용을 종합적으로 평가해 보면 상당한 실적이 있었음을 알 수 있다. 평상시라면 생각도 못할 많은 개혁 조치들을 실행에 옮긴 것이다. 우리는 이 점에 대해 우선 긍정적으로 평가해야 한다.

개혁 추진 과정의 부정적인 면만을 들추어내서 개혁 노력이 실패했다고 평가하는 것은 균형을 잃은 판단이라고 생각된다. 특히 지금과 같은 국제화 시대에 국내 언론이 개혁 노력에 대해 비판만 하는 것은 세계 언론에 그대로 영향을 주므로 조심해야 한다. 우리 문제에 관한 한 공정한 여론을 형성해 세계 여론을 주도해 나가야 한다. 조심성 없는 낙관론도 문제지만 지나친 비관론은 더 큰 문제이므로 경계해야 마땅하다.

개혁 노력은 올바른 방향으로 상당한 성과를 내면서 추진되고 있다고 본다. 그러나 현실적으로 개혁의 속도가 바라는 수준보다 더 딜 수 있고, 강도가 약할 수도 있으며, 강한 저항에 부딪히기도 한다. 이상적인 형태로 개혁이 순항할 것을 예상하는 사람은 없을 것이다. 울퉁불퉁한 길 (bumpy road)을 걸어야 하는 것이 현실이다.

특히 우리가 추진하고 있는 개혁은 지난 30여 년 동안의 고도성장기 중 모두가 당연한 것으로 믿었던 것들을 일시에 바꾸고 있는 것이므로 결코 쉬운 일이 아니다. 정리해고만 해도 모두가 평생직장의 생각을 가지고 있던 터라 상당한 저항은 예상되었던 것이다.

특히 문화적으로 '한국 남자들에겐 매일 갈 데가 없다는 것은 굉장한 심리적 쇼크이다. 한국에선 체면을 잃는 것은 정신적으로 큰 타격인 것이다(WP, 1998. 5. 5).' 또한 재벌들이 자기가 아끼던 기업을 매각하며, 외국 기업에 의해 M&A를 당하는 것도 우리 문화 풍토에선 패배의 불명예로 간주되는 것이다. 미국처럼 M&A가 널리 일상화된 나라와는 사정이 크게 다르다.

따라서 개혁 조치의 긍정적인 성과는 칭찬하면서, 실제의 추진 과정에서 생기는 미흡한 면을 바로잡으려는 균형 잡힌 접근이 모든 이에게 필요하다. 그래야 국내외 여론의 지지를 얻으면서 개혁 추진도 성공을 거둘 수 있을 것이다.

그러면 과연 바람직한 금융 개혁 또는 금융 부문의 구조 조정은 어떻게 추진되어야 하는가? 크게 세 가지 갈래로 생각해 볼 수가 있다. 첫째는 금융기관의 부실채권을 신속하고 과감하게 정리하는 것이다. 둘째는 부실 금융기관을 조속히 처리하는 것이다. 셋째는 이 두 가지를 추진한 결과 금융기관의 건전성이 어느 정도 확보되고 나면, 비교적 건실한 나머지 금융기관들의 경쟁력을 높이기 위해 증자·인수·합병 등을 추진하는 것이다(하성근, 한국금융학회, 1998. 3. 20).

먼저 부실채권의 정리를 보자. 이를 위해 정부는 기존의 성업공사 안에 부실채권 정리기금을 설치했다. 그 규모는 금융기관의 부실채권이 급증함에 따라 32조 5천억 원을 조성할 예정이다. 이미 조성된 자금으로는 은행의 부실채권 8조 4천억 원과 종금사의 부실채권 2조 7천억 원, 보증보험의 부실채권 2조 8천억 원 등 약 14조 원 어치를 사들인 바 있다. 따라서 이제는 추가로 기금을 모아야 한다.

문제는 기금의 재원 조달이 쉽지 않다는 점이다. 결국 정부가 돈을 마련할 수밖에 없는데, 그 방법은 채권을 추가로 발행하는 것이다. 현재 정부는 실업대책, 금융 개혁 및 기업의 구조 조정을 위해 막대한 규모의 재원이 필요한 실정이다. 즉 경제 위기 극복을 위해 엄청난 규모의 돈이 필요하다. 그러나 IMF와의 협의에 따라 재정적자는 그 폭이 GDP의 4%인 17조 5천억 원으로 제한되어 있다 (한국일보, 1998. 7. 29). 이것도 지난 5월에 협의한 허용폭인 GDP 대비 1.75%인 7조 9천억 원에 비하면 크게 확대된 것이다. 따라서 국채를 발행할 수밖에 없는데, 이를 너무 많이 발행하면 채권값은 떨어지고 금리는 상승하게 된다.

여기서 일본의 경험은 우리에게 많은 시사점을 준다. 일본은 1980년대에 형성된 거품경제가 붕괴하면서 부실채권이 급증하였으나 이를 과감하고 신속하게 정리하질 못했다. 그 결과는 신용경색 현상의 장기화였으며, 이에 따라 1990년대의 약 10년 동안을 소위 장기 복합 불황에서 헤어나지 못하고 있다. 《뉴스위크》 한국판 커버스토리 제목처럼 '잃어버린 10년'이다 (1998. 7. 29).

반면에 미국은 1980년대에 저축대부조합의 부실이 터졌을 때 조기에 신속하게 정부의 재정자금을 투입한 결과 위기로부터 빨리 탈출할 수 있었다. 부실채권은 시간을 끌면 끌수록 점점 더 눈덩이처럼 불어나는 경향이 있어서 결국 이를 정리하는 데 국민 부담만 가중시키게 된다.

선도은행이 탄생해야

금융 개혁의 두 번째 과제는 부실 금융기관을 조속히 정리하는 일이다. 먼저 부실의 정도가 심한 금융기관부터 신속하게 정리해야

만 한다. 이를 미룰수록 부실이 커져 국민 부담만 증대시키기 때문
이다. 얼마 전 금융 위기를 겪은 북유럽 3개국·중남미 국가·미
국·일본 등의 경험을 보면 부실 금융기관이 정리되어야 비로소 금
융시장이 안정되고 자금 경색도 해소될 수가 있었다.

부실 금융기관을 정리하는 방식에는 청산, 제3자 인수 및 구제금
융 지원 등이 있다. 청산은 비용이 제일 많이 들기 때문에 피하는
것이 좋다. 구제금융 지원은 부실의 정도가 심하지 않아 1, 2년 내
에 자체적으로 정상화가 가능할 때 사용할 수 있다. 부실화가 심할
때는 제3자 인수가 효과적인 방법이다.

제일은행과 서울은행에 적용된 방식은 먼저 정부가 부실의 책임
을 주주에게 물어 각각 8,200억 원의 자본금을 1천억 원씩으로 감
자(減資)하였다. 그후 정부가 두 은행에 각각 1조 1,800억 원씩을
출자하였다. 그리고는 6월 말까지 자산 실사 완료, 9월 중 매각을
위한 해외 로드쇼를 하고, 11월 15일까지 국내외 투자가에게 매각
하여 제3자에게 인수시킬 예정이다. 즉 구제금융 지원과 제3자인
수를 혼합한 방식인데 우리 형편에서는 바람직한 정리 방식이다.

IMF는 초기에 두 부실은행을 즉각 폐쇄하라고 요구했다. 그러
나 이는 이미 인도네시아에서 경험한 것처럼 뱅크 런(bank run) 사
태를 초래하여 금융시장을 혼미 상태에 빠뜨린다. 우리 정부가 취
한 방법이 합리적인 것이다. 아울러 정리기간도 IMF와 원래 합의
한 일정보다 단축하고 있다. IMF가 처음에 채근한 대로 무턱대고
빨리 제3자에게 헐값으로 매각할 수는 없는 일이며, 이는 오히려
일을 그르칠 수가 있다.

부실의 정도가 상대적으로 덜하나 1997년 말 현재 BIS 자기 자
본 비율이 8%에 미달한 12개 은행(조흥·상업·한일·외환·평
화·동화·경기·충청·충북·동남·대동·강원)에 대해서는 4월

말까지 자기 자본의 확충, 부실여신의 감축, 경영진 개편, 인력 및 경비 축소, 점포 폐쇄, 부동산 매각 및 자회사 매각 등의 자구 노력이 포함된 경영 개선 계획을 금융감독위원회에 제출토록 했다. 이를 기초로 6월 말 부실과 건실은행을 구분해 퇴출 여부를 결정하였다.

이에 따라 1998년 6월 29일에 동화·경기·충청·동남·대동은행 등 5개 은행이 P&L 방식에 의해 퇴출되었다. 일반적인 평가는 퇴출 판정이 공정했다는 것이다. 한편 외환은행은 독일은행의 자본 참여가 이루어졌고, 나머지 6개 은행은 증자와 경영 개선 등 강력한 구조 조정 노력을 전제로 조건부 승인이 났다. 이들은 7월 말까지 추가의 이행계획을 금감위에 제출해야만 한다.

금융 개혁은 은행의 구조 조정을 조기에 마무리하는 것이 핵심이다. 이 밖에 종금사·리스·증권·보험·투자신탁 등 제2금융권에 대해서는 은행과 비슷한 식으로 자산과 부채에 대한 실사 등 경영 진단을 한 후 그 결과에 따라 건실과 부실을 가려낼 계획이다. 부실 금융기관은 시장에서 퇴출시키거나, M&A를 유도하여 경쟁력 있는 금융기관으로 바꾸려고 한다.

종금사의 경우에는 정부 주도하에 일부 우량사만 남겨놓고 대부분 퇴출시킬 예정이나, 제2금융권의 다른 분야는 자율적인 구조 조정을 유도할 계획이다. 즉 주인이 있는 금융기관인 증권·보험·리스사 등은 대주주의 책임 아래 부실한 기관은 증자, 합병 및 영업 양도 등을 권고할 것이다.

정부 당국은 초기에 부실 종금사를 정리할 때 인수·합병이나 청산 과정에서 가교종금사(bridge bank)를 활용하였다. 이는 기존의 기업 여신이 중단되지 않고 원활히 인수·인계되도록 하여 실물 경제에 미치는 폐해를 최소화시킬 수 있었다. 이런 경험은 다른 제2

금융권의 처리에도 활용되어야 할 것이다.

즉 금융기관의 구조 조정 과정에서 뱅크 런(bank run) 등 금융제도의 안정성이 흔들리지 않도록 각별히 유의해야만 한다. 또한 제2금융권의 전 분야에 걸쳐서 일시에 구조 조정을 추진하는 것보다는 순차적으로 하나씩 하는 것이 경제에 대한 충격을 최소화시킬 수 있을 것이다.

금융 개혁의 세 번째 과제는 비교적 건실한 금융기관들의 경쟁력을 높이는 일이다. BIS 기준 8%를 초과한 국민·주택·신한·한미·하나·보람·대구·부산·광주·전북·경남·제주 등 12개 은행이 그 대상이다.

이를 위해 자발적인 인수·합병(M&A)과, 외국 자본 도입 등을 통한 증자로 자본 확충(recapitalization)을 기해야 한다. 한편 정부도 증자 및 부실채권의 정리를 지원함으로써 은행간 합병을 유도해야 한다.

선진국의 경우 금융기관의 구조 조정은 주로 대량 감원, 대형화와 경쟁력 강화를 위한 합병 등의 형태를 취하고 있다. P&L 방식으로 부실은행을 인수한 국민·주택·신한·한미·하나은행의 경우에도 경쟁력 증대를 위해서는 임원과 점포를 재량에 따라 정리할 수가 있어야 한다.

대형 은행들간에 합병이 일어나고 합병된 은행에 대해 대폭적인 증자가 실시되면, 이는 외국 투자가들에게는 본격적인 금융 개혁의 신호로 받아들여지게 될 것이다. 금융 개혁은 이처럼 부실채권 및 부실 금융기관의 정리와 금융기관의 경쟁력 강화가 주요한 과제이다.

한편 부실은행의 퇴출도 중요하지만 대형 우량은행의 탄생 역시 필수적이다. 즉 은행간 합병을 통해 국제경쟁력을 갖춘 3, 4개의 선도은행 (leading bank)이 나와야만 금융의 세계화 시대를 헤쳐나갈 수 있다.

지난 1998년 7월 31일 상업은생과 한일은행의 합병 선언은 선도은행의 출현을 알리는 신호탄이었다. 한국 은행산업에서 17%의 시장점유율을 차지하고 있고, 105조 원 (850억 달러)의 자산을 가지고 있으며, 1만 5,302명의 직원과 942개 지점을 거느리고 있는 두 대형 시중은행의 합병은 금융 개혁이 본격적으로 이루어지고 있음을 세계에 널리 알리는 계기가 되었다. 이는 또한 앞으로도 은행 간 합병이 뒤따를 것임을 예고하는 것이기도 하다. 합병에 대한 반응은 현실적으로 가장 최선의 선택 (it was the best practical option)이었다는 것이다 (CNN, 1998. 7. 31).

새로이 탄생되는 합병은행은 직원과 지점을 모두 30% 이상 줄일 예정이다. 또한 정부는 합병은행의 부실채권을 매입함으로써 합병을 지원할 계획이다. 이를 위해서는 약 8조 원 (65억 달러)의 정부 지원이 필요할 것으로 추정된다. 이 밖에 합병은행의 자본 확충을 위해 정부와 외국 투자가들의 참여도 필요할 것이다.

우량은행인 하나·보람도 3개월 동안의 지루한 논의를 마감하고 1998년 8월 19일 합병에 서로 합의했다. 앞으로 나머지 은행들도 생존을 위해 직극적으로 합병을 모색할 것으로 보인다.

그런데 정부는 1998년 5월 21일 금융 부문의 구조 조정을 최우선 과제로 정하고 이를 지원하기 위해 모두 64조 원의 공채 (부실채권 정리기금 채권 32조 5천억 원과 예금보험기금 채권 31조 5천억 원)를 발행하기로 결정했다. 이미 14조 원의 채권을 발행했으므로 50조 원을 추가로 발행하는 것이다. 50조 원은 GDP인 450조 원의 무려 11.1%에 해당한다. 즉 금융 시스템의 정상화를 위해 대규모 재정을 투입하기로 한 것이다. 이는 때늦은 감이 있지만 올바른 결정이다.

1998년 3월 말 현재 불건전 여신은 총 118조 원이다. 이 가운데 정리해야 할 부실채권은 100조 원 정도이다. 이를 팔 때 절반인 50조 원은 금융기관의 손실로 나타날 것이고, 나머지 반인 50조 원 정도만 건질 수 있을 것으로 추정된다. 회수가 가능한 50조 원 중에서 25조 원은 금융기관들이 알아서 민간에 매각토록 했다. 따라서 나머지 25조 원을 성업공사가 매입해 정리하려고 한다. 성업공사는 부실채권을 담보로 자산담보부증권(asset-backed securities ; ABS)을 발행해 자금을 조기에 회수할 계획이다.

한편 금융기관이 입을 손실 50조 원은 그대로 자본금의 잠식을 초래해 BIS 비율을 떨어뜨리게 된다. 따라서 이를 메워주는 문제가 남는다. 금융기관 자신들이 부실채권 정리를 위해 15조 원의 대손충당금을 쌓아놓았으므로 필요한 증자 규모는 35조 원이다.

정부는 금융기관의 증자 지원을 위해 16조 원의 채권을 발행하려고 한다. 이미 3조 원은 제일은행과 서울은행에 지원됐다. 한편 증자를 위해 필요한 나머지는 금융기관이 스스로 유상 증자, 해외 합작 등의 자구 노력을 통해 조달케 할 계획이다. 또한 부실 금융기관의 정리 과정에서 파생되는 예금자 보호를 위한 예금의 대(代)지급을 위해서도 9조 원의 채권을 발행할 계획이다.

그러나 부동산 경기가 장기간 침체되어 성업공사의 부동산 매각이 어려워진다든가, 외국 자본의 유치가 예상대로 이루어지지 않는다든가, 채권시장이 금융 개혁을 위한 기금 마련 목적의 국공채 발행을 소화하기 어려운 경우에는 구조 조정 기금 마련에 상당한 어려움이 있을 수 있다.

이제 금융 개혁을 위해서는 결국 국민들이 상당한 부담을 지게 되었다. 정치권·정부·재벌 및 금융권이 공동으로 저지른 잘못에 대해 무고한 국민들이 비용을 부담하게 된 것이다.

물론 64조 원의 공채 발행에 대해 국민들이 전부 부담을 지는 것은 아니다. 성업공사가 인수한 부실채권은 팔아서 회수하게 된다. 금융기관에 대한 증자도 후일 경영이 정상화되면 회수할 수 있다. 예금을 대신 물어준 것도 금융기관의 대주주 재산에 구상권을 행사해 받아낼 수가 있다.

그러나 최소로 잡아도 공채 발행에 대한 이자 부담은 재정에서 나와야 하므로 국민의 부담으로 고스란히 떨어지게 된다. 1998년과 1999년에만도 약 12조 원의 이자 부담을 져야 한다. 따라서 단 한 푼이라도 국민의 부담을 줄이려는 노력이 철저히 선행되어야만 한다.

사실 금융권 구조 조정의 비용은 원칙적으로 주주와 예금자가 우선 부담을 져야 한다. 그러나 주주는 주식 손실 이외에는 부담을 안 지려 한다. 예금자에게도 현실적으로 부담을 지우기가 어렵다. 무엇보다 금융제도의 안전성과 건전성을 회복하는 것이 시급하므로 불가피하게 구조 조정 비용을 정부가 부담하게 되는 것이다.

그러나 금융 구조 조정의 비용을 국민에게 지우기 이전에 대주주와 경영진에 대한 철저한 책임부과 원칙이 반드시 지켜져야만 한다. 14개 종금사를 폐쇄하면서 무려 5조 3천억 원의 예금을 정부가 대신해서 물어준 일만 해도 재벌그룹인 대주주의 개인재산을 처분해서라도 해결해야지 국민의 세금을 써서는 안되는 것이다.

2000년까지 부실 금융기관의 원금과 이자를 정부가 보상한다는 것도 다른 나라에서는 유례가 없는 것이다. 특히 이자의 지급까지 보장하는 것은 지나치므로 고쳐져야 한다.

IMF에 구제금융을 신청한 후 지금까지 정부가 금융기관에 지원한 돈은 무려 14조 9천억 원이나 된다. 그러나 원칙 없는 지원이었기에 성과가 별로 없었다. 국민의 돈을 신중히 쓰지 못한 것이다. 정부의 지원은 반드시 우량은행이나 합병하는 은행에 한해 지원해야 한다. 또한 정부자금을 지원할 때 감자, 경영진 교체, 고용 조정, 임금 삭감 및 기타 경영 개선 조치를 반드시 부과하는 원칙도 견지되어야 한다.

당국은 1998년 9월 말까지 예정된 일정에 따라 1차 금융 구조 조정을 완료할 계획이다. 이때 원칙은 주주와 예금자의 손실 부담 및 금융기관의 철저한 자구 노력을 전제로 하여 우량 금융기관들은 부실채권 매입과 증자 등을 통해 재정에서 적극 지원하는 한편, 부실한 금융기관은 초기에 정리하여 이에 따른 예금자 보호는 재정에서 보장해 주는 것이다.

금융제도에 대한 얘기를 끝내기 전에 두 가지 사항만 간략하게 지적하고자 한다. 하나는 이번의 경제 위기를 계기로 금융기관의 건전성과 안전성에 대한 정부의 철저한 규제와 감독이 절실하게 필요하다는 점이다.

지난 몇 년 동안 무분별한 금융규제 완화로 은행과 기업들이 해외에서 마구 자금을 빌린 것이 이번 외환 위기의 근본 요인 가운데 하나였다. 특히 종금사를 1994년과 1996년에 24개나 무더기로 허가를 내줘 난립하게 만들었다. 그리고는 감독과 규제를 소홀히 해서 오늘날과 같은 결과를 빚게 된 것이다. 감독과 규제를 안해도 될 사소한 일에는 시시콜콜 간섭하면서 안전성과 건전성의 확보를 위해 반드시 필요한 기본적인 규제와 감독은 소홀히 한 것이다.

또하나는 금융시장의 완전 개방에 따른 문제이다. 이제 단기 투기성 자금이 수시로 자유롭게 들어오고 나갈 수 있게 되었다. 이는 심각한 교란 요인이 된다. 갑자기 외자가 빠져나갈 때 정부가 할 수 있는 일은 거의 없다. 반대로 외자의 유입이 증가하면 통화량의

216

급증, 인플레이션 및 고금리가 초래된다.

이제 우리는 대외적인 충격에 완전히 노출되었다. 외환 위기도 얼마든지 재발할 수 있다. 환율·주가·금리 등이 훨씬 더 큰 폭으로 변동할 수 있게 된 것이다. 그러나 이를 방지할 수 있는 마땅한 대책은 없다.

기본적으로 경제정책의 기조가 건실하여 안정적인 기반을 구비하고 있어야 한다. 즉 물가상승률은 낮고, 저축률은 높으며, 국제수지는 균형을 이루고, 재정적자는 별로 없는 등 나라 전체가 거시경제적인 균형 (macroeconomic equilibrium)을 이루고 있어야 한다. 그래야 시장과 대외 투자가들의 신뢰를 얻을 수 있다.

우리가 전에 온실에서 살았다면 이제는 눈비가 내리고 폭풍우가 휘몰아치는 악천후에도 견딜 수 있는, 튼튼하고 건실한 기초를 지닌 집을 짓고 살아야 한다. 단기적으로는 많은 곤란이 예상되나 장기적으로는 오히려 우리 경제가 더욱 튼튼한 체질이 되도록 만들 것이다. 세계화·개방화의 대세 아래 특별한 대안은 사실상 없다. 적극적으로 대응하는 것만이 이 위기를 극복하는 길이다.

세계 1등 기업으로 다시 태어나기 위하여

방만한 차입 경영이 대기업의 부실을 초래했고, 이는 다시 금융 기관의 부실을 가져와 현재와 같은 경제 위기에 처하게 되었음은 모두가 알고 있는 사실이다. 따라서 재벌 개혁과 금융 개혁은 동전의 앞뒤처럼 밀접한 관련을 맺고 있다.

그러나 재벌 개혁에 대한 국내외의 일반적인 반응은 아직 만족스러운 구조 조정이 이루어지지 않았다는 것이다. 특히 노사정 합의 이후 근로자는 어렵게 정리해고제를 수용했고, 정부도 조직 축소와 인원 감축을 추진하고 있는 데 비해 재벌들은 오히려 새 정부의 개혁 노력에 저항하는 움직임마저 나타내고 있다는 것이다(FT, 1998. 2. 19).

최근 들어 대량 실업이 발생하면서 노동계가 대규모 시위를 벌이고 노사정 협의회 참여를 거부하며 반발하는 것은 공평한 고통 분담이라는 측면에서 볼 때 재벌 개혁이 미흡하다는 판단도 상당 부분 작용한 것이다. 즉 근로자만 실업의 고통을 당하고 있고 오히려 경제 위기의 주된 책임자인 재벌은 뼈를 깎는 노력을 제대로 기울이지 않고 있다고 보는 것이다.

재벌 개혁 또는 기업의 구조 조정의 목적은 두말할 나위도 없이 우리 기업의 체질을 튼튼히 하고 국제경쟁력을 한층 강화하는 데 있다. 그러나 기업들이 직면한 현실은 암울하기만 하다.

내수가 급감함에 따라 생산이 크게 줄어들어, 공장 가동률은 지난 7월에 63.7%선으로 바닥을 보였다. 이는 기업의 경상수입을 큰 폭으로 떨어뜨린다. 반면에 고금리 적용으로 국내 사업자의 총부채는 9백~1천조 원에 달하여 GDP의 약 2배나 된다. 연평균 금리를 20%로 잡을 때, 이자 부담만 연 2백조 원이 되어 GDP의 무려 40%를 차지한다. 무슨 수를 쓰든지 이 엄청난 채무를 하루 속히 줄이지 않고서는 우리 기업들이 도저히 회생할 수가 없다.

30대 재벌의 경우 1997년 말 현재 부채 총액은 전년 말에 비해 32.4%나 급증하여 약 357조 원에 달한다. 부채-자본 비율은 1996년 말에는 386.5%였으나 1997년 말에는 오히려 518.9%로 급속히 악화되었다. 이는 주로 환율의 급등에 따라 외화 차입금의 평가액이 급증하는 환차손이 발생했기 때문이다.

이 밖에 국내 본사가 부담해야 하는 국외 현지 법인의 현지 차입 금융이 1997년 말 현재 532억 달러에 이르고 있다. 이처럼 기업의 국내외 채무가 엄청나게 커서 기업의 부실이 금융기관의 부실로 이어지는 악순환이 일어나 경기 침체가 장기화될 가능성마저 크다.

재벌의 부실화를 초래한 주요 요인으로는 다음의 몇 가지를 들 수가 있다. 첫째는 핵심역량(core competence)을 지닌 2, 3개 분야에 재원과 인력을 집중 투입하는 업종 전문화보다는, 서로 관련이 없는 여러 분야에서 사업을 벌이는 선단(船團)식 경영을 해왔다는 점이다. 이는 결국 우리 재벌들로 하여금 어떤 분야에서도 세계

1등 기업이 될 수 없게 만들었고, 또한 남이 하는 분야에 너도나도 뒤따라 진출함으로써 중복·과잉 투자를 초래하였다.

한국 사람들은 사업을 할 때, 대기업이든 작은 구멍가게든 그 규모에 상관없이 동일한 분야에 벌떼처럼 몰려들어 결국에 가서는 모두가 손해를 보는 어리석음을 범하는데, 이는 반드시 고쳐야 할 나쁜 버릇이다. 우리는 지난 30여 년 동안의 산업화 과정에서 이런 일이 수도 없이 되풀이되고 있는 것을 보았다. 그 결과로 엄청난 자원의 낭비가 초래되었다.

지금 또다시 자동차·반도체·철강·석유화학·조선·발전 설비·항공기·철도차량·시멘트·최박막 액정표시장치 (TFT-LCD) 등 우리나라의 대표적인 10개 산업에 대해 과잉 설비로 말미암아 산업 구조 조정이 필요하다는 논의가 일고 있다 (한국경제, 1998. 8. 6).

지난날의 반복된 잘못에도 불구하고 계속해서 잘못을 저지르고 있는 것이다. 우리는 모두가 망하는 이런 식의 무모한 투자가 아니라 모두가 흥할 수 있는 길을 반드시 찾아야만 한다. 즉 자신이 제일 잘할 수 있는 분야에 전력 투구하는 것이 필요하다.

선단식 기업 결합은 그룹 내 계열사간의 상호 출자와 상호 지급 보증을 통해 이루어졌다. 즉 계열사들끼리 서로 출자하고, 돈을 빌릴 때도 서로 보증을 서는 것이다. 이는 그룹 내 우량기업의 이익으로 부실기업의 손실을 보조할 수 있게 했으며, 그 결과 부실기업의 퇴출은 지연되었고 나아가서는 우량기업마저 부실화시켰다.

둘째는 기업의 지배구조 (corporate governance)가 전근대적이고 불합리한 점이다. 재벌 총수 한 사람의 생각만이 전횡하고, 직접적인 이해 당사자인 소액주주, 채권은행단 및 기관투자가들은 거의 영향력을 행사할 수가 없었다. 이는 결국 총수 1인이 수십 개의 계열사를 총괄하는 독단적인 경영을 가져와 기업 부실의 주요한 요인이 되었다.

그런데 실제로 2~3%의 지분만을 소유하고 있는 재벌 총수가 경영 통제를 거의 받지 않았다는 것은 기이한 일이다. 1996년 4월 말 현재 30대 재벌의 총자산은 340조 원인데, 이중 자본은 70조 원이고 나머지는 부채이다. 그러나 자본 가운데 재벌 총수 및 그 가족이 소유하고 있는 것은 총자산의 약 2%인 7조 원에 불과하며 계열사간 상호 출자 24조 원을 합쳐도 모두 31조 원으로, 이는 자본의 44%에 해당할 뿐이다. 즉 39조 원을 소유한 주주와, 금융기관과 기관투자가를 통해 270조 원을 빌려준 국민들은 경영에 거의 영향력을 행사하지 못하고 있는 것이 된다. 남의 돈으로 사업을 하면서 총수 한 사람이 독단으로 경영을 하는데도 회사 내부나 외부에서 전연 통제를 못한 것이다.

현대의 대기업은 개인의 소유물이 아니다. 수많은 소액주주, 금융기관과 기관투자가들에게 예금한 국민들, 근로자들의 이해관계가 얽혀 있다. 따라서 이들이 기업 경영에 직·간접적으로 참여할 수 있는 제도적인 장치가 마련될 때 우리 기업들은 진정으로 국민의 사랑을 받는 '국민의 기업'으로 다시 태어날 수 있게 될 것이다 (정갑영, 내나라, 1998. 2).

셋째는 기업 경영이 투명성을 확보하지 못한 것이다. 분식결산 (기업이 고의로 자산이나 이익 등을 크게 부풀려 계산한 결산)을 눈감아온 정직하지 못한 회계감사제도와 주식시장의 공시 (公示)제도 미흡도 기업의 부실화를 초래하는 데 한 몫을 했다. 서양 사람들은 한국과 일본의 기업이나 금융기관의 회계장부를 도대체 믿을 수가 없다고 말한다. 장부만 보아서는 경영 상태를 제대로 파악할 수가 없다는 것이다. 이러한 상태에서는 외국 자본의 유입이나

M&A도 쉽지 않다.

그러면 금융 개혁에 이어 시급한 재벌 개혁 또는 대기업의 구조 조정을 어떻게 해야만 하는가? 제일 시급하게 해야 할 일은 부실 금융기관의 경우처럼 부실기업의 정리이다. 적자생존의 원칙에 따라서 부실기업의 퇴출을 조속히 추진해야만 한다.

지금처럼 부실기업에 거액의 융자를 계속하는 것은 시간만 끌 뿐 오히려 부실을 키우는 결과를 초래한다. 동시에 우량 중소기업에 지원해야 할 돈이 줄어들게 된다. 정부 당국은 대기업의 도산을 막기 위해 부도유예협약이라는 기상천외의 제도를 만들었고, 금융기관의 동반 부실화를 자초하는 협조융자라는 제도를 창안해 냈다.

그러나 외국인들의 눈에는 부실기업은 M&A나 청산 등을 통해 시장에서 자동적으로 정리되어야 마땅한 것이다. 퇴출할 기업을 그대로 놔둔 채 구조 조정을 할 수는 없기 때문이다. 외국인들은 파산한 은행이나 기업이 계속 영업을 하고 있는 것을 이해하지 못한다. 파산 없는 자본주의란 흡사 지옥 없는 기독교와 같은 것이다 (IHT, 1998. 1. 9).

제일은행과 서울은행이 영업 활동을 계속하고 기아·한보 등이 여전히 사업을 꾸려나가는 것을 보고 한국은 부실기업의 천국 같다고 비난했다 (FEER, 1998. 3. 5). 자본주의의 기본 원칙인 적자생존이 지켜지지 않고 있다는 것이다.

이는 잘못된 파산제도에서도 연유한다. 모호하기 짝이 없는 화의제도라는 것을 만들어 채권자의 동의만 있으면 부실기업이 원리금 상환을 미룰 수 있게 만들었다. 심지어는 저금리로 돈을 빌릴 수도 있고, 법정관리와는 달리 화의제도 아래서는 기존의 경영진이 그대로 회사를 운영할 수 있는 것이다.

원래 화의는 중소기업을 위한 제도였다. 그런데 지금은 화의제도가 남용되어 대기업까지 이용하고 있다. 은행 입장에서는 화의신청을 거절하기가 쉽지 않다. 그 까닭은 화의를 거절해서 법정관리로 들어가면 부실기업에 대한 대출금은 곧 부실채권이 되어 은행도 부실해지기 때문이다. 즉 화의제도는 기업과 은행 모두에게 시간을 벌게 한다. 그러나 결과는 시간만 지체시킬 뿐 법정관리로 이행해가는 경우가 흔하다.

부실 금융기관과 부실기업은 서두르지 않으면서도 과감하고 단호하게 명확한 일정을 제시하면서 조속히 정리하는 것이, 현 단계에서 외국 투자가들의 신뢰를 회복하는 데 결정적인 역할을 하게 될 것이다.

금융 구조 조정의 경우 대원칙은 우량 금융기관은 부실채권 매입·증자 등을 통해 적극 지원하며, 부실 금융기관은 조속히 정리하는 것이다. 이와 마찬가지로 기업의 구조 조정에 있어서도 채권자인 금융기관이 우량기업에게는 필요한 지원을 하고, 부실기업은 신속한 퇴출을 유도해야 한다.

현재 정부의 기업 구조 조정은 소위 기업 개선작업(work out)이 중심을 이루고 있다. 채권은행이 판단하기에 회생 가능성이 있는 기업에 대해서는 부채를 일부 탕감해 주거나, 원금을 장기 거치 분할 상환토록 하고, 이자를 깎아주며, 대출을 출자로 전환해 주는 등의 지원을 한다.

반면에 기업은 주주 보유 주식의 감자(減資), 부동산·계열사의 매각, 경영권의 전부 또는 일부 포기 등의 조치를 취한다. 즉 채권은행과 기업이 협상을 통해 서로 손실을 분담(loss sharing)하면서 기업을 살리는 것이다(한국일보, 1998. 7. 21).

워크 아웃이란 원래 미국의 여배우 제인 폰다가 1980년대에 헬스클럽을 운영하면서 여성의 군살빼기 운동을 이렇게 부른 데서 연유한다. 즉 채권은행이 기업의 군살이라고 할 수 있는 과다한 자산과 부채를 없애줌으로써 재무구조를 건전하게 해준다는 뜻이다.

워크 아웃이 협조융자와 다른 점은 기업에 무조건 돈을 지원하는 것이 아니라 근본적인 체질 개선을 위한 처방을 함께 내리는 데 있다. 반면에 법정관리는 주식 전액 소각, 경영진 퇴진, 10년 이상 채권 동결 등 획일적인 강제기준을 적용하므로 기업의 회생 가능성이 희박하다. 그러나 워크 아웃은 채권은행과 해당기업이 협상을 통해 신축적으로 지원 조건을 결정할 수 있으므로 기업을 회생시킬 가능성이 높다.

워크 아웃아 성공하려면 은행이 기업의 회생 여부를 판단할 수 있는 능력이 있어야 한다. 아울러 워크 아웃이 시작된 후 기업이 살아날 수 있도록 이끌 수가 있어야 한다. 만일 회생 가능성이 없는 기업을 워크 아웃 대상에 포함시킨다면 은행은 커다란 손실을 입게 되며, 단지 부실기업의 수명만을 연장시키는 데 이용될 수가 있다.

현재 워크 아웃 대상에 포함된 기업으로는 고합·신호·진도·갑을·거평·우방·세풍·신원·강원산업·통일 등 10개가 있으나 앞으로 크게 늘어날 전망이다.

법과 제도에 의한 재벌 개혁

　부실기업의 조속한 정리 이외에도 재벌 개혁을 위해 추진해야 할 과제에는 여럿이 있다. 김대중 대통령과 재계 총수들 간에 합의한 재벌 개혁의 주요한 내용을 보면 다음과 같은 것들이 있다.

　결합재무제표의 작성을 통한 경영 투명성의 확보, 2000년 3월까지 상호 지급보증의 해소, 차입 경영의 개선, 핵심부문 설정, 지배 주주와 경영진의 책임 강화 등이다.

　이중에서 결합재무제표의 작성은 1999회계년도부터 도입하기로 하였다. 상호 지급보증은 30대 재벌그룹의 경우 2000년 3월까지 완전히 해소하도록 했다. 이미 1998년 3월 말까지 자기 자본의 100% 이내로 감축한 바 있다. 또한 신규 지급보증은 일체 금지시켰다. 결합재무제표의 작성과 상호 지급보증의 금지는 재벌의 가장 큰 무기인 내부 거래를 불가능하게 만들 것이다. 30대 재벌의 내부 거래 비율은 약 30%선으로 추정되고 있는데, 이제 이만큼의 거품이 빠지게 된 것이다.

지배주주와 경영진의 책임 강화는 소유주를 법적 책임이 있는 대표이사로 등재하였으며, 그룹 회장실을 없앴다. 이 밖에 상장법인의 경우 전체 이사의 4분의 1을 사외이사로 선임하여 경영의 투명성을 확보하는 데 기여할 수 있게 했다. 또한 소액주주의 경영 참여와 감시를 유도하기 위해 대표 소송을 제기할 수 있는 지분율을 현행 1%에서 0.05%로 낮추었다.

이번의 재벌 개혁에서 미국식 경영방식의 주요한 특징인 주주 이익의 우선, 투명한 경영, 책임 경영의 강화, 외부 감시체계의 도입 등을 받아들인 것은 장기적으로 우리 기업의 성장과 발전에 상당한 도움이 될 것이다.

아울러 시장점유율과 매출액 중심의 경영에서 벗어나 자기 자본 수익률(return on equity ; ROE)을 강조하는 방향으로 기업 경영이 전환되고 있는 것도 바람직한 변화라고 볼 수가 있다.

그러나 차입경영의 개선과 핵심부문 선정에 있어서는 아직 가시적인 결과는 없다. 다만 주거래 은행과 재벌들 간에 '재무구조 개선을 위한 약정'을 체결하도록 했다. 이를 통해 은행은 전과는 달리 대기업의 부채 비율을 줄이고, 구조 조정을 유도하는 적극적인 역할을 담당하게 되었다.

한편 정부는 재벌들간에 대규모 기업 교환, 즉 빅딜(big deal)을 주문하기도 했고 총수의 사재를 출자할 것을 종용하기도 했다. 또한 그룹별로 한계기업을 대폭 정리해서 주력기업을 3~6개 정도로 축소할 것을 권고하기도 했으며, 부채 비율을 1999년 말까지 200% 이내로 낮출 것을 요구했다.

이러한 주문은 대체로 바람직한 방향을 가리키고 있다. 즉 2~3년에 걸쳐서 재벌 개혁을 위해 반드시 이루어내야 할 것들이다. 그러나 이를 너무 서둘러서 조급하게 달성하려고 하는 것은 오히려 더 큰 부작용을 불러올 수가 있다. 재벌 개혁의 의지는 단호해야만 한다. 그러나 이를 하루아침에 이루려는 무리를 범하다가는 국민경제에 엄청난 비용을 초래할 수 있다.

재벌 개혁은 정부의 강요가 아니라 법과 제도에 의해 추진되어야만 (rule-based approach) 한다 (WSJ, 1998. 2. 25). 국민의 광범위한 지지에 기초하여 바람직한 방향으로 재벌 개혁을 추진할 수 있게끔 법과 제도를 정비해 놓고 대기업들이 이를 따르도록 유도하는 것이다. 즉 변화하라고 강요하지 않아도 스스로 변화할 수밖에 없도록 만들어야 한다. 이 방법만이 민주적인 절차에 따라 적법하게 재벌 개혁을 이루어낼 수 있는 제일 합당한 방식이다. 어설픈 강요에 의한 개혁은 일시적으로는 성공할지 모르나 정권이 바뀌면 다시 옛 모습으로 후퇴할 수가 있다. 이를 우리는 과거에 여러 차례 경험했다.

빅딜의 한 구상으로 현대가 LG에 석유화학을, LG가 삼성에 반도체를, 삼성이 현대에 자동차를 넘기는 3각 방식이 거론된 적이 있었다. 그러나 빅딜은 서로에게 도움이 되어야만 순조롭게 이루어질 수 있다.

먼저 현대의 경우 삼성자동차는 차종이 겹치며, 삼성차가 독자 모델이 아니어서 수출에 제한을 빚는다. 반면에 LG에 내주는 석유화학은 아깝기만 하다는 게 현대 생각이다. 한편 LG는 현대의 석유화학을 받아봐야 품목이 겹쳐 시너지 효과가 없다고 본다. 반면에 LG가 이미 10조 원의 자금을 투자한 장래의 유망사업인 반도체를 삼성에 내주기도 어렵다. 삼성도 LG반도체와는 제조기술과 설계방식이 서로 달라 시너지 효과를 낼 수가 없다고 주장한다. 즉 기술이 다르고 공정이 달라 합쳐봐야 2개 공장이 계속 존재하는 꼴이다 (한경 Business, 1998. 6. 30).

이렇게 볼 때 무리하게 빅딜을 추진하다 보면 오히려 1980년대 초 중화학 투자 조정 때보다 더 큰 부작용을 낳을 수가 있다. 시간이 걸릴지라도 업계 스스로 빅딜을 추진할 수밖에 없도록 압박을 가하는 제도적인 장치를 구축하는 것이 한국의 국제경쟁력을 강화하는 데 도움이 될 것이다. 김우중 (金宇中) 전경련 회장이 지적한 대로 「승패자가 없이 서로 주고받게 만들겠다」는 것이 오히려 경제적으로 의미가 있는 해결책이다.

1998년 9월 3일 5대 그룹은 현대전자 반도체 부분과 LG반도체의 합병을 비롯하여 석유화학·정유·항공기·철도차량·발전설비·선박용 엔진 등 7개 과잉·중복 투자 업종에 대한 구조 조정안을 합의해 발표했다 (서울경제, 1998. 9. 4.). 이는 정부와 여론에 등 떠밀려 이루어진 것이나 민간 자율에 의한 첫 대규모 사업 구조 조정으로서, 5대 그룹이 구조 조정에 나서겠다는 의지를 밝힌 것인 동시에 재벌 개혁의 물꼬가 터진 것으로 평가할 수 있다.

그 내용은 기업 교환 (빅딜)보다는 업종별로 단일 법인을 만들거나 인수·합병을 하는 형태를 취하고 있다. 따라서 주력 분야에 모든 역량을 집중하는 원래의 재벌 개혁의 목표와는 거리가 있다. 즉 지나친 다각화 전략과 선단식 경영을 개선하는 데는 미흡한 것이다.

또한 5대 그룹이 구조 조정을 위해 대출금의 출자 전환, 단기 부채의 장기 부채 전환, 세금 감면 등을 요구한 것도 기업 부실의 부담을 국민들에게 전가시키는 결과를 초래할 것이다. 정부 당국은 금융·세제 면의 지원을 어느 정도 할 예정이지만 이는 최소한에 머물러야 할 것이며, 우선 재벌들의 철저한 자구노력이 선행되어야 할 것이다.

이번의 구조 조정이 최종 성사단계에 이르기까지는 시일도 상당히 걸릴 것이며 난관도 적지 않을 것으로 예상된다. 그러나 과잉 설비의 축소, 고통 조정 등이 원만히 수반된다면 국제경쟁력을 강화하는 데 크게 기여할 수가 있을 것이다. 특히 반도체의 경우 구조 조정이 철저하게 시행된다면 지금보다 훨씬 더 강력한 국제경쟁력을 가질 것 (a more formidable global competitor)으로 기대된다 (AWSJ, 1998. 9. 4).

재벌 개혁은 이제 막 시작되었다. 원래의 기업 구조 조정의 목표에 부합되도록 재계 스스로가 신속하고 과감하게 개혁을 실천에 옮겨 우리 기업의 국제경쟁력을 한층 강화시켜야만 할 것이다.

그런데 차입 경영을 개선하고 핵심부문에 사업역량을 집중하는 데는 여러 가지 길이 있다. 증자를 통해 재무구조를 개선시킬 수도 있으며, 정부가 기금을 조성해 기업에 자금을 지원할 수도 있고, 은행의 기업에 대한 대출을 출자로 전환할 수도 있다. 한계사업을 매각할 수도 있고, 인원과 경비를 삭감할 수도 있으며, 부동산을 팔 수도 있다.

먼저 증자의 가능성을 보자. 1998년 3월 말 현재 우리나라 주식시장의 규모를 보면 시가 총액이 약 94조 원에 불과하다. 따라서 재무구조를 개선시킬 정도로 증자를 하는 것은 현재의 침체된 증시 상황 아래서는 오히려 주식시장의 몰락을 초래할 것이다.

한편 국·공채의 발행 잔액도 이미 70조 6천억 원 어치나 되어 정부가 추가로 채권을 발행해서 기업 투자기금을 조성하는 것도 현실적으로 어렵다. 이 밖에 회사채의 발행 잔액도 약 95조 원이나 되어 기업이 회사채를 발행해서 자금을 조달하는 것도 쉽지 않고, 외자 차입도 현재로서는 어렵다.

기업에 대한 은행의 대출을 출자로 전환하는 것은 고려해 볼 만한 방법이다. 워크 아웃에서도 이를 활용하려고 한다. IBRD도 누차 기업에 대한 금융기관의 부실채권을 출자로 바꾸는 방식 (debt -equity swap)이 필요하다고 강조해 왔다. 미국 재무부 장관 루빈도 이를 채택해야 한다고 주장했다 (WP, 1998. 7. 2).

그러나 이 방식을 추진하는 데는 세심한 주의가 필요하다. 대출은 담보를 잡고 하지만 출자 전환을 하면 기업이 부실해질 때 은행도 함께 부실해진다. 또한 은행의 기업 경영 능력에는 처음부터 한계가 있다. 이 방법을 시행하는 경우에는 일정 기간 동안 기존의 대출 담보를 그대로 유지하는 것이 오히려 동반 부실화를 억제할 수 있는 길이다.

매각을 위해 내놓는 한계사업도 사는 사람의 입장에서 볼 때는 별로 매력이 없는 경우가 허다할 것이다. 왜냐하면 이익이 별로 나지 않는 사업들을 팔려고 하기 때문이다. 또한 모두가 어려운 터에 매수 능력이 있는 국내 기업들도 없을 것이다.

부동산 매각, 인원과 경비 삭감, 한계사업 철수 등은 기업 안에서 할 수 있는 것들이므로 기업 내 (內) 구조 조정이라고도 한다. 부동산 매각을 보면 30대 그룹만도 약 17조 원에 달하는 부동산을 매각하길 희망하고 있다. 1997년 1월 현재 공시지가로 우리나라의 토지가액은 1,292조 원에 달한다. 그러나 지금처럼 부동산시장이 침체되어 있을 때는 원매자를 찾기가 어렵다. 이때 정부가 빨리 매각하라고 재촉하면 오히려 값만 떨어뜨리게 된다.

금융 개혁이나 재벌 개혁은 외자 도입에 의해서 상당한 도움을 받을 수가 있다. 이를 뒷받침하기 위해 정부는 외국인 투자에 대한 각종 규제를 철폐하였으며, 외국인에 의한 적대적인 인수·합병마저도 허용하였다. 즉 외국인이 이사회의 동의 없이도 전체 주식의 3분의 1까지 취득할 수 있도록 한 것이다. 또한 부동산시장도 개방하여 외국인의 토지 취득을 자유화했다. 이는 모두 외국인 투자를 활성화시키기 위한 조치이다.

사실 우리 기업들은 지금 은행의 신규 대출이 거의 끊긴 상태이고, 주식시장과 채권시장에서 추가로 증자를 한다든가 회사채를 발행하기도 시장 상황으로 볼 때 어렵다. 외자 차입도 쉽지 않다. 따라서 대부분의 재벌들은 생존을 위해서라도 일부 사업체를 매각해 돈을 조달할 수밖에 없다. 그런데 다른 국내 기업들도 인수 여력이 없으므로 결국 외국 기업에 의한 M&A가 탈출구로 남는다.

오래 전부터 우리 기업들은 세계 M&A 시장에 바겐세일감으로 무더기로 나와 있었다. 외국인들이 기업·부동산·유가증권 등 각종 자산을 사들이기 위해 서울로 몰려들면서 산업관광(industrial tourism)이 한창이다. 돈 있는 사람들은 모두가 서울을 쳐다보고 있다(NYT, 1997. 12. 27). 주가는 떨어졌고 환율은 높아서 미국 코카 콜라의 지분 15%만 가지면 한국의 상장사 776개의 모든 주식을 살 수 있을 정도이다(한경 business, 1998. 3. 17).

경제 위기에 휩싸여 있는 아시아의 여러 나라들 중에서도 한국은 외국인에 의한 M&A가 제일 활발한 나라이다. 정부 당국이 재벌을 해체하려 하고, 부채 비율도 급속히 낮추라고 지시하여 외국인 투자를 받아들일 수밖에 없다는 것이다. 공기업도 매각해 2년 안에 약 1백억 달러를 조달하려고 한다(WP, 1998. 5. 24).

지금까지 성사된 외국인에 의한 국내 기업의 M&A의 예를 몇 개 들어보면 현대전자가 미국 현지법인인 심비오스 로직을 7억 7,500만 달러에 매각했다. 대상그룹은 알짜배기인 라이신 사업부를 독일 바스프사에 6억 달러에 매각했다. 쌍용그룹도 알토란 같은 쌍용제지를 미국 P&G사에 2,350억 원을 받고 팔았다. 삼성중공업도 스웨덴의 볼보사에 중장비 사업 부문을 약 7억 달러에 팔기로 합의했다.

앞으로 시간이 흐를수록 외국 기업에 의한 국내 기업의 우호적인 M&A는 점점 더 늘어날 것이다. 30대 그룹 모두가 일부 계열사나 부동산을 외국에 팔려고 한다. 국민의 재산을 관리하는 청지기로서의 역할을 제대로 다하지 못한 결과이다. 후회막급이고 아깝기 짝이 없지만 별다른 도리가 없다.

그러나 다른 한편으로 외국 기업들이 동남아에 비해 특히 우리 기업을 선호하는 이유에 주목할 필요가 있다. 인력이나 기술 수준이 뛰어난 이외에 훌륭한 산업기반을 갖추고 있기 때문이다. 예를 들면 대만은 중소기업 중심의 부품산업이 주를 이룬다. 싱가포르는 규모가 너무 작고, 말레이시아는 첨단 부문의 기술자가 부족하다.

따라서 국내 기업을 인수하여 중국이나 동남아 진출의 교두보로 삼고자 한다. 《포춘(Fortune)》지는 한국을 아시아 최적의 투자국으로 꼽았다고 한다. 국내 기업을 우리로서는 팔 수밖에 없는 처지지만, 이러한 이점을 활용하면 얼마든지 공정하게 제 값을 받고 팔수가 있을 것이다 (김은상 KOTRA 사장, 매일경제, 1998. 8. 3).

1998년 2/4분기 중 구미 선진국 기업에 의한 아시아 기업의 매수액은 65억 8천만 달러를 기록했다. 그런데 조사대상국인 일본·한국·홍콩·말레이시아·태국 및 인도네시아 등 6개국 가운데 한국 기업의 매수가 35억 달러로 반 이상을 차지했다. 일본 기업의 매수는 20억 달러로 두 번째였다. 한국 기업이 압도적으로 많이 매각되고 있는 것이다. 이는 그만큼 우리 기업이 매력적임을 나타낸다.

국내 금융기관이나 기업에 대한 외국 자본의 참여는 불가피한 동시에 바람직한 측면도 있다. 그러나 국내 자산이 헐값으로 외국인의 손에 넘어가는 것을 막기 위해 다양한 수단을 동원할 필요가 있다. 기업에 대한 은행 대출을 출자로 전환하려는 것도 바로 이 때문이다. 정부의 의무는 외국인의 이해를 존중하면서도 한국인의 이익을 우선적으로 보호하는 방향으로 개혁을 추진해 나가야 한다(FT, 1997. 12. 29).

그런데 지금까지는 외국인 직접투자(FDI)를 그렇게 꺼리더니 이제는 정반대로 우리 기업을 외국에 파는 것이 무슨 큰 자랑거리인 것처럼 얘기하곤 한다. 사람들의 생각이 한쪽 끝에서 다른쪽 끝으로 옮겨간 것이다. 이러한 때일수록 중용을 지키며 균형 있는 생각을 하는 것이 필요하다. 세계 어느 나라 사람이든 자기 나라 기업이 남에게 팔리면 편치 않은 것이 당연하다. 지난 1980년대에 미국이 일본에 적지 않은 기업과 부동산을 팔았을 때 미국인들의 반응을 기억할 것이다.

불가피하게 국내 자산을 외국에 팔 수밖에 없을 때는 제 값이라도 받고 팔아야 한다. 그래야 후일 정치·경제적으로 비판을 면할수 있다. 아울러 가능하면 우리나라 재산은 우리 손으로 지키려는노력도 기울여야 마땅하다.

당분간은 자금난 해소와 사업 구조 조정을 위해 계열사의 매각이봇물을 이루고 있어서 외국 기업들은 주로 우호적 M&A에 치중할것이다. 그러나 계열사 지급보증이 해소되고 회계의 투명성이 확보되면 적대적 M&A도 일어날 것이다 (동아일보, 1998. 3. 18).

기업의 M&A가 이루어지는 기업 지배권시장(market for corporate control)은 특히 미국이 상당히 발달되어 있다. 이는 기업 경영의 외부 감시기능을 활성화시킴으로써 경영이 부실한 기업의 지배구조를 변혁시키는 순기능이 있다. 그러나 다른 한편으로 국내우량기업의 경영권을 염가로 탈취함으로써 국부가 유출되는 심각한문제점도 있다.

이미 외국인들의 지분율이 30%를 넘어선 우량기업이 1998년 3

월 현재 28개사에 달한다. 그런데 이들 중에는 국내 최대 주주의 지분율이 10~20%대에 불과한 회사가 적지 않다. 세계적인 반도체 회사인 삼성전자, 국내 최고의 우량기업 SK텔레콤, 가장 많은 지점망을 가진 국민은행, 손보업계 부동의 1위인 삼성화재의 경우 대주주의 지분율보다 외국인 지분이 월등히 많다. 따라서 이론적으로는 외국인들이 추가로 주식을 매입하지 않더라도 지분결합만으로도 경영권을 장악할 수 있다.

이제 우량기업의 경영권 방어는 시급한 과제가 되었다. 이를 위해서는 자사주 매입으로 내부 지분율을 높이고, 은행 등 기관투자가들을 중심으로 우호세력을 확대해 나가야 한다. 또한 지주회사의 설립을 명실공히 허용함으로써 적대적 M&A로부터 경영권을 방어할 수 있도록 해야 한다.

경쟁과 상호 협력

전략적 제휴(strategic alliances)도 경영권을 방어하는 데 중요한 수단이 될 수 있다. 원래 전략적 제휴란 기업들이 각자의 독립성을 유지하면서 특정 분야에서 서로 협력하는 것이다. 이는 1990년대에 들어와 선진국 기업들의 기본적인 경영기법의 하나로 자리잡았다. 그 이유는 어떤 기업이든 혼자서 모든 것을 다 잘하기는 어렵기 때문이다.

이미 지난 1984년에 라이벌인 미국의 GM과 일본의 도요타가 미국에 합작회사를 설립했다. 일본 차의 급부상으로 위기를 느낀 GM은 일본의 소형차 기술을 비롯한 새로운 생산방식과 노사관리 시스템을 배우는 기회가 되었고, 도요타는 환경규제에 대한 대처방안과 부품조달 시스템을 배우는 동시에 미국시장에 진출할 수 있는 교두보를 확보할 수가 있었다. 이는 가장 성공적인 사례로 꼽히고 있다.

그런데 전략적 제휴는 상대방 기업으로부터 핵심역량을 이전받기 위한 것이다. 예를 들어 제품 개발과 마케팅에 강한 두 회사가 전략적인 제휴를 함으로써 서로 부족한 점은 메우고 강점은 활용하는 것이다. 따라서 전략적 제휴는 서로 대등한 관계에서 핵심역량을 주고받을 수 있을 때 성공할 확률이 가장 높다.

지난 1984년 대우와 GM 사이의 제휴가 실패한 이유는 양자간의 관계에 종속적인 면이 농후했기 때문이다. 대우는 오히려 생산 차종의 선정, 수출, 투자 등에 있어서 합작사인 GM의 간섭을 받게 됨으로써 1980년대 후반기에 자동차 수요가 국내외적으로 급증했을 때 이를 제대로 활용할 수가 없었다.

현재 또다시 기아자동차의 매각을 포함하여 국내 자동차산업의 구조 조정을 추진하는 데 있어서 미국의 GM, 포드 등과의 전략적 제휴가 주요한 수단의 하나로 등장하고 있다. 그러나 분명한 것은 구조 조정의 당면 목표가 과잉 설비로 빚어진 자동차산업의 심각한 어려움을 극복하는 데 있다는 것이다. 미국 기업과의 제휴는 그 수단의 하나에 불과하다. 그런데도 마치 외국 기업과 전략적 제휴를 하면 모든 문제가 해결되는 것처럼 생각하고 있다.

예를 들어 현대 · 대우 · 기아 · 삼성 등 자동차 4사들이 미국 기업들과 제휴를 해서 그대로 모두 시장에 남아 있다면 이는 진정한 뜻에서의 구조 조정과는 거리가 멀다. 사실 바람직한 것은 외국 기업과 전략적인 제휴를 하기 이전에 이미 국내 4사들끼리 먼저 M&A와 제휴를 했어야 한다.

외국 기업과는 M&A를 하면서 우리 기업끼리는 못한다는 것은 말도 안된다. 특히 우리 재벌들은 선의의 경쟁을 하면서도 상호 협력해야 하며 결코 감정적으로 적대관계가 되어서는 안된다. 더구나 대기업은 총수의 개인 소유가 아니라 국민의 것이다.

그러나 현실을 보면 우리 자동차 회사들은 심지어 부품 표준화도 한사코 하지 않고 있어 각사의 부품 협력업체가 다른 기업에는 납품을 할 수 없게 만들고 있다. 일본은 한 부품업체가 여러 회사에 납품을 하나 우리는 한 부품업체가 한 회사에만 납품을 한다. 경제적인 면을 떠나 정말 부끄럽기 짝이 없는 일이다 (주간 상의, 1998. 3. 16).

국내 자동차 회사는 국내외 수요에 비추어볼 때 많아도 3개를 넘을 수는 없다. 외국 기업과의 제휴도 이러한 전제하에서 해야 한다. 또한 제휴의 목적과 내용도 분명해야 한다. 1980년대의 전철을 되풀이해서는 결코 안된다. 외국 기업과 제휴를 하는 것 자체가 중요한 것이 아니다. 제휴의 내용이 더 중요하며, 이것이 우리 자동차산업의 국제경쟁력 강화와 구조 조정에 얼마나 기여할 수 있는가 하는 것이 중요한 것이다.

제일 경계해야 할 일은 외국 기업의 힘을 빌려 우리끼리 싸우는 것이다. 또한 자금의 수혈이 너무 시급한 나머지, 전략적인 제휴가 국내시장만 내주고 수출 등에는 각종 제한과 간섭을 받는 종속적인 형태로 맺어지는 것이다. 이는 자동차산업을 몇십 년 뒤로 퇴보시키는 결과를 초래할 수 있다.

우리 스스로 먼저 M&A를 하고 빅딜을 할 수는 없는가? 특히 4대 재벌은 외국 기업보다 국내의 경쟁자가 그렇게 미운가? 진정한 기업의 소유자인 국민들의 뜻에 부응하는 M&A와 빅딜을 재벌 스스로 반드시 이룩할 수 있어야만 한다.

현대석유와 삼성종합화학 공장은 충남 서산의 유화(油化) 단지 내에 자그마한 산을 하나 사이에 두고 2km 가량 떨어져 있다. 그런데 두 공장 간에 최근 파이프 라인을 연결해서 석유화학의 기초 원료를 서로 교환할 수 있게 되었다 (한국일보, 1998. 7. 18).

이번의 배관 개통으로 약 50억 원의 물류비를 줄일 수 있는 것은 물론 재계의 영원한 맞수인 삼성·현대의 상호 협력에도 훌륭한 선례가 되었다. 선의의 경쟁을 하면서 우리도 서로 협력할 수 있다는 실증을 보인 것이다. 제일 기뻐할 사람은 국민들이다.

가을철이면 나는 늘 오랜 전통의 연고전에 간다. 명문 사학의 맞수인 고려대와 연세대의 경기를 보기 위해서다. 양교 응원단의 모교애는 세계 어디에 내놔도 손색이 없다. 그런데 응원가를 서로 동시에 목청이 떠나가라 부르는 통에 관중은 경기 내내 귀가 멍멍하다. 만일 한 편이 부를 때 다른 편은 쉰다면 관중 모두가 응원 모습을 잘 관람할 수가 있을 것이다. 선의의 경쟁 속에서 서로 협력하는 것이 필요한 또하나의 보기이다.

지난 30여 년 동안 우리는 대기업을 중점적으로 육성하여 첨단산업 분야에서 자체 상표를 달고 선진국과 경쟁하는 것을 산업정책(industrial policy)의 주된 목표로 삼았다. 그 결과 일본에 이어 발전도상국 가운데서는 유일하게 우리도 어느 정도 이를 달성할 수가 있었다. 반면에 대만은 부품 생산 위주로 틈새시장을 공략했으며, 동남아는 주로 외국인 직접투자를 활용하여 경제발전을 해왔다(이제민, 연세춘추, 1998. 4).

그런데 대만과 동남아 방식은 성장 잠재력의 측면에서 볼 때 문제가 있다. 따라서 앞으로도 우리는 지금까지의 산업화정책의 기본 골격을 그대로 유지하면서 대만과 동남아 방식을 부분적으로 수용하는 신축성이 필요할 것 같다. 또한 미국식의 중소기업 위주의 벤처기업형 발전전략도 일부 수용해야 되리라고 본다.

김대중 대통령이 누누이 강조한 바와 같이 외국인 직접투자(FDI)의 적극적인 유치는 현재의 경제 위기를 극복하는 데 주요한 수단이 된다. FDI가 들어오면 우리가 지금 제일 목말라하는 달러만 유입되는 것이 아니다. 선진기술과 경영기법도 도입된다. 아울러 일자리도 창출된다. 이처럼 FDI는 경제를 활성화시키는 데 커다란 도움이 된다.

지금까지 우리는 외자 도입을 하는 데 있어서 주로 차관에 의존했고 FDI는 별로 받아들이지 않았다. 아마도 우리의 국수주의적인 경향이 이런 결과를 초래했을 것이다. 그러나 한국 경제에 새로운 활력을 불어넣기 위해서는 FDI의 적극적인 도입이 필수적이라 생각된다.

영국이 FDI에 의존해 경제를 회생시킨 것은 우리에게도 좋은 본보기가 된다. 현재 영국 내의 외국인 투자기업은 전체 제조업체의 5%에 불과하다. 그러나 전체 영국 제조업 생산의 24%, 고용의 18%, 투자의 32% 및 수출의 40%를 차지하고 있다(주간 상의, 1998. 4. 13). 영국이 FDI에 우호적인 환경을 만들어놓은 결과이다. 한국의 유럽연합(EU)에 대한 투자(허가 기준)의 50% 이상이 영국에 집중되고 있음은 이를 반영한다.

우리도 외국인 직접투자의 인허가 절차를 간소화하고, 규제를 대폭 철폐하며, 토지 취득도 자유화하는 등 FDI의 도입을 촉진시키기 위한 여러 가지 정책을 채택하였다. 현재 외국인 보유 토지는 국토 전체의 0.02%로서 OECD 국가 중 그 비율이 제일 낮은 핀란드의 0.4%와 스위스의 1%보다도 훨씬 낮다.

외국인의 부동산 투자는 단기의 투기성 자금과는 달리 장기 투자이다. 또한 거주자에게만 토지 소유를 허가했으므로 투기의 염려도 없다고 하겠다. 아울러 현재 우리가 겪고 있는 자산 디플레 현상을 방지하는 부수적인 효과도 있다.

FDI에 대해 우호적인 환경을 만들려면 「땅이나 부동산을 샀다고 외국인들이 이를 짊어지고 가는 것은 아니다」 하는 느긋한 마음이 필요하다. 또한 한국 IBM이 영국의 윈야드에 있는 삼성전자보다 우리 국민경제에 더 큰 도움을 준다는 발상의 전환이 필요하다.

문을 닫아 잠그는 것보다는, 예를 들어 FDI가 국민경제 전체에서 10% 정도의 비중을 차지하도록 개방하는 것이 장기적으로 우리 경제에 더 큰 도움이 될 것이다. 즉 브라질이나 멕시코처럼 FDI가 국내 경제를 좌지우지할 정도가 돼서는 결코 안되지만, 어느 정도 FDI를 허용하는 것은 우리 국익에 부합한다.

끝으로 주식시장에서 외국인 투자가들의 동향을 살펴보자. 1998년 3월 현재 외국인의 보유 비중은 이미 20%를 넘어서 국내 기관 투자가들의 지분을 웃돌고 있다. 특히 이들은 포항제철·한국전력 등 국내 증시를 움직이는 10대 대형주(blue chips)의 매입에 치중하여 이들의 유통주식 가운데 절반 이상을 보유하고 있다.

유통주식은 총 발행주식 가운데 대주주 보유분, 자사주, 정부 소유 등 매매가 자유롭지 않은 것을 뺀 것이다. 그런데 10대 대형주의 주가 등락이 종합주가지수에 미치는 영향도가 40%에 달한다. 따라서 이제 외국인 투자가들이 한국 증시를 좌우하는 상황이 된 것이다.

이처럼 외국인에 의해 과도하게 영향을 받는 취약한 증권시장은 커다란 문제이다. 1997년 말 현재 상장기업의 최대 주주 지분율 평균은 32.5%였다. 그러나 상당수 우량기업의 경우는 이보다 훨씬 낮다. 따라서 20%를 넘어선 외국인 보유지분율은 다수 우량기업들의 경영권을 위협하기에 충분한 것이다.

IMF 시대를 맞아 우리 기업들이 인원 감축·경비 절감·투자 연기 및 한계사업 정리 등 수비지향적이고 소극적인 전략에만 초점을 맞추고 있는 것 또한 문제점으로 지적되었다.

미국의 앤더슨 컨설팅사는 앞으로 2~3년 이내에 한국 경제는 반드시 회복될 것이므로 현재 아무리 어렵더라도 그때에 대비하여

R&D 투자 확대, 수출 확대를 통한 경쟁력 회복 등 적극적이고 공세적인 경영전략을 펴나가야 한다고 충고했다. 이는 지극히 타당한 충고라고 생각한다. 지금처럼 움츠러들기만 하다가는 세계시장 점유율이 크게 떨어지고 말 것이기 때문이다.

특히 우리는 지난 2백여 년 동안의 산업사회 (industrial society)를 뒤로 하고 정보사회 (information society)로 접어드는 전환기에 처해 있다. 지난 시대가 자동차·철강 등 공산품 중심의 사회였다면 이제는 정보와 지식이 중요해지는 지식기반 사회가 펼쳐지고 있는 것이다. 이러한 때에 경제 위기의 주된 요인인 고비용·저효율 체제의 극복을 위해서도 컴퓨터 등 정보기술 (information technology ; IT)을 활용하는 정보화를 정부, 금융 및 기업 경영에 적극 도입할 필요가 있다. 장기적으로도 정보화는 21세기를 대비할 수 있는 훌륭한 방책이 된다.

정보화를 위한 투자는 인력과 경비의 감축을 가능케 하는 동시에, 각 부문의 생산성을 크게 증대시킬 뿐만 아니라 행정의 전산화를 더욱 촉진시킨다. 따라서 기존의 주민등록과 토지종합정보망의 가동 및 21세기의 필수적인 인프라 (infrastructure)인 초고속 정보통신망의 구축을 서둘러야만 한다.

금융 부문의 경우에도 전산관리 시스템을 확충하고 홈 뱅킹을 더욱 활성화시켜야 한다. 기업 경영에 있어서는 컴퓨터를 활용한 공장·사무 자동화, 경영 관리의 모든 분야에 걸친 전산 시스템의 도입, 인터넷의 활용 증대, 네트워크나 국제 정보통신망을 통한 정보의 적극적인 활용 등을 추진해야 한다.

미국의 경우 현재 IT에 대한 투자는 기업의 설비 투자 중 무려 45%나 차지한다 (미국 상무부, The Emerging Digital Economy, 1998). 우리도 단기적으로는 현재의 경제 위기의 근본 원인인 고

비용·저효율 체제를 극복하고, 장기적으로는 정보화 시대를 앞당기기 위해서 행정·금융·기업 등 각 분야에서 정보화 투자를 대폭 확대시켜야 한다.

위기는 동시에 기회를 제공한다. 어렵다고 위축되기만 해서는 미래를 도모할 수가 없다. 김우중(金宇中) 대우그룹 회장이 1998년 4월 21일 재외공관장 연찬회의에서 지적하였듯이, 현재의 경제 위기를 극복하기 위해 제일 필요한 것은 실망과 좌절에서 벗어나 용기와 자신감을 갖는 것이다.

제6장
기본을 바로세워야 한다

김구 (金九) 선생은 〈백범일지 (白凡逸誌) 〉에서
자신이 바라는 독립된 조국의 모습을 그렸다.
이는 경제적으로 부강한 나라이기보다는
문화적으로 다른 나라의 존경을 빛을 수 있는 국가였다.
즉 경제대국보다는 문화대국이기를 원했다.

타율에서 자율로

지난 1962년 제1차 경제개발 5개년 계획을 실시하기 시작한 후 작년의 경제 위기를 맞기까지 35년 동안 우리는 선진국을 따라잡기 위해 앞만 보고 열심히 뛰어왔다. 공업화·도약·근대화의 기치를 높이 내걸고 온 국민이 땀 흘려 일했다.

그 결과 우리는 무(無)에서 유(有)를 창조해 냈다. 사람 이외에는 아무런 자원이 없는 나라가 놀랍게도 선진국의 문턱에 들어서고 있었다. 우리는 아시아에서 일본, 중국과 더불어 세계 경제에 상당한 영향을 미치는 '큰 나라'로 우뚝 솟았다.

선두주자인 영국은 물론이고 후발국인 일본에 비해서도 우리는 너무 늦게 공업화를 시작했다. 따라서 서두를 수밖에 없었고, 경제 성장을 급속히 추진할 수밖에 없었다. 그래야만 이들 선진국과의 격차를 하루빨리 줄일 수 있었기 때문이다.

그러나 매사에 서두르면 부작용이 뒤따르게 마련이다. 예를 들어 보자. 그 동안 우리는 경제 운영을 시장에 맡기기보다는 정부가 주도하여 경제성장을 도모해 왔다. 그 폐해는 현재 부실화된 관치금융에서 단적으로 드러나고 있다. 이 밖에 재벌 중심의 성장을 하다보니 대기업과 중소기업이 공생공영 (共生共榮)하지 못했다. 즉 중소기업의 기반이 취약하기만 한 것이다.

농업과 공업도 고르게 성장하지 못했다. 공업화 우선주의 때문에 오늘날과 같은 개방화 시대에 우리 농업은 체질이 허약하기 짝이 없다. 지역적으로 고루 발전하지 못하고 서울·인천 및 경기도 등 수도권에 과다 집중 현상이 일어난 것도 심각한 부작용의 하나이다. 그 결과는 교통난, 주택난 등으로 나타났다. 경제성장에만 치중하다 보니 환경오염 또한 심각해졌다. 공기·물·토양의 오염이 커다란 문제가 된 것이다. 무엇이든 빨리빨리 서두르면서 추진한 결과는 각종 건설공사의 부실에서도 잘 드러난다. 지난 35년 동안의 시대 상황을 대표적으로 보여주는 예일 것이다.

그러나 급속한 경제성장이 초래한 많은 부작용에도 불구하고 우리가 이룩한 훌륭한 업적에 대해서는 무한한 자긍심을 가질 만하다고 본다. 그 원동력은 바로 우리 민족이 지닌 위대한 저력이었다. 비록 지금은 우리가 매우 큰 어려움에 직면해 있을지라도 한국 경제의 장래에 대해 강한 믿음과 자신을 갖는 이유도 바로 이러한 한국인의 힘을 굳게 믿기 때문이다.

실업자의 엄청난 증가, 기업들의 무더기 도산, 물가 상승 및 소득의 삭감 등 급변하는 세계에 제대로 대응하지 못해 치르는 고통과 비용은 말할 수 없이 크다. 경제 위기로 수많은 국민들이 흠씬 매를 맞고 있는 것이다.

선진국의 문턱에서 급제동이 걸린 지금, 우리는 선진국이 되는 것이 얼마나 힘든 일인지 뼈저리게 느끼고 있다. 그야말로 비싼 수업료를 내고 있는 것이다. 가계·기업·근로자 등 모든 경제주체가 선진국이 되기 위한 고통스럽기 짝이 없는 학습과정(learning process)을 겪고 있다고 볼 수 있다.

여기서 우리가 스스로에게 물어보아야 할 질문은 이토록 흠씬 매를 맞고 모진 고통을 당하고 나면 전보다 훨씬 강해져야만 하는데 과연 그럴 수 있겠는가 하는 것이다. 즉 우리가 과연 역사에서 교훈을 얻을 수 있겠는가 하는 것이다.

이 질문은 정말로 심각한 것이다. 왜냐하면 우리의 지난 역사를 돌이켜볼 때 우리는 잘못을 반복해 오고 있기 때문이다. 〈징비록〉에서 보듯이 임진왜란의 참화는 그야말로 혹독한 것이었다. 그러나 그 이후에 전개된 양상을 보면 임진왜란을 겪고도 우리는 변하지 않았다. 그 모진 수모와 고통을 겪고도 우리는 다시 새롭게 태어나질 못했다. 그런 일이 다시는 일어나지 않도록 스스로 잘못을 고쳤어야 하는데 그렇게 하질 못했다. 사람이 바뀌는 것은 정말 힘든 일이다. 그 참혹한 임진왜란을 겪고서도 변하지 않았기 때문에 우리는 20세기에 들어와 다시 일제 식민지가 되는 역사의 질곡에 빠져들고 말았다.

임진왜란은 지금으로부터 약 4백 년 전의 일이다. 너무 오래 전 일이라 얼핏 보면 현재와는 동떨어진 일로 생각될지도 모른다. 그러나 이는 아주 잘못된 생각이다. 긴 역사의 흐름에서 보면 4백 년이란 결코 그렇게 오래 전이 아니다.

새 정부가 들어설 때마다 의식 개혁이 중요하다고 말한다. 실제로 한동안 의식 개혁 운동을 벌이기도 한다. 그러나 긴 역사의 흐름에서 보면 사람이 바뀐다는 것이 얼마나 힘든 일인지 곧 깨닫게 된다. 형식적으로 몇 년간 의식 개혁 운동을 벌인다고 될 일이 아닌 것이다.

20세기 말과 1천년대의 말이 겹쳐 있고, 여기에 IMF 사태까지 겪게 되었다. 온 국민, 특히 지도층부터 철저한 위기의식을 가져야 마땅하다. 철저한 개혁을 통해 완전히 바뀌고 새롭게 태어나야만 비로소 살아남을 수가 있다는 깨달음이 절실히 필요하다. IMF가 문제가 아니라, 모든 것이 우리 자신이 어떻게 하는가에 달려 있는 것이다.

지난날의 관성이나 타성에서 벗어나야만 한다. 모든 것을 원점에서 새롭게 생각해야 한다. 개혁도 조금씩 천천히 할 것이 아니라 과감하게 추진해야만 한다. 만일 개혁이 지지부진하여 전과 비교해 보아 별로 달라지지 않는다면 IMF 사태 같은 일은 앞으로도 얼마든지 재발할 수가 있다.

과거에 비해 대외 여건이 크게 변한 것은 이제 한국 경제가 거의 완전히 개방되었다는 것이다. 자본시장의 개방이 좋은 예이다. 따라서 외국인 투자가 또는 시장이 우리 경제를 어떻게 평가하는가가 매우 중요해졌다. 만일 개혁이 제대로 진행되지 않아 시장의 신뢰를 잃게 되면 금세 환율은 뛰고 금리는 오르며 주가는 떨어지는 일이 언제든 일어날 수가 있다. 시장이 우리가 하는 모든 행동을 감시하는 역할을 하는 것이다.

우리뿐만이 아니다. 세계 제2위의 경제력을 가진 일본도 시장의 힘 앞에서는 어쩔 도리가 없다. 개혁 성향이 취약한 오부치 게이조〔小淵惠三〕가 총리로 당선되자 일제히 엔화가 떨어지고 닛케이 주가지수가 하락했다. 이제는 총리도 마음대로 뽑을 수 없는 세상이 된 것이다.

IMF 사태에 직면하여 특히 각 분야의 지도층이 완전히 변할 수 있을까? 새롭게 다시 태어날 수 있을까? 일본을 앞지를 수 있는 좋은 기회인데 이를 충분히 활용할 수 있을까? 다시는 미국·일본·EU 등 선진국들에게 손 벌리지 않아도 되게끔 자립기반을 구축할 수 있을까? 지속적인 개혁을 통해 스스로를 다스릴 수 있는 자치·자율의 새 시대를 열어갈 수 있을까? 2년 정도 모든 국민들이 공평하게 고통을 분담하고 이 난국을 슬기롭게 극복하여 21세기에는 더욱 강한 나라로 세계 무대에 다시 등장할 수 있을까? 그리하여 IMF 사태가 정말 '감춰진 축복'이라고 훗날 평가될 수 있을까?

이런 질문들에 대해서 그렇다고 자신 있게 대답할 수 있는가는 전적으로 우리 스스로의 의지에 달려 있다. 모든 것이 우리 하기 나름인 것이다. 지난날처럼 과거의 잘못을 되풀이하면서 다른 나라한테 모진 고통과 수모를 당하는 것은 앞으로도 계속될 수 있다. 사실 지난 4백 년 동안 우리는 늘 그렇게 살아왔다.

그러나 임진왜란, 일제 강점, 6·25 전쟁, IMF 사태 같은 계속되는 민족의 시련에도 불구하고 우리가 변하지 않고 개혁하지 않아 앞으로 이와 비슷한 일이 또 일어난다면 우리 자신의 처지가 너무나 비참하지 않겠는가? 어떻게 늘 남에게 의존하며 비굴하게만 살아가는가? 왜 자신의 일을 스스로 해결하지 못하고 남에게 폐를 끼치는가?

이번에 우리는 반드시 변해야만 한다. 새롭게 태어나야만 한다. 그래야 21세기에 한민족의 생존이 가능하다. 먼저 우리도 할 수 있다는 굳은 의지, 신념, 확신을 갖자. 자치할 수 있고 스스로 개혁할 수 있다는 자신감을 갖자. 남에게 기대지 않고 우리 스스로를 다스려보자. 비굴한 대외 의존의 역사는 20세기로 끝내보자. 민족의 위대한 힘을 한군데로 모아보자. 국론을 통일해서 우리의 저력을 십분 발휘해 보자. 새로운 역사를 시작해 보자.

우리는 그 동안 타율(他律)의 시대를 살아왔다. 이제는 그런 우리 모습에 식상했다. 개혁·자치·자율의 새 시대를 열 때가 되었다. 자신을 가지면 얼마든지 이룰 수가 있다. 나부터 변하자. 특히 지도층 자신부터 수범을 보이자. 21세기 선진·통일 한국의 희망찬 비전을 모두가 가슴에 품어보자. 자신이 있고 신념이 있고 확신이 있으며 굳은 결의가 있다면 이 세상에 못할 일은 없다. 이번에는 우리 모두가 완전히 변한 모습으로 새롭게 태어나자. 그리하여 기초가 튼튼한 선진국의 초석을 놓아보자.

가치관도 변해야 한다. 모든 것을 양(量) 중심에서 질(質) 위주로 바꿔야 한다. 중요한 것은 외양이 아니라 내실임을 깨달아야 한다. 효율이나 생산성을 중시해야 한다. 정치·행정·기업·가계·교육·언론·문화 등 모든 분야에서 효율과 생산성을 두 배로 높이고, 낭비 요소를 철저하게 추방해야 한다. 일은 전보다 두 배 열심히 하고, 에너지 등 각종 비용은 반으로 줄여야 한다. 또한 땀 흘려 열심히 일하는 것과 더불어 새로운 아이디어를 끊임없이 창출해내야 한다.

우리끼리 다투는 소모전도 즉각 중지해야 한다. 여야가 파쟁을 벌이고 노사가 분규를 하는 것도 멈춰야만 한다.

정책의 우선순위도 GDP를 늘리는 경제성장(economic growth)에만 치중하던 데서 벗어나 이제는 경제발전(economic development)을 지향해야 한다. 먼저 취약하기만 한 중소기업과 농업을 진흥시키고 수도권 집중을 완화하며 교통혼잡과 주택난을 해결해야 한다. 환경 보존에도 각별한 신경을 써야 한다. 즉 경제성장 일변도에서 벗어나 '삶의 질'을 중시하는 경제발전으로 무게중심이 옮겨가야 한다.

IMF 사태를 맞아 우리는 완전히 변하고 새롭게 태어나길 열망한다. 그러나 이것은 IMF 사태를 극복한 후에도 계속되어야 한다. 어려울 때만 변하고, 좋아지면 다시 예전의 모습으로 되돌아간다면

아무런 의의가 없다. 살아남기 위해, 선진국이 되기 위해 이번에
우리 모두 완전히 변화해야 한다.

문화대국을 꿈꾸며

　김구(金九) 선생은 〈백범일지 (白凡逸誌)〉에서 자신이 바라는 독립된 조국의 모습을 그렸다. 이는 경제적으로 부강한 나라이기보다는 문화적으로 다른 나라의 존경을 받을 수 있는 국가였다. 즉 경제대국보다는 문화대국이기를 원했다.

　지난 35년 동안의 급속한 성장에 힘입어 우리의 국민소득은 1백 달러 미만에서 경제 위기를 당하기 전에는 1만 달러 수준까지 크게 늘어났다. 그러나 문화 수준은 오히려 1만 달러 수준에서 1백 달러로 급속히 떨어졌다.

　우리 주위를 둘러보라. 삭막하고 메마르고 피폐하기 짝이 없는 것이 오늘날 우리의 사회상이다. 무릇 모든 사회가 제대로 작동하려면 사람이 귀한 사회, 사람이 중심이 되는 사회가 되어야 한다. 그러나 우리 현실은 서로 남이 싫고 이웃이 싫은 사회로 변하고 말았다. 제일 비근한 예가 자동차 문화이다.

　서울은 세계에서 운전하기가 가장 힘들고 짜증스러운 곳이다. 운전하는 방식이 거칠기 짝이 없다. 대체로 남에게 양보하기보다는 공격적으로 운전한다. 서로 욕하며 손가락질하는 것이 예사이다. 남을 배려하는 마음의 여유는 어디에서도 찾아보기 힘들다. 아침 출근길부터 모두가 불쾌하고 짜증스럽게 하루를 시작한다.

우리 모두가 스스로 이런 사회를 만들어낸 것이다. 일상생활을 하는 데 쓸데없는 군힘이 너무 많이 드는 사회가 된 것이다. 남을 탓할 필요가 없다. 너나없이 대부분 잘못을 저지르고 있다. 서로 남에게 눈을 부라리고 쌍심지를 켜면서 하루를 시작하는 사회가 건강한 사회일 수는 없다. 조금만 서로 양보하고 웃으며 손을 흔들어 보이면 매사가 기름을 친 듯 잘 굴러갈 텐데, 서로 조금도 지지 않겠다고 아귀다툼이다.

교통 문화에 관한 한 우리는 매일 전쟁을 치르고 있는 것 같다. 1994년의 경우 도로교통 사고로 인한 사상자수는 무려 36만 1천명으로 매일 평균 1천 명꼴이었다. 인구 10만 명당 사망자수도 23명이나 되어 OECD 국가 중 포르투갈에 이어 두 번째이다. 일본은 10명이다 (통계청, 「OECD 국가의 주요 통계지표」, 1996. 12).

일본의 한 경제계 인사의 말이 귓전을 때린다. 한국이 도대체 어떻게 선진국 클럽인 OECD에 가입할 수 있었는가? 보행자는 무단횡단을 하며 버스는 차선을 무시하고 질주하는 등 아주 기본적인 교통질서도 지키지 못하는 나라가 어떻게 선진국이 될 수 있는가?

우리는 언제부터인지 늘 웃으며 작은 일에 감사하고, 서로 양보하는 여유가 있고, 남에게 봉사하는 데서 즐거움을 찾고, 서로 믿는 그러한 사회 분위기에서 멀어지고 말았다. 그러나 이런 것들은 건강한 국가가 존립하는 데 필요한 가장 기초적인 필수요건이다.

외국인들은 우리를 보고 무섭다고들 한다. 늘 화가 난 표정이며 웃음이 없기 때문이다. 또한 지위가 높은 사람에서 낮은 사람에 이르기까지, 가난한 사람이든 부자든 간에 불평·불만으로 가득 차 있다. 자기가 선 자리에서 최선을 다하는 진실한 모습을 찾아보기가 힘든 것이다.

언젠가 말레이시아의 수도인 콸라룸푸르에 간 일이 있었다. 공항에서부터 시내로 들어가는 택시 안에서 그 기사는 서투른 영어지만 환하게 웃는 얼굴로 자기 나라를 알리는 데 여념이 없었다. 자기 직분을 최선을 다해 성실히 수행하는 모습은 언제나 존경스럽다.

30여 년 전 미국에서 대학원 다닐 때를 생각해 보면, 그들은 고맙다, 미안하다는 말을 입에 늘 붙이고 지낸다. 모르는 사람끼리 캠퍼스나 길가에서 마주쳐도 웃는 얼굴로 가벼운 인사를 나누는 것이 보통이다. 이런 생활방식은 인간관계에서 윤활유 역할을 해서 미국 사회를 한층 밝고 명랑하게 만든다.

또한 남이 잘했을 때 잘했다, 수고했다는 말을 결코 아끼지 않는다. 남의 장점을 격려할 줄 아는 사회는 진취적이고 발전 가능성이 높다. 한나라당의 조순(趙淳) 전총재는 교수 시절 우리처럼 남을 칭찬하는 데 인색한 사회는 없을 것이라고 했다. 말 한마디가 남을 크게 북돋워줄 것인데 결코 하지 않는다는 것이다.

나는 이를 직접 경험한 적이 있다. 몇 해 전 어떤 금융기관의 비상근 이사로 6년 동안이나 봉사한 적이 있다. 비교적 이사회에 성실히 참석한 편이었으며 은행을 위해 작은 힘이나마 기여하기 위해 노력했다. 그러나 두 번이나 중임한 후 물러나게 되었을 때 은행의 책임 있는 어떤 간부로부터도 고맙다, 수고했다는 말 한마디 듣지 못했다. 아무 말도 하지 않는 것을 의당 자연스러운 것으로 생각하는 풍토에 나는 놀랐다. 한국 최고의 엘리트가 모여 있는 집단에서 그랬다는 것이 나는 지금도 도저히 이해가 되지 않는다.

우리는 급속한 산업화 과정에서 귀중한 것들을 너무 많이 잃었다. 원래 우리는 동방예의지국(東方禮儀之國)이라고 할 정도로 예의 범절이 바르며, 겸손하고 양보할 줄 아는 겸양의 미덕을 갖춘 민족이다. 그러나 지금은 오히려 서양이 서방예의지국이 되었으며, 우리는 아주 기본적이고 국제적으로 널리 통용되는 예의 범절마저도 무시하는 거칠기 짝이 없는 나라로 변하고 말았다.

사소한 예를 들어보자. 남이 길을 가고 있을 때 불쑥 튀어나와 앞질러가는 것은 커다란 실례를 범하는 것이다. 우리 선조들은 결코 이런 무례를 범한 적이 없으며, 현재 선진국 어딜 가도 이는 마찬가지이다. 그러나 지성인들이 모여 있는 대학 캠퍼스에서도 이런 일은 다반사로 일어나며, 심지어는 툭툭 치고 지나가기도 한다. 이런 일은 아주 당연시되어 전연 이상하게 느껴지지 않을 정도이다.

국내에서 이런 식으로 절제 없이 행동하다가 외국 여행길에 오르면 한국인들은 국제적인 천덕꾸러기로 업신여김을 당하기 일쑤이다. 얼마 전까지 우리가 동남아여행을 하면서 벌인 갖가지 추태가 좋은 예이다. 우리보다 소득이 다소 낮고 생김새가 다르다고 현지인들을 깔보고 무시하는 교만함과, 아주 기초적인 예의 범절도 지키지 않는 교양 없는 행동을 일삼아 추한 한국인(ugly Korean)이라는 질타를 받았다.

가는 곳마다 그곳 문화를 익히는 것은 거의 관심 밖이고, 싹쓸이 쇼핑에, 정력에 좋다는 온갖 혐오 식품을 사 먹어 현지 언론에 그 추태가 연일 보도되었다. 호텔에서 큰소리로 떠들고 심지어는 서로 다투기까지 한다. 피부 색깔, 생김새, 소득 수준 등에 상관없이 겸손하고 절제 있는 몸과 마음가짐으로 세계의 누구와도 더불어 살 수 있는 존경받는 한국인이 되어야 할 텐데, 우리 모습은 이와는 너무 동떨어져 있다.

미국·유럽·일본 등 선진국 사람들이 후진국을 여행하면서 보이는 겸손하고 절제 있는 모습을 대하면 부끄럽기 짝이 없다. 이들이 외국 문화에 대해 보이는 진지한 자세와, 남의 문화를 존중할 줄 아는 태도에 우리는 깊은 감명을 받는다. 선진국 사람들일수록 외국을 여행할 때 쇼핑보다 현지 문화에 깊은 관심을 나타내는 것은 보편화된 현상이다. 우리 자신을 보면 경제는 크게 나아졌으나 문화 의식은 선조에 비해 크게 퇴보했다는 생각마저 든다.

우리는 열린 마음을 지닌 세계인이 되어야 한다. 소득 수준이나 피부 색깔, 종교 등에 상관없이 이 세상 누구와도 더불어 살 수 있는 의연하고 자긍심이 높은 한국인이 되어야 한다. 유색 인종을 무시하는 것은 우리 자신이 백인에 대해 열등감을 지니고 있기 때문이다. 가난한 나라 사람을 깔보는 태도는 부자 나라 사람들에 대해 비굴한 마음을 지니고 있음을 반영하는 것이다.

한국인은 또한 세계인으로서 국제적인 규범을 따라야 한다. 예를 들어 웅담의 세계 전체 소비량의 90%를 한국이 차지한다는 사실은, 자연보호 시대에 세계 여론의 비난을 한몸에 받기에 충분하다.

한편 우리는 일상생활에서 불친절에 아주 익숙해 있다. 식당에 가면 '친절·봉사'는 구호일 뿐이다. 종업원의 무뚝뚝함은 구(舊) 소련의 항공사 에어로플로트 스튜어디스에 못지않다. 접시를 집어 던지듯 팽개치기가 예사이다. 남에게 진심으로 봉사하는 것에서 즐거움을 찾는 참된 모습은 어디에서고 찾아볼 수가 없다. 일본의 식당 종업원들이 손님을 정성껏 모시는 진지한 태도와는 너무나 대조적이다.

버스와 택시의 서비스도 최악이다. 기사들의 과로는 이해하지만 급제동과 급출발은 손님을 짐짝 취급하는 태도이다. 모두들 손님을 돈으로만 환산하고, 성심껏 서비스를 하는 데서 즐거움을 찾는 모습은 사라져버렸다. 돈을 버는 것만이 전부이며, 사람을 위하는 본래의 목적은 찾아볼 수가 없다. 그야말로 목적과 수단이 뒤바뀐 것이다. 문제는 이런 식으로 하면 장기적으로는 돈도 벌 수 없다는 데 있다. 돈은 열심히 봉사할 때 비로소 제대로 벌리는 것이다.

또한 현재 우리 사회는 서로가 서로를 못 믿어 상호 신뢰가 무너졌다. 공자(孔子)는 〈논어(論語)〉에서 나라를 다스리는 데 제일 기본이 되는 것이 믿음이라고 했다. 그러나 우리의 정치와 행정은 부정부패로 얼룩져 나라를 이끌어가야 할 지도층이 국민의 신뢰를 잃은 지 오래이다.

기업도 돈에만 눈이 팔려 부실공사를 일삼음으로써 성수대교가 끊어지고 삼풍백화점이 무너졌다. 신용이 생명인데도 불량 식품과 불량 제품이 범람한다. 조금만 단속이 소홀하면 오염물질을 마구 방출해 환경을 오염시키기 일쑤이다. 모두들 한탕 해서 크게 벌고는 장사를 그만둘 모양 같다.

윗사람이 스스로 수범을 보여 아랫사람의 마음을 사고 믿음을 얻는 것은 정말 중요하다. 일본의 재계 지도자들이 몸소 검약한 생활을 실천하고, 근로자들이 이를 뒤따라 사회 전체가 검약한 생활을 존경하는 풍토가 된 것은 부러운 일이다.

국 한 그릇 반찬 세 가지(一汁三菜)로 대표되는 간소한 식생활과, 작은 집에서 사는 재계 지도자들의 모습은 일반 국민들에게 커다란 영향을 미쳤다. 우리도 이런 존경받는 재계의 지도자가 많이 나와야만 한다. 사치와 호화스러운 생활이 오히려 부러움을 사는 사회는 장래성이 없다.

빈번하는 노사분규도 우리 재계 지도자들이 근로자들의 믿음을 잃어버린 결과가 아닌가 생각한다. 지속적인 경제성장을 위한 제일 요건인 산업평화의 달성을 위해서도 기업가가 근로자의 믿음을 사는 일은 다른 어떤 것보다 중요하다.

한편 근로자는 근로자대로 자기자신을 속이고 있다. 건설현장에서 남이 보든 안 보든 자기 일에 최선의 노력과 정성을 기울이는 본연의 자세가 아쉽다. 아무리 감독자가 많더라도 현장 근로자 자신이 스스로 최선을 다하겠다는 마음가짐이 없는 한 부실공사는 사라지지 않는다.

물론 임금을 받는 것은 중요하다. 그러나 자기가 맡은 일에 열과 성을 다하겠다는 마음가짐과, 거기서 보람을 느끼는 자세가 없으면 고품질의 작업은 처음부터 기대할 수 없다. 바로 이 점이 일본과 우리의 가장 큰 차이점이다.

개인들끼리도 서로 속고 속이는 일이 다반사로 일어나고 있다. 우리 조상 대대로 내려오는 주요한 덕목(德目)인 정직·성실·신의·신용 등은 간데없고 거짓과 사기가 만연하고 있다. 심지어는 중국 연변의 조선족 동포에게까지 온갖 사기 행각을 벌여 수많은 동포를 절망의 구렁텅이로 몰아넣었다. 벼룩의 간을 빼내 먹는 일이 실제로 일어난 것이다.

정직과 정의가 사라지고 불의와 사기가 만연하는데도 당국은 아무런 조치도 취하지 않고 먼산 바라보듯 한다. 엄격하고 추상 같은 법의 집행이 이루어지질 않고 있는 것이다. 온갖 잘못을 저지르고도 오히려 거침없이 큰소리치고 대낮에 거리를 활보하는 것이 우리 현실이다.

'정의가 강물처럼 흐르는' 사회는 멀기만 하다. 불의와 부정이 발을 붙이지 못하도록 하는 강력한 법 집행이 필수적이다.

나부터, 작은 것부터

　우리는 고도의 과학기술에 토대를 둔 현대 산업사회에 살고 있
다. 따라서 주의하지 않고 조금만 방심하면 대형사고가 발생할 위
험성이 도처에 도사리고 있다. 그러나 우리는 산업사회의 기본 수
칙인 '안전'에 불감증이 걸려 있다. 아주 기초적인 안전 수칙마저도
무시하기 예사인 것이다. 우리나라에서 일어난 대형사고의 대부분
은 조금만 주의를 기울여 기본적인 안전수칙만 지켰더라면 피할 수
있는 인재들이었다.

　서울시장을 지낸 어떤 분이 말씀하기를 서울은 지뢰밭 같다고 했
다. 언제 어디서 무슨 대형사고가 일어날지 몰라 매일 살얼음판을
걷는 것 같다는 것이다. 수도·가스·전화선 등이 묻혀 있는 지하
매설물은 난마처럼 뒤얽혀 있는데 지도조차 제대로 없다. 여기에
시민들의 안전의식은 제대로 작동도 안되는 소화기를 소방서의 검
사를 받기 위해 전시용으로 비치해 놓는 수준이다.

　이뿐이 아니다. 대형사고의 위험이 늘 도사리고 있는 데는 고층

빌딩·아파트·공공건물·백화점·교량·지하철·철도·선박·비행기·원자력발전소·댐·가스관·고속도로 등 이루 헤아릴 수 없이 많다. 현대 산업사회는 이처럼 어지럽다. 따라서 만에 하나 일어날지도 모를 불의의 사고에 대비하는 철저한 안전의식이 필수적이다.

우리는 비행기를 탈 때마다 스튜어디스가 비상시 대처방법에 대해 설명하는 것을 듣는다. 사고가 날 확률은 매우 낮지만 항상 똑같은 것을 반복한다. 대수롭지 않게 흘려보낼 수도 있으나, 이는 현대의 산업사회를 이룩한 서양 사람들이 만에 하나 발생할 수 있는 재난에 어떻게 대처하고 있는가를 잘 보여준다. 우리 같으면 다 아는 것을 그토록 우직하게 매번 반복했을 것인가를 생각해 보라. 현대 산업사회는 이처럼 혹시라도 일어날지 모르는 재난에 철저히 대비할 때 비로소 물질적인 풍요와 행복을 보장받을 수 있는 것이다.

영화 「레 미제라블」에 나오는 프랑스 파리의 하수도는 하나의 거대한 지하도시 같다. 최소한 백 년 앞을 내다보고 건설해 놓은 것임을 금방 느낄 수가 있다. 이에 비해 우리는 시도 때도 없이 길을 파서 수도관을 묻고 가스관을 묻곤 한다. 아무런 지도도 없이 그때그때 땜질만 하는 것이다.

이번에 중부지방이 폭우로 인해 엄청난 인명과 재산 피해를 낸 것은 천재(天災)라고 할 수 있다. 그러나 오수와 빗물을 배수하는 하수도 시설이 제대로 갖추어져 있었다면 침수로 인한 폐해가 이토록 크지는 않았을 것이다. 우리는 이처럼 사회의 가장 기본적인 시설인 상수도와 하수도마저도 제대로 갖추고 있지 않은 것이다. 외양은 멀쩡하나 아주 기본적인 것이 미비한 상태이다.

상·하수도 공사를 수주한 업체는 싼값에 하청을 주어 부실공사를 피할 수 없게 만든다. 감독관청은 뇌물을 받고 이를 묵인한다.

건설공사에 만연하는 부실과 비리가 제일 기본적인 상·하수도에도 그대로 적용된 결과이다.

이 밖에도 서울의 하수관은 5m에 한 곳꼴로 상수관, 도시가스관 등이 뚫고 지나가거나, 깨져 있어 하수 처리 용량을 더욱 떨어뜨린다. 눈에 보이지 않는다고 지하 매설물들을 엉망으로 관리하고 있는 것이다.

서울 지하철이 집중호우 때마다 침수되는 것도 예삿일이 아니다. 지하철 건설본부는 「서울 지하철은 도로가 침수되지 않는다는 전제 하에 환기구, 출입구, 지상선로 등을 설계했기 때문에 도로에 물이 넘칠 경우 지하철 침수로 이어지는 것은 불가피하다」고 했다 (조선일보, 1998. 8. 7). 그러나 하수도 시설이 엉망인 서울에서 장마철에 도로 침수가 일어나리라는 것은 쉽게 예상할 수 있는 일이다.

밀 (John Stuart Mill)은 그의 〈경제학원론〉(1848)에서 선진국과 후진국을 판별하는 제일 주요한 기준은 미리 미리 대비하는 자세 (providence)가 갖추어져 있는가의 여부라고 했다. 불확실한 세상에 살면서 장래를 위해 늘 준비하고 대비한다면 문화인이고, 그날 그날 아무런 생각 없이 적당히 살면 미개인이라는 것이다. 프랑스의 하수도와 지하철은 먼 장래를 내다보고 건설한 것이 분명하다. 한국의 시도 때도 없는 수도·가스·전기 공사는 그날 그날 땜질식 처방의 전형이라는 생각이 든다.

정부가 제 기능을 다 못하고 있는 것 (government failure)도 두드러지게 나타난다. 각 경제주체들이 지켜야 할 경기법칙을 명확히 정하고, 이를 엄격하게 실천하는 것은 정부가 수행해야 할 중요한 책무 가운데 하나이다. 여기서 경기법칙은 모든 사람들이 따라야 할 제도·법규·규범을 뜻한다.

그런데 우리 현실을 보면 불필요한 정부규제는 계속하면서 반드시 규제해야 할 것은 소홀히 하는 경우가 많다. 예를 들면 부실공사가 발을 못 붙이도록 제도적인 장치를 마련해 놓는다거나, 식품 안전과 보건 위생을 철저히 지키도록 법규를 만든다거나, 교통안전과 교통질서를 준수하도록 강제한다거나, 환경 보존을 위해서 제도적인 밑받침을 마련하는 것 등이다.

사실 이런 규제는 선진국에서 보듯이 엄격할수록 좋은 것이다. 그러나 우리 현실은 제도도 온전하게 갖추어져 있지 않으며, 이를 철저히 집행할 수 있는 엄정한 관료제도도 없다. 따라서 우리 사회는 법이 없는 무법천지이며, 되는 일도 없고 안되는 일도 없다는 말까지 나온다. 권력 있고 재력이 있다고 자기 뜻대로 무슨 일이든 할 수 있다면 이런 나라에는 실질적으로 제도나 법규가 없는 것이나 마찬가지다.

올바른 제도와 법규가 경제발전을 위해 얼마나 중요한가는 홍콩과 마카오를 비교하면 금방 알 수 있다. 둘 다 중국인들이 살며, 통통배로 한 시간도 채 안 걸리는 가까운 거리에 있다. 홍콩은 영국의 식민지였으나 중국에 반환되었고 마카오는 포르투갈의 식민지이나 곧 중국에 반환될 것이다. 그러나 홍콩은 눈부시게 발전한 반면 마카오는 크게 낙후되어 있다. 둘 사이가 천양지판인 것이다.

왜 이렇게 차이가 날까? 가장 중요한 요인은 제도의 차이이다. 홍콩은 영국을 따라서 경기법칙이 명확하며, 이를 철저하게 집행한다. 아주 기본적인 것만을 규제하고, 나머지는 모두 민간의 자율에 맡긴다. 반면에 마카오는 법규와 제도가 온전히 수립되어 있지 못하며 이를 실천에 옮길 엄정한 관료제도도 존재하지 않는다. 오래 전 영국의 고전학파 경제학자들이 올바른 제도만 갖추어져 있으면 경제성장은 자연히 뒤따른다고 한 것은 정확한 지적이다.

정부는 또한 자신만의 이익을 추구하는 경제주체들의 행위를 통제하고 조정하는 역할을 수행해야만 한다. 그러나 우리 정부는 이런 기본 임무를 제대로 수행하지 못했다. 몇 가지 비근한 예를 들어보자. 서울의 강남지역은 강북에 비해 비교적 최근에 개발되었다. 그러나 주택가와 유흥가가 뒤섞여 있어서 자녀교육에 커다란 문제가 되고 있다. 세계 어느 곳을 가보아도 주택가와 유흥가가 뒤범벅이 된 곳은 없다.

농촌에 가보면 볼썽사나운 고층아파트가 여기저기 솟아 있어서 자연환경과 전혀 조화를 이루지 못하고 있는 모습을 쉽게 볼 수 있다. 건축업자의 입장에서는 동일한 면적에 고층을 지을수록 이익이 될 것이다. 그러나 이것이 농촌의 자연환경과 어울리는가 하는 문제는 의당 정부가 판단해서 건축 허가를 내주었어야 했다.

서울의 교통난을 속수무책으로 방치해 두는 것도 정부가 조정·통제의 역할을 제대로 수행하지 못하고 있는 단적인 예이다. 남들은 백 년 앞을 내다보고 지하철을 놓는데, 우리는 당장 발등에 떨어진 불도 제대로 끄지 못하고 있는 것이다. 스스로 자기 나라를 다스리지 못하는 것이다.

로마, 시드니 등 외국의 항구를 보면 주위의 산비탈에 집을 지을 때 결코 앞집이 뒷집보다 높게 지을 수 없도록 건축 규제를 한다. 그 결과 모든 사람들이 확 트인 시야에서 항구의 아름다움을 즐길 수 있다.

부산의 해운대는 풍광이 세계적으로 아름다운 해수욕장이다. 그러나 '달맞이 길'로 올라가는 산길에 지은 집들을 보면 해변 쪽의 집들이 모두 뒷집보다 높아서 뒤에 사는 사람은 전혀 해변의 아름다움을 즐길 수가 없다. 당국은 처음부터 이런 식의 건축은 결코 허가해 주지 말았어야 했다.

국민들의 소비생활을 보아도 부끄럽기만 하다. 비단 IMF 사태가 아니더라도 조상 대대로 내려오는 주요한 덕목인 근검 절약은 이제 21세기 환경의 시대를 맞아 필수적인 국제 규범이 되었다. 과거처럼 마구 버리고 마구 쓰는 소비생활은 환경 보존의 차원에서 더이상 지속될 수가 없게 된 것이다. 이젠 '덜 쓰고 덜 버리는' 소비생활의 일대 혁명이 필요하다.

그러나 우리 주위를 둘러보면 자원의 낭비가 너무나 심하다. 기름값은 선진국에 비해서도 싸서 절약을 유도하지 못하고 있다. 전기와 수도를 펑펑 써대는 것은 예사이고, 백주 대낮에도 불이 훤히 켜져 있기 일쑤이다.

대중 목욕탕에 가보면 목욕을 하는 동안 내내 샤워기를 틀어놓는 것을 흔히 본다. 한국의 호텔은 미국에 비해 겨울철 난방 온도가 너무 높아서 땀이 날 정도이다. 지난 1997년 에너지의 수입액은 271억 달러로서 총수입의 18.8%를 차지했다. 이중 단 10%만 줄일 수 있어도 엄청난 금액이 된다.

겨울철 아파트에서는 러닝 셔츠만 입은 채 지내는 것이 예사이다. 그러나 독일에서는 건강을 위해서도 다소 춥게 온도를 유지하면서 스웨터를 입고 지내는 것이 일반화되어 있다. 또한 유럽의 대도시에 가보면 소형차가 주를 이루고 있다. 자동차업계의 한 간부는 독일, 프랑스, 영국의 국민차는 프라이드인데 우리는 소나타라고 말한 적이 있다. 소득 수준에 비해 거품이 너무 많이 들어가 있는 것이다.

종이컵, 알루미늄 캔, 도시락 등 1회용품이 범람하고 있다. 그 많은 쓰레기를 모두 어떻게 처리할지 모르겠다. 오늘날 초등학생들은 연필, 지우개 등 학용품을 분실해도 찾으려고 하지 않는다. 벼는 익을수록 고개를 숙이고 사람은 부와 지위가 높을수록 겸손해진다고 하는데, 우리는 소득 수준은 1만 달러이면서 소비는 그 몇 배를 해온 것이다. 이는 모두 국제적인 상식이나 규범에서 크게 벗어나는 행동이었다.

1996년에 우리는 위스키를 무려 1억 9천만 달러 어치나 수입했다. 모피는 1억 2천만 달러, 보석류는 1억 3천만 달러, 승용차는 4억 4천만 달러, 골프용품은 1억 1천만 달러, 그리고 외국 영화의 수입도 9천만 달러나 되었다.

또한 1997년 7～8월 여름 휴가철에 해외여행(유학・연수 포함) 경비로 쓴 돈이 무려 15억 3천만 달러나 된다. 이렇게 써대고도 국제수지가 대폭적인 적자를 내지 않는다면 그것은 오히려 기적이라 할 수밖에 없다.

특히 1996년에 우리는 음식물 쓰레기만 8조 원 어치, 약 1백억 달러를 버렸다. 이는 이중으로 해를 끼친다. 하나는 곡물의 자급도가 25%도 안되므로 비싼 외화를 그대로 버리는 것이다. 아울러 환경오염을 일으킨다. 즉 달러 버리고 환경도 오염시키는 것이다.

북한 동포들은 식량 부족으로 말미암아 지난 3년 동안 아사자가 거의 3백만 명에 달하는 것으로 추정되고 있다. 설령 우리가 피치 못할 사정 때문에 식량 원조를 할 수 없는 형편이라고 하자. 그렇더라도 북쪽의 형제 자매는 굶어 죽는데 남쪽에서는 음식 쓰레기를 이토록 마구 버린다면 이는 누가 보아도 천벌을 받을 일이다.

나는 어머님으로부터 식사를 할 때 밥 한 톨도 남겨서는 안된다는 엄격한 가르침을 어릴 적부터 받았다. 이는 나뿐만이 아니라 거의 모든 기성세대가 똑같을 것이다. 사실 음식을 남기지 않는 것은 세계적으로 공통된 행동 규범이다. 선진국의 어떤 배운 이들과 식사를 해보아도 그들은 결코 음식을 남기는 법이 없다. 단지 우리만 조상 대대로 내려오는 이런 소중한 규범을 저버렸을 뿐이다.

정확한 추계는 힘들겠으나 20, 30대의 젊은 여성층 중에서 엄청난 비율이 유흥업소에서 일하고 있다. 어림잡아 10~20% 수준이다. 이는 경제적인 문제라기보다는 사회·문화적인 위기이다. 이런 퇴폐적인 문화 속에서 나라가 잘되기는 어렵다. 이러한 풍토에서는 건전하고 진취적인 기풍이나 근로의욕이 크게 잠식되어 버리기 때문이다.

1997년 3/4분기의 경우 우리나라의 총취업자 2,100만 명 중에서 제조업 부문에서 일하는 사람은 440만 명이었다. 그러나 도소매업과 음식숙박업에 종사하는 사람은 580만 명이나 되었다. 이는 우리의 산업구조가 바람직한 모습과는 상당히 떨어져 있음을 나타내는 것이다.

일반 대중에게 엄청난 영향을 미치는 텔레비전은 IMF 사태 이후에도 별로 변화가 없이 시청률 경쟁에만 몰두하면서 종전과 똑같은 형태의 프로그램을 내보내고 있다. 처음에는 IMF 극복이니 프로그램 개편이니 하면서 사회 분위기를 살피더니 옛날 모습으로 다시 돌아가버렸다. 영국의 BBC나 일본의 NHK처럼 국민들에게 교양·시사 프로그램이나 건전한 오락시간을 제공하는 것이 아니라 상업성만이 지나치게 강조되고 있다.

저녁에 가족이 함께 TV를 보는 시간에도 국적 불명의 호화스럽기 짝이 없는 저질 쇼 프로그램을 방영한다. 이 세상 어디에 그런 호화스러운 무대 장식이 있는지 모르겠다. 드라마도 극소수 부유층을 소재로 하여 고급 주택과 자동차, 호사스러운 가구와 의상이 주로 등장한다. 일반 서민들의 생활과는 동떨어진 배경이다. 이 사회가 올바른 방향으로 움직이기 위해서는 우선 방송 프로그램부터 건전해져야 한다.

수요가 있으니 공급할 수밖에 없다고 할지도 모른다. 그러나 거꾸로 공급이 수요를 창조할 수도 있다. 건전하고 수준 높은 시사·

교양·오락 프로그램의 제공으로 한국 사회를 바르게 선도해야 할 의무와 책임이 방송인들에게 있는 것이다.

우리 스스로가 봐도 부끄러운 이러한 모습은 지난 35년 동안 고도 성장을 추진하면서 균형을 잡지 못해 생겨난 역사적인 이상현상(anomaly)이다. 원래 우리 모습은 이런 것이 아니다. 예로부터 우리는 분수를 지키며 절제하고 만족할 줄 아는 지족안분(知足安分)의 슬기를 지닌 민족이었다.

이제 경제 위기를 맞아 원래의 우리 모습으로 되돌아가야만 한다. 겸양의 미덕과 근검 절약의 자세가 몸에 밴 본래의 한국인으로 다시 태어나야 한다. 그래야 국제 규범에 부합되게 행동할 수가 있고, 다른 나라 사람들의 존경을 받으며 더불어 살 수가 있다. 이번에 경제적으로는 큰 손실을 보았으나, 본래의 우리 모습으로 돌아갈 수만 있다면 문화적으로는 오히려 다행스러운 일이다.

다시 시작하는 세계화

독창적인 서양 사람들

역사적으로 우리는 우리끼리 다투는 데 상당한 노력과 시간을 허비했다. 바깥 세계의 움직임에는 등한한 채 국내 문제에만 몰두해 세계 사정에 깨어 있지 못했다. 지금도 여야가 다투고 노사가 겨루고 지역·계층 간에 서로 대립과 갈등을 빚으면서 귀중한 세월을 보내며 힘을 소진하고 있다.

그러나 세계는 급격히 하나로 통합되어 가고 있다. 세계화·개방화가 급진전되고 있는 것이다. 특히 정보통신 기술의 급속한 발달은 나라들간의 국경을 허물어뜨리면서 거대한 단일시장을 만들어냈다. 이는 치열한 국제경쟁을 뜻한다. 바야흐로 무한경쟁의 시대가 도래한 것이다.

이런 세상에서 어떻게 하면 우리가 생존할 수 있을까? 한국의 생존전략을 어떻게 짜야 할 것인가? 이는 바람직한 한국의 경제발전 모델을 구축하는 문제이다. 우리의 경쟁 상대는 하나같이 무섭고 쟁쟁한 존재들이다. 먼저 이들의 형편을 알아야 우리의 전략을 세울 수가 있다. 여기서는 서양의 여러 나라를 대표한다고 볼 수 있는 미국과, 이웃 나라인 중국과 일본의 경제사정을 살펴봄으로써 한국의 발전모델을 세우는 데 도움을 주고자 한다.

나는 지난 1994년 10월에 약 2주 동안 삼성경제연구소의 지원으로 미국과 일본 경제를 견학할 귀중한 기회를 가졌다. 아래에 적은 것은 그 당시 내가 메모한 것들이다. 먼저 미국 경제의 주요한 특징을 정리해 본다.

첫째는 독창성 또는 창의성이다. 샌프란시스코 근처의 실리콘 밸리 (Silicon Valley)에서 우리는 두 회사를 방문했다. 하나는 미국 대통령도 이곳에 오면 꼭 들른다는 실리콘 그래픽스 (Silicon Graphics)이다. 이 회사가 개발한 전투기 조종사 훈련용 게임기기인 매직 에지 (Magic Edge)의 조종석에 앉아 실전과 똑같이 전후좌우로 급회전하면서 목표물을 찾아 조준·발사하는 연습을 해보았다.

한 대당 가격이 1천만 달러를 훨씬 넘지만 실제 전투기값에 비하면 크게 낮으므로 조종사의 훈련비용을 대폭 절감할 수 있다는 안내지의 설명이었다. 나는 이 분야에 전혀 문외한이지만 피부로 직감할 수 있었던 것은 아이디어가 우리와는 비교할 수 없을 정도로 독창적이며 탁월하다는 점이었다.

나는 비행기를 타고 다닐 때마다 늘 서양과 동양의 녹장성의 차이를 생각해 보곤 한다. 우리도 서양 사람들이 처음 만든 비행기를 보고 이를 조립·생산할 수 있다. 그러나 새가 나는 것을 보고 도화지에 연필로 스케치하는 것부터 시작해서 비행기를 만들어낸 서양 사람들과는 아이디어 면에서 엄청난 차이가 있다.

우리도 금속활자·팔만대장경·한글·동의보감·거북선·측우기·
김치 등에서 보듯이 독창성과 창의성이 뛰어난 민족이다. 그러나
영국에서 산업혁명이 일어난 후 지난 2백 년 동안 동양은 서양에
비해 독창성과 창의성 면에서 크게 뒤떨어진 것이 사실이다. 무한
경쟁의 시대에 과학기술이 뒤진다는 것은 곧 경쟁에서 패한다는 것
을 뜻한다. 어떻게 하면 우리 속에 내재해 있는 창의성을 다시금
되살릴 수 있을 것인가 하는 것이 중요한 과제이다.

다른 회사는 컴퓨터 및 관련기기 전문 회사인 휴렛 팩커드
(Hewlett Packard)이다. 스탠퍼드대학의 전기공학과 출신인 휴렛
과 팩커드가 1930년대 중반에 5백 달러를 가지고 허름한 창고에서
시작한 것이 60여 년이 지난 지금은 세계 굴지의 다국적 기업으로
성장했다. HP의 특징은 한 업종에만 전념해 왔으며, 기업의 성장
이 기술 혁신에 전적으로 기초하고 있다는 것이다.

어떤 해를 살펴보아도 전체 매출액의 3분의 2가 지난 2, 3년 동
안에 새롭게 개발된 신제품의 판매에서 나온 것이다. 이는 바로 지
속적인 혁신이 HP의 경쟁 우위의 밑거름이 되었음을 뜻한다. 꾸준
한 신제품 개발을 통해 급속한 성장을 이룩해 온 것이다.

미국 기업들이 여러 해 전 리엔지니어링 (reengineering), 리스트
럭처링 (restructuring), 다운사이징 (downsizing)을 하면서 대규모
감원을 했으나 HP는 근로자를 해고하지 않으면서도 고수익을 유지
해 왔다. 이를 높이 사 《포브스》지는 HP를 1995년 미국의 1등
기업으로 선정하기도 했다.

미국 경제의 두 번째 주요한 특징은 기업을 포함한 모든 부문의
높은 효율성 또는 생산성이다. 나는 캘리포니아 주의 산호세와 로
스앤젤레스의 시청을 일행과 함께 방문했다. 여기서 발견한 것은
정부 부문이 비용 절감을 위해 진력하고 있고, 공무원들의 비즈니

스 마인드가 철저하다는 것이다. 즉 모든 행정 처리를 경제 개념에 입각해서 하고 있다. 공무원은 기업을 돕고 기업에 봉사하는 것을 의무로 생각한다. 당시 LA 시장은 성공한 기업가였는데 그는 기업과의 대화 창구도 늘 열어놓았다. 흔히 우리나라 블루 칼라 근로자의 생산성이 낮다고 한다. 그러나 그들을 보면서 화이트 칼라의 생산성도 미국보다 훨씬 낮을 것이라는 생각을 했다.

정부뿐만이 아니다. 학교·병원·은행 등 모든 분야가 매우 효율적으로 일하는 것이다. 슬슬 놀면서 하는 것이 아니라, 근무시간 중에는 거의 쉬지 않고 미친 듯이 일에 몰두하는 것이 미국의 화이트 칼라이다.

셋째는 정부의 역할에 대한 것이다. 미국의 각급 정부는 민간이 지켜야 할 제도, 또는 법칙만을 명확히 정하고 이를 철저히 집행할 뿐 나머지는 모두 민간의 자율에 맡긴다.

예를 들면 새로운 도시를 개발할 때, 시청은 토지이용계획 (land use program)을 수립한다. 이때 공무원들은 시민의 여론을 충분히 수렴하면서 개발계획을 수립하게 된다. 산호세 시의 경우에도 개발계획을 세우는 데 각계를 대표하는 27인의 시민이 참여했을 만큼 산호세 시의회의 활동은 매우 활발하다.

계획이 수립되면 정부는 도로·상하수도·전기 등 사회간접자본을 공급한다. 그러면 일반적인 경제제도는 이미 훌륭하게 수립되어 있으므로 신설 시정부의 할 일은 대강 마친 것이다. 나머지는 민간의 자율에 맡겨놓으면 경제성장은 자연히 이루어지게 된다.

시정에 대한 시민들의 적극적인 참여와, 시정부의 시민과의 진지한 대화 노력은 특히 두드러진다. 예를 들어 샌프란시스코 항구의 운영은 5명의 민간위원 (commissioners)에 의해 주요한 의사 결정이 거의 이루어진다.

LA의 한 쓰레기 매립장을 건설할 때 처음에는 주민들의 격렬한 반대가 있었다. 그러나 주민과의 꾸준한 대화를 통한 설득이 주효했으며, 건설 과정에는 주민들을 의사 결정에 직접 참여시켰다. 지금은 매립장 담 너머에 주택가가 있을 정도이다.

넷째는 선진국이 되는 것은 단지 돈과 기술의 문제라기보다는 사람·문화·제도가 오히려 더 중요하다는 것을 미국 경제를 보고 깨닫게 된다.

샌프란시스코에 있는 금문교(Golden Gate Bridge)를 보면 여러 개의 철기둥들이 다리를 떠받치고 있다. 그런데 다리 옆의 휴게소에 전시해 놓은 철기둥의 단면을 보면 철기둥 하나에 가느다란 철사가 2만 개씩 들어가 있다. 그런데 하나의 예외도 없이 모든 철기둥이 똑같다고 한다. 이 얘기를 들으면서 생각한 것은 미국인들의 정직함과 우직스러움이다. 또한 이를 감시하는 엄격한 건설감리제도이다. 우리 같으면 과연 2만 개씩 철사를 모두 넣었을까 하는 의문이 들었다.

LA의 로페츠 캐니언(Ropez Canyon)의 쓰레기 매립장을 견학했을 때 쓰레기를 중학교 과학책에 나오는 그대로 모래, 흙, 자갈, 숯을 깔고 차곡차곡 매뉴얼대로 처리하는 것을 보고 깊은 감명을 받았다. 이는 무슨 새로운 기술이 아니라 오래 전부터 모두가 아는 것이다. 단지 이를 철저히 이행한다는 것이 우리와 크게 다른 점이다. 바닥도 고성능 비닐을 깔아 침출수의 누출을 철저히 막고 있었다. 또한 쓰레기를 처리하면서 계속 물을 살포해 먼지가 나질 않았다. 매립장을 담당한 엔지니어는 공대 출신이었는데 자신이 하는 일에 상당한 긍지를 가지고 있었다.

쓰레기 매립장 담 너머를 보니 정말 듣던 대로 상당한 규모의 주택가가 들어서 있었다. 책임자의 말로는 주민들과의 관계가 지극히 원만하고 우호적이라고 했다. 보도 블록도 시방서 (示方書)대로 깔지 않아 울퉁불퉁한 우리의 거리를 연상하고 씁쓸해졌다.

우리는 집의 담장을 높이 쌓고 살지만, 서양엔 보통 담장이 없이 서로 확 트여 있다. 집뿐만이 아니라 우리는 마음의 담장도 높다. 기업, 정부, 병원, 학교 등 모든 조직에서 동료끼리 의견이나 정보 교환이 부족하다. 옆에서 무엇을 하는지 서로 모른다. 즉 정보의 공유 (information sharing)가 안되는 것이다. 정보화 사회에서 정보의 유통이 원활히 이루어지지 않는 것이다.

실리콘 밸리에서는 점심시간마다 거의 중요한 정보의 교환이 이루어진다고 한다. 그래서 점심때 새로운 정보를 얻지 못하고 지나가는 날이 없을 정도라고 한다. 또한 같은 분야의 동업자들끼리 스터디 그룹을 만들어 정기적으로 토의를 하며, 외국의 동일 분야 종사자들과도 교류를 활발히 한다.

나는 젊은 시절 4년여 동안 미국에서 대학원을 다니며 생활했다. 그러나 배운 것은 지식뿐이며 미국의 사람·문화·제도에 대해서는 거의 무지하다. 그때 좀더 이런 면에 관심을 가졌더라면 좋았을걸 하는 후회를 하곤 한다. 뉴욕 맨해튼의 빌딩 숲이 대변하는 미국의 거대한 재산과 부의 축적을 보면서 경제성장의 요체는 사람·문화·제도라는 것을 새삼스럽게 깨닫는다.

다섯째는 기업가 정신이다. 널리 알려진 대로 금문교가 세워진 장소는 1849년 동부에서 서부로 금을 찾아 몰려온 (gold rush) 사람들이 배에서 내린 곳이다. 샌프란시스코의 풋볼 팀 이름 49's (Forty Niners)도 여기서 따온 것이다. 그런데 여기는 워낙 바람이 세고 파도가 심해서 아무도 다리를 세울 엄두를 못 냈다. 다리의 건설과 관련해 2백 건의 소송이 제기되었다니 어려움이 어느 정도였는지 짐작이 간다. 이런 모든 난관을 극복하고 스트라우스

(Strauss)가 금문교를 세웠다. 그래서 금문교 바로 옆에 그의 흉상과 함께 '비전을 가진 사람 (man of vision)'이란 글이 새겨져 있다.

결국 미국 경제는 창의력과 결단력, 그리고 용기가 있는 이런 극소수 사람들이 이끌어 나간다. 슘페터 (Joseph A. Schumpeter)가 지적한 대로 자본주의 경제발전의 원동력은 바로 이런 기업가들의 혁신 (innovation)인 것이다.

반면에 이들 자신의 소비생활은 검소하기만 하다. 앞에서 본 HP사의 두 창업자 중 당시 생존해 있던 팩커드는 가끔 사무실에 들르는데 주위의 권유에도 불구하고 30여 년이나 된 낡은 카펫을 고집한다. 대신에 여러 대학에 매년 5천만 달러씩을 기부하였다. 또한 HP의 당시 회장은 우리나라의 엘란트라 급인 토러스 (Taurus)를 직접 운전하고 다녔다.

여섯째는 환경 보존에 대한 의식이다. 로스앤젤레스 시는 자원계획 (LA Resource Program)을 수립해 놓았다. 그 내용은 분리 수거와 재활용을 통해 쓰레기의 양을 대폭 감축시켜 2000년까지 재활용 수준을 70%까지 끌어올린다는 것이다. LA 청소차에는 다음과 같은 표어가 부착되어 있다. 「미래를 위해 조금 남기자 : 줄이자, 재활용하자, 재생하자 (Leave less behind for the future ; Reduce, Reuse, Recycle).」

완벽함을 추구하는 일본과 무한한 잠재력을 지닌 중국

일본은 1990년대에 들어와 장기 침체에 빠져 있다. 그러나 미국에 이어 세계 2위의 경제대국으로서 아직도 막강한 경제력을 보유하고 있다. 일본 사람들은 독특한 성격을 지니고 있다. 남에게 폐를 끼치지 않는 것을 생활의 목표로 삼는다. 자기 집에 초청도 안하고 남의 집에 가지도 않는다.

살아 있는 동안 부지런히 일하지 않으면 죄를 짓는다고 생각한다. 절약이 체질화되어 있는 것은 널리 알려진 사실이다. 작은 지갑에 1만 엔짜리 하나를 접어 넣고 다닌다. 늘 노트를 가지고 다니면서 메모를 한다. 일본 사람에 대한 일반적인 인상은 예의바르고 겸손하며 행동에 있어서 상당히 절제된 모습을 보인다는 것이다. 이러한 일본인의 눈에 비친 우리의 모습은 웃지 않아 무섭고, 목에 힘이 들어가 있고, 두리번거리며 남을 잘 쳐다본다는 것이다.

나는 2년 전쯤 한국 국제경제학회장으로서 논문 발표를 위해 오사카(大阪)에 있는 간사이(關西)대학에서 열린 일본 국제경제학회에 참석한 일이 있었다. 일본 도처에서 약 4백여 명의 교수들이 참가했다. 학회는 강의가 없는 토·일요일에 열렸다. 회의는 온종일 지루하게 계속되었다. 나는 일본어를 전혀 못해 더 그렇게 느껴졌다. 그런데 놀란 것은 장시간 내내 거의 자리를 뜨지 않고 진지하게 회의에 참여하고 있는 일본 교수들의 모습이었다. 회의가 열린 이틀 동안 참석자수도 전혀 줄지 않았다. 우리의 학회와는 자못 달랐다.

사실 간사이대학은 소위 일류 대학은 아니다. 그런데도 교실에는 붙박이 의자와 책상이 설치되어 있어서 전혀 시끄럽지 않았다. TV 등 시청각 기자재도 잘 구비되어 있고 방음장치에, 복도에는 카펫까지 깔려 있었다. 흡연장소도 엄격히 제한되어 있었다. 서울의 대학들과는 달리 잘 정돈되고 조용한 분위기였다.

우리의 경우 서울에서 학회를 하면 승용차로 오는 분들이 많다. 그러나 일본에서는 대부분 지하철이나 열차로 학회에 참석했다. 이는 오사카에 사는 교수들도 마찬가지였다. 승용차를 가지고 오면

주차 비용, 고속도로 이용료 등이 매우 비싸기 때문이다. 제도적으로 승용차 이용을 억제하고 대중교통 수단을 이용하도록 유도하고 있는 것이다.

도시바〔東芝〕의 공장을 둘러보았을 때 나는 근로자들의 소박한 작업복과 작업모에 섬뜩했다. 특히 모자는 우리 영화에서 가끔 보는 일제시대 헌병들의 모자 그대로였다. 또한 작업에 임하는 태도의 진지함과 열성에 깊은 감명을 받았다. 일본에 훈련을 간 우리 근로자들은 작업 강도가 너무 세서 코피가 터진다고 한다. 동료들끼리 저녁 늦도록 어울리는 일도 없다. 다음날 작업에 지장이 있다고 생각하기 때문이다.

도시바가 개발해 낸 우편번호에 따른 우편물 분리기를 보았다. 한국에서도 수입해서 쓰고 있는 물건이다. 물론 복잡해 보이기는 했으나 거의 기계식이었다. 우리도 꾸준히 노력하면 개발해 낼 수 있을 것이라는 생각이 들었다. 안내자의 설명에 의하면 수백 번의 시행착오를 거치면서 신제품을 만들어냈다고 한다. 그런데 불만은 우리가 노력도 안하고 일본이 애써 개발한 것을 기술 이전하라고 무리하게 요구한다는 것이다.

도시바의 본사는 오래되고 허름한 공장 건물 한구석에 있었다. 그러나 판매부서는 고객을 상대하므로 최신식 고층 건물을 쓰고 있었다. 그것도 지진에 대비해 암반을 뚫고 파일을 박아 튼튼하게 기초공사를 한 건물이었다.

동경 시내에서 도요타 자동차의 쇼룸에 전시된 미래에 출시될 자동차를 보았을 때 금방 피부로 느낀 것은 이들이 쉬지 않고 꾸준히 디자인을 개선해 왔다는 점이다. 다가올 우주 시대에 걸맞는 새로운 개념의 자동차를 디자인한 것이다.

도큐 핸즈(Tokyu Hands)는 취급 품목이 6백만 개나 되는, 아마도 세계 최대의 상품수를 자랑하는 백화점일 것이다. 나는 여기서 본 망치를 늘 생각한다. 우리 망치는 10년 전에 만든 것이나 오늘날 만든 것이나 별 차이가 없다. 그러나 내가 그곳에서 본 망치는 그 동안 이를 만든 중소기업이 성능·품질·디자인을 개선하기 위해 쉬지 않고 꾸준히 노력해 왔음을 금방 느낄 수가 있었다.

일본은 또한 나라 전체가 세계의 변화에 발맞춰 나가고 있으며 깨어 있다는 강한 인상을 주었다. 고베〔神戶〕항은 흡사 부산과 같았다. 산과 바다에 둘러싸여 있고 시가지가 좁아 바다를 향해 나아갈 수밖에 없다. 그런데 이미 1960년경부터 쉬지 않고 매일 바다를 매립했다. 개미처럼 꾸준히 일한 것이다. 그 결과 육지에서 얼마 안 떨어진 바다 한가운데에 인공 섬을 만들었다. 포트 아일랜드(port island)라고 불리는 이 섬은 관광지 등 여러 목적으로 사용되고 있다.

부산은 산을 헐고 거기에 고층 아파트를 건설해 경관이 크게 훼손되었으나, 고베는 경관을 유지하기 위해 산의 뒤편에서 흙을 파냈다. 그리고는 먼지를 줄이기 위해 15km나 되는 터널을 뚫어서 컨베이어 벨트를 통해 흙을 날라 바다를 메웠다. 고베 시민들은 공사가 진행 중인 것도 제대로 몰랐다. 우리처럼 흙을 가득 실은 덤프트럭이 시내를 질주하면서 흙먼지를 날리는 일이 없었던 것이다. 인공 섬을 건설하기 전에 공청회를 열어 각계의 의견을 수렴했으며, 생태계에 미치는 영향도 면밀히 분석했다.

우리도 이렇게 하는 것이 옳다는 것은 다들 안다. 다만 실천에 옮기지 못할 뿐이다. 일본의 대표적인 관문인 간사이 공항도 육지에서 5km나 떨어진 바다 한가운데 건설한 인공 공항으로, 공항과 육지는 긴 다리로 연결했다.

결국 역사적으로 오래 남는 것은 이렇게 공들여 건설한 구조물들이다. 건설 기간이 11년이나 걸린 에도(江戶) 도쿄 박물관도 빼어난 건축미를 지니고 있으며 매우 견고하다.

일본 사람들은 쉬지 않고 건설만 한 것이 아니다. 일단 건설된 것을 유지·보수(maintenance & repair)하는 데 탁월하다. 일본의 철도나 전철역 구내를 유심히 살펴보라. 마치 자기 집 안방처럼 기름이 좔좔 흐르도록 레일에서 침목, 볼트, 신호등에 이르기까지 정비를 철저히 해놓았다. 일본 도시의 전봇대를 보라. 언제든 수리가 가능하도록 대못이 박혀 있어서 수리공이 금세 올라갈 수 있게 되어 있다.

건물이나 도로를 새로 짓는 데 투자하는 것보다 이것들의 유지·보수를 위해 투자하는 것이 수익률 면에서 훨씬 높다는 것은 상식이다. 예를 들어 고속도로를 5년마다 얇게 재포장하면 도로의 수명이 훨씬 늘어난다. 선진국일수록 유지·보수에 철저하다. 아프리카는 이런 면에 제일 소홀해서 도로는 건설한 지 얼마 안되어 곧 못쓰게 되는 경우가 많다.

나는 언젠가 특급 호텔인 오쿠라(大蒼)에 며칠 묵은 적이 있다. 값은 비쌌으나 예술에 가까운 시설과 완벽한 서비스에 만족해 했다. 세계 어느 호텔도 그만은 못했을 것이다. 전혀 빈틈을 보이지 않았다. 이는 완벽성을 추구하는 일본 문화에 기초하고 있는 것이다. 이런 문화는 제조업에 그대로 반영된다. 독창성은 서양에 뒤지나 제품을 완벽하게 만드는 것은 일본을 따라가기가 쉽지 않다. 좋은 예가 도요타의 렉서스(Lexus)다. 벤츠(Benz)나 베엠베(BMW)와 경쟁하기 위해 만든 차인데 가격은 훨씬 싸면서 성능은 전혀 손색이 없다. 일본 문화의 완벽성이 제조업에 투영된 대표적인 예이다.

일본은 결코 만만한 상대가 아니다. 이미 2차 세계대전 중 항공

모함을 건조했으며, 세계 5위의 경제대국이었다. 책방을 보면 이는 잘 드러난다. 나는 도쿄에 가면 꼭 서양책 전문 서점인 마루젠[丸善]과 야수에[八重洲]에 들른다. 어느 책방 앞에는 나무꾼이 지게를 지고 독서하는 동상도 서 있다.

그런데 미국의 책방은 주로 주문에 의존한다. 따라서 책방에 책이 별로 없다. 반면에 일본은 책방에 모든 책을 구비해 놓는다. 따라서 이 두 서점은 세계에서 제일 큰 책방일 수도 있다. 내 전공 분야의 책꽂이에 가보면, 예를 들어 100권이 꽂혀 있으면 그 가운데 90권은 사고 싶은 것들이다. 누가 도서 선정을 하는지 정확하게 한다. 서울에도 대형서점이 있다. 그러나 내 분야에 100권이 있으면 10권 정도만이 사고 싶은 것들이다. 양으로는 별 차이가 없으나 질로는 천양지판인 것이다.

중국은 오랜 역사와 문화적인 전통에 대해 강한 자부심을 가지고 있다. 예로부터 세계의 중심이라는 중화(中華)사상이 강하다. 서양 사람들도 자금성이나 만리장성을 보고는 그 엄청난 문화 유산에 압도당하곤 한다.

지난 1971년 미국과 중국이 수교 협상을 할 때 상대는 서양 당대의 석학인 하버드대학 교수였던 키신저(Henry Kissinger) 국무장관과 저우 언라이[周恩來] 수상이었다. 그런데 얼마 뒤 《타임(TIME)》지에 두 사람이 악수하는 사진과 함께 키신저가 저우 언라이에게 압도당했다는 제목의 기사가 실렸다.

내용을 읽어보니 키신저는 얘기할 때 시간의 단위가 수년에 불과했다. 2년 전에 무슨 일이 있었고 하는 식이다. 그러나 저우 언라이는 시간의 단위가 세기(century)였다. 예를 들면 16세기에 중국이 어떠했고 하는 식이다. 긴 역사의 흐름에 기초해서 하는 얘기는 자연히 무게가 실리게 마련이다.

중국인들은 대륙적인 기질과 끈질긴 생명력을 지니고 있으며, 원래 상술이 뛰어난 자본주의적인 속성을 가진 사람들이다. 사회주의 체제라고 하지만 오히려 우리보다 더 자본주의적이다. 한 예로 우리는 공평하지 못하다는 생각 때문에 대학의 기여입학제를 아직까지 허용하지 않고 있지만 중국은 이를 인정하고 있을 정도이다. 일상 생활에서도 돈이 벌리는 일은 무엇이든 한다.

내 생각에는 앞으로 중국이 우리에게는 서양이나 일본보다도 더 어렵고 버거운 상대가 될 것이다. 중국에 진출한 한국 중소기업의 90% 이상이 실패한 예가 이를 잘 암시한다. 또한 얼마 전 주중 한국대사를 지낸 분의 말로는 우리는 지난 몇 년 동안 대(對) 북한정책이 몇 차례나 변경되었으나 중국은 지난 반세기 동안 대 남북한 정책이 일관되어 있다는 것이다. 이때 한국과 중국의 대화를 누가 주도할 것인가는 물어볼 필요도 없다. 똑같은 입으로 말을 자주 바꾸는 측과 한 입으로 늘 같은 얘기를 하는 사람을 비교해 보라.

중국은 지난 1978년 이후 실용주의 노선을 택하면서 대내 개혁과 대외 개방을 지속해 오고 있다. 그 결과로 20년 동안 세계에서 가장 높은 경제성장률을 나타냈다. 세계은행(IBRD)이 펴낸 1997년 「세계개발보고서(World Development Report)」를 보면 1995년 중국의 1인당 GNP는 620달러에 불과했다. 그러나 구매력(PPP)으로 평가하면 2,920달러나 된다. 물가가 아주 싸기 때문이다. 인구가 12억 명이니 경제 규모는 당연히 엄청나게 크다.

저임금으로 싸게 경공업품을 세계시장에 쏟아 붓고 있으므로 이 분야에선 이미 한국 상품을 몰아냈다. 우리 중소기업과 경공업이 어려운 것이 바로 이 때문이다. 일종의 인해전술인 것이다. 6·25 전쟁 때 중공군이 바다처럼 몰려오면서 우리가 밀렸던 것과 비슷한 상황이다.

한국의 경제발전 모델

독창성이 뛰어난 미국 사람들, 완벽한 제품을 만들어내는 일본인들, 그리고 엄청난 저력을 가진 중국인들은 하나같이 우리에게 힘든 경쟁 상대들이다. 이들과 더불어 경쟁하면서 나라를 지켜가려면 온 국민이 깨어 있어야 하며 분발해야만 한다.

중국 12억 명, 미국 2억 6천만 명, 그리고 일본 1억 2천만 명과 상대하려면 남북한 인구를 합해도 7천만 명이므로 1인당 23명 몫은 해야만 한다. 국민 한 사람 한 사람이 자기가 맡은 분야에서 경쟁국 시민들과 겨뤄 1등을 할 수 있어야 한다.

과연 한민족의 생존전략은 무엇인가? 한국의 경제발전 모델은 어떤 내용을 갖추어야 하는가? 첫째, 사람을 주된 무기로 삼아야 한다. 경제는 사람이다. 자본 중에서도 제일 귀중한 자본은 인간자본(human capital)이다. 지금은 자원이나 국토의 면적이 문제가 안되는 시대이다. 네덜란드의 필립스(Phillips)나 스위스의 네슬레(Nestle) 같은 다국적 기업을 보라. 우리보다 훨씬 작은 나라도 얼마든지 눈을 밖으로 돌려 세계 경영을 할 수 있다는 좋은 사례를 보여준다.

어떤 사람은 중국의 동북 3성이나 러시아의 연해주 지방이 옛날에 우리 땅이었는데 지금이라도 실지(失地)를 회복할 수 없겠는가 아쉬워한다. 그러나 개인이고 나라고 부질없이 땅 욕심을 내는 것은 어리석은 일이다. 오히려 통일신라시대의 장보고 대사같이 전세계를 상대로 경영을 펼칠 수 있는 인재가 필요하다.

나는 1997년 10월에 대우그룹 김우중(金宇中) 회장의 초청으로 동료 교수들과 같이 여러 나라에 자리잡고 있는 우리 기업들을 둘러본 적이 있다. 이때 영국·폴란드·우즈베키스탄·베트남 등 세계 도처에서 밤낮없이 열심히 일하고 있는 자랑스러운 한국인들을 보고 깊은 감명을 받았다. 우리의 국력이 전세계로 뻗어나가고 있는 데 대해 가슴 뿌듯했다.

폴란드 최대의 합작 자동차회사인 DAEWOO-FSO에는 1만 9, 500명의 현지 폴란드인이 고용되어 있었다. 한국인은 불과 41명뿐이었다. 공장에 들어섰을 때 나는 흡사 주인이 작업장을 시찰하는 기분이 들었다. 이미 세계 속의 한국은 내 생각보다 훨씬 빨리 앞서나가고 있었다.

우즈베키스탄의 타슈켄트는 우리 민족의 한이 서려 있는 곳이다. 1930년대에 구소련 당국이 연해주 지방에 살고 있는 한인들을 이곳에 강제 이주시켰다. 지금도 다수의 한인 2, 3세들이 거주하고 있다. 여기에 우즈-대우(Uz-Daewoo)라는 이 나라 최초, 최대의 자동차 조립공장이 세워졌다. 60여 년 만에 다소라도 맺힌 한을 풀 수 있게 된 것이다.

베트남은 인도차이나 반도의 맹주이다. 대우가 여기에 세운 오리온은 1,300명의 현지인과 26명의 한국인들이 함께 일하고 있다. 컬러 브라운관을 연 160만 개나 생산하는 등 베트남 내의 2대 회사에 꼽힌다. 직원들도 일등회사에 다닌다는 자부심이 대단하며, 전국에서 우수한 설비와 관리 시스템을 견학하기 위한 내방객이 끊이질 않고 있다. 시내 곳곳에서 한국 기업들의 우뚝 솟은 광고 간판들이 우리를 정겹게 맞이했다.

기업가들의 상상을 초월한 부지런함과 쉬지 않고 열심히 일하면서 끊임없이 새로운 아이디어와 혁신을 창출해 내는 모습은 존경스럽기만 하다. 우리 일행 중 어떤 분이 무엇 때문에 그렇게 열심히 밤낮없이 일만 하느냐고 김 회장에게 물었다. 그 대답은 아주 간단하고 짧았다. 남들이 잘한다고 칭찬해 주니 더 잘하려고 열심히 했다는 것이다. 식구들과 외식, 나들이 한번 제대로 못했어도 자식들이 잘 커줬고, 아버지를 이해해 주는 데 대해 감사한다고 했다. 우리는 전세계 구석구석을 누비며 온 몸과 마음을 바쳐 사업에 헌신하는 기업가들을 격려하고 칭찬하는 데 결코 인색해서는 안된다는 생각이 들었다.

국부(國富)의 궁극적인 원천을 사람이라고 보았을 때 우리는 특히 두 가지를 강조해야 한다. 하나는 초·중학교에서의 철저한 소양교육이다. 훗날 세계 무대에 섰을 때 동년배의 선진국 사람들에 비해 세계인으로서 전혀 모자람이 없는 존경받는 한국인을 키워내는 것이다. 정직, 성실, 근면하고 신의를 지키며 겸손하고 예의 범절이 바르며 작은 일에도 감사할 줄 알고 항상 웃으며 남을 위해 봉사할 줄 알고 질서 의식이 철저한 사람으로 만들어내야 한다. 근검 절약과 환경 보존의 소중함을 깨닫고 이를 실천에 옮길 수 있어야 한다. 남과 더불어 살 수 있는 열린 마음의 세계인으로 키워내야 한다.

일본에 갔을 때 우리 상사 주재원으로 자녀를 유치원에 보내고 있는 분을 만난 적이 있다. 일본에서는 유치원 3년이 의무교육이라고 한다. 그런데 세계인이 갖추어야 할 소양 교육을 이 3년 동안 철저하게 반복적으로 받는다고 했다. 교육의 효과는 어릴 때일수록 높으며, 반복적이고 지속적으로 해야만 성과가 크다.

국민 모두를 존경받는 세계인으로 키우는 것이 한국이 국제경쟁력을 갖기 위한 첫번째 선결 요건이다. 지금부터 시작하면 20년 후에는 결실이 나타나기 시작할 것이다. 우리가 버거운 경쟁상대와 제대로 경쟁하며 더불어 살기 위해서는 국민 전체가 강한 정신력으로 재무장해야 한다. 우리는 그 동안 공장을 짓고 사회간접자본을 확충하는 데는 상당한 결실을 맺었으나, 사람을 제대로 교육하는 일에는 옛날보다 오히려 소홀했다.

온 국민을 성숙한 자유인(自由人)으로 만들어야 한다. 자신이 한 일에 대해 책임을 질 줄 아는 자유인으로 키워내야 한다. 셰익스피어의 〈베니스의 상인〉에 나오는 고리대금업자 샤일록이 자기에게 빚진 자가 채무를 제때 상환하지 못하면 살점을 떼내기로 계약한 것은 단지 희극에서만 나오는 얘기가 아니다.

자본주의체제란 얼음장처럼 냉혹한 것이다. 이런 체제에서 국민들의 행복을 보장하기 위해서는 국민을 성숙한 자유인으로 양성하는 철저한 반복 교육이 절실히 필요하다. 그래야만 어리석음을 범해 경제적인 불행을 자초하는 일을 사전에 예방할 수 있다.

초·중등교육은 어린 학생들에게 단순히 지식만을 많이 가르치려고 하는 데서 탈피해야 한다. 교과서의 분량은 일괄적으로 현재의 3분의 2 수준으로 줄여도 별 문제가 없을 것 같다. 대신에 민주시민으로서의 기본적인 소양과 삶의 지혜를 가르쳐야 한다. 지금처럼 지식 위주의 교육이 계속된다면 우리 학생들은 머릿속에 별 쓸모없는 것만 가득 차버리고 기본 소양은 갖추지 못한 국제적인 천덕꾸러기가 될 수밖에 없다.

한편 고등교육의 방향은 철저하게 수월성(excellence)을 지향해야만 한다. 독창성과 창의성을 함양하는 것이 대학교육의 기본 목표가 되어야 한다. 새로운 생각과 기술은 대학에서 나온다. 대학은 사실상 국제경쟁력의 원천이다. 한 나라가 선진국이 될 수 있는가 없는가도 대학에서 판가름난다. 왜냐하면 오늘날의 국제경쟁은 결국 머리 싸움이기 때문이다.

지난 35년 동안 한국의 급속한 경제성장은 주로 선진국을 모방(imitation)함으로써 이루어졌다. 예를 들면 선진국이 만든 자동차를 보고 이를 잘 모방해 생산하고 수출하는 식이다. 그러나 우리가 선진국권에 가까워질수록 이런 식으로는 성장을 지속할 수가 없다. 모방에 의한 성장에는 한계가 있기 때문이다.

이제는 우리 스스로 새로운 아이디어와 기술을 만들어내야만 한다. 열심히 땀 흘려 일만 하는, 몸으로 때우는 시대는 지나간 것이다. 사실 선진국은 남을 모방하기보다는 무언가 스스로 독창적인 생각을 가지고 혁신을 계속하는 나라이다.

흔히들 우리나라에서 제일 낙후된 산업이 금융산업과 대학이라고 한다. 1993년을 기준으로 도서관의 장서수를 비교해 보면 고려·서울·연세대학이 각각 1백만 권 수준이었다. 이에 비해 미국의 하버드대학이 1,200만 권, 예일대학이 9백만 권, 영국의 옥스퍼드대학이 8백만 권, 그리고 일본의 도쿄대학이 6백만 권이었다.

한편 1997년 과학기술논문색인(SCI)에 실린 국내 과학자들의 연구논문 편수는 9,124편으로 세계 17위를 기록한 것으로 나타났다. 이는 SCI에 수록된 전체 논문 82만 2,488편의 1.08%에 해당하는 것이다. 그러나 선진국들과의 격차는 엄청나다. 미국이 28만 4,185편으로 1위이며, 영국이 7만 5,454편으로 2위, 일본이 6만 7,523편으로 3위, 러시아 2만 2,538편으로 8위, 중국 1만 4,808편으로 12위, 한국 9,124편으로 17위, 대만 7,953편으로 20위 등이다. 그러나 논문 편수의 증가율은 한국이 제일 높아 앞으로 순위는 더욱 향상될 것으로 보인다.

대학은 평범한 지성인을 다수 배출해 내는 데 만족해서는 안된다. 마이크로소프트(Microsoft)사의 빌 게이츠(Bill Gates) 회장은 자신을 지식 노동자(knowledge worker)라고 했다. 정보화 사회·지식 사회에서는 한 명의 천재가 수십만 명을 먹여 살린다.

우리 고등교육이 지향해야 할 방향도 바로 수많은 분야에서 세계 1등을 할 수 있는 사람을 길러내는 것이다. 자기가 가장 잘할 수 있고 소질이 있는 분야에서 수월성을 발휘할 수 있도록 인재를 발굴하여 그 잠재력을 최대한 실현시킬 수 있어야 한다. 미국의 유수한 LPGA에서 연속으로 우승한 박세리 선수가 좋은 귀감이 될 수 있다.

국내에서의 1등은 지금처럼 세계시장이 하나로 통합된 상황하에서는 별로 의미가 없다. 이제 대학은 그 지향하는 바를 국제경쟁력 강화에 두어야 한다. 대학이 경쟁력을 갖춰야 나라가 경쟁력을 갖기 때문이다. 수많은 분야에서 세계 1등짜리 인재를 수없이 쏟아낼 수 있어야 한다. 그래야 나라도 세계 1등이 될 수가 있다. 미국이 세계 제일의 경쟁력을 가질 수 있게 된 근본적인 이유는 미국의 대학이 바로 세계 1등이기 때문이다.

한국의 경제발전 모델의 두 번째 요소는 제도적인 기반을 공고히 하는 것이다. 선진국의 경험이 보여주는 것은 바람직한 제도만 구축해 놓고 나머지는 모두 민간의 자율에 맡겨도 경제성장은 자동적으로 일어난다는 것이다. 이번의 경제 위기도 결국은 경제성장에 비해 제도가 낙후되고 뒤떨어진 데서 비롯되었다.

위기를 도약의 기회로 삼기 위해서는 정치권·정부·금융·기업·노동·언론·교육 등 모든 부문의 제도 개혁을 철저하고 과감하게 실천에 옮겨야 한다. 그리하여 선진국으로 진입하는 데 걸림돌이 되는 비합리적이고 비효율적인 제도를 도려내야만 한다. 튼튼한 제도를 구축해 놓고, 이를 엄정하게 집행할 수만 있으면 문제는 절반 이상 해결된 것이다.

효율적이며 공정한 경기법칙, 즉 올바른 제도를 갖추어놓고 이를 차질 없이 집행할 수 있을 때 비로소 우리는 선진국으로서의 굳건한 토대를 갖추게 된다.

셋째, 미국·일본·중국과 같은 강력한 경쟁상대와 겨루기 위해서는 우리의 문화적인 전통에 기초한 경제체제를 만들어야 한다. 남의 강점을 배우고 따라가는 것도 중요하지만, 이보다는 자신의 강점을 최대로 발휘할 수 있는 체제를 만드는 것이 훨씬 더 중요하다. 그래야만 남을 앞설 수 있다.

우리는 흔히 한국 기업들이 본분인 기술 개발은 소홀히 하고 쉽게 일본 기술에 의존하려 한다고 비판한다. 즉 수많은 시행착오를 거치면서 각고의 노력으로 스스로 기술 개발을 하려는 강한 의지가 없다는 것이다. 우리도 할 수 있다는 자신감이 있어야 하는데 그렇지 못하다는 것이다.

그러나 천년 고도인 경주에 가보라. 우리가 얼마나 위대한 문화민족이었고 기술대국이었는가를 피부로 느낄 수 있다. 비근한 예로 흔히 볼 수 있는 기와를 보라. 그 아름다운 문양은 현대의 디자인 감각으로 보아도 전혀 손색이 없다. 오히려 이렇게 만들 수 없는 후손인 우리 자신이 부끄럽다. 온갖 정성과 혼을 불어넣어 만든 흔적이 지금까지도 역력하다.

바로 이것이 우리의 원형(原形)이다. 우리 자신 속에 내재해 있는 특출한 잠재력을 밖으로 끌어내어 발현시킬 수만 있다면 천년 전처럼 오늘날에도 세계 제일의 문화대국, 기술대국이 될 수 있다.

우리의 원래 모습으로 돌아가야 한다. 원형을 되살려야 한다. 부실공사나 하고 손쉽게 외국 기술에 의존하려고 하는 것은 원래의 우리 모습이 아니다. 자긍심을 갖고 자신을 가지면 얼마든지 이룰 수가 있다.

서양문화는 원래 갈등·대립에 기초하므로 영국과 미국의 경우 노사 관계도 단체교섭에 주로 의존하고 있다. 그리하여 단체협약을 맺은 것을 보면 모든 것을 명문화하므로 큰 회사의 것은 두꺼운 책 한 권이 된다.

그러나 우리는 서로간의 신뢰를 중요시한다. 또한 화합과 조화를 강조한다. 여건만 조성되면 '우리' 회사를 위해 신명을 바쳐서 일한다. 이러한 우리의 문화 풍토에 기초한 새로운 노사 관계를 구축할 수 있어야만 항구적인 산업평화가 보장될 수 있다.

경제체제도 영·미는 개인주의적인 자본주의이다. 주주의 이익만을 고려하는 주주 자본주의 (shareholder capitalism)의 성격이 강하다. 이번의 경제 위기를 계기로 우리도 주주의 이익을 중시하는 방향으로 상당한 변화가 있을 것이다. 이는 물론 바람직한 측면이 많다. 그러나 우리의 문화풍토에는 공동체적인 시장경제가 더 적합하다. 주주뿐만이 아니라 종업원, 소비자의 이익 등도 함께 고려해야 한다. 즉 더불어 사는 자본주의체제 (stakeholder capitalism)를 지향해야 한다.

우리의 유일한 자원인 사람을 최대한 활용하며, 공정하고 효율적인 제도를 갖추어 이를 엄정하게 집행하고, 우리의 문화적인 전통에 기초한 경제체제를 만들어나가는 것이 바로 경제발전 모델의 핵심이 되어야 하며 생존전략의 요체가 되어야 한다. 남의 좋은 점은 배워서 자기 것으로 만들어야 하지만 우리가 원래 지니고 있는 장점을 최대한 발휘할 수 있어야 뒤따라가기만 하는 데서 벗어나 앞설 수가 있다.

기적도, 위기도 없다

일본은 1868년 메이지유신 때 영국을 벤치마킹 (bench marking) 하여 제도·문물의 근대화를 추진했다. 이번에 우리도 경제 위기를 맞아 새롭게 나라를 건설 (nation building) 한다는 각오로 제도 개혁을 추진해야 한다. 선진국이 되기 위한 기초를 튼튼하게 놓는다는 결심을 해야 한다. 다시는 이런 일이 발생하지 않도록 견고한 체제를 구축해야 한다.

선진국이란 무엇인가? 이는 다름아닌 기초·기본이 튼튼하고 모든 일이 상식에 맞게 처리되는 사회이다. 사실 경제에 기적은 없다. 차근차근 하나씩 하나씩 벽돌을 쌓아 올려야 한다. 서두르거나 부실공사를 해서는 안된다. 양보다는 질, 외양보다는 내실을 중시해야 한다. 효율과 생산성을 최대한으로 높여야 한다.

열심히 땀 흘려 일하는 것도 중요하지만, 이제는 부단히 생각하고 또 생각해 새로운 아이디어로 혁신을 이루어내야 한다. 기업만이 아니다. 정부·금융·학교·언론·병원·가계 등 모든 조직이 마찬가지이다.

세계화·정보화의 급진전으로 겉으로 보이는 현상은 급속히 변하고 있다. 그러나 인간의 가치는 오래도록 그대로이다. 올바르고 참된 것은 동양이나 서양이나, 예나 지금이나 변함이 없는 것이다. 동양의 고전인 〈논어〉는 2천5백 년 전 책이다. 기독교의 〈성경〉은 신약만 해도 2천 년 역사를 갖고 있다. 그러나 지금도 많은 사람들이 〈성경〉과 〈논어〉를 읽으면서 깊은 감동을 받는다.

정직·성실·신의·겸손·근면·절약·가족 및 교육 중시 등은 우리 조상 대대로 내려오는 귀중한 덕목이다. 이러한 덕목은 사실 인류 공통의 보편적인 가치이기도 하다. 우리가 서양의 선진국에 대해 강한 국제경쟁력을 갖기 위해서는 우선 이들 소중한 덕목들을 되살려내야만 한다. 지도층부터 시작해 온 국민이 우리의 전통적인 가치관으로 새롭게 무장할 때, 이는 진정한 국가경쟁력의 원천이 될 수 있다. 동시에 국가의 기초와 기본을 튼튼하게 하는 것이기도 하다.

우리는 외국인들에게 한국이 일본을 따라잡을 수 있겠는가 하는 질문을 자주 던진다. 그러면 그들은 폴란드가 독일을 추월할 수 있겠느냐고 반문한다. 서양 사람들은 폴란드가 독일을 따라잡기는 거의 불가능한 것으로 생각한다.

임진왜란, 일제 강점, 6·25 전쟁 등 가혹하기 짝이 없는 국난을 겪고도 우리는 변하지 못했고 새롭게 태어나질 못했다. 이번에 경제 위기를 겪고도 그럴 우려가 크다. 20년 후를 내다보고 지금부터라도 초·중학교에서 소양 교육을 강화해야 한다고 주장하는 이유도 바로 이런 우려 때문이다.

국민들의 엄청난 고통에도 아랑곳하지 않고 파쟁만을 일삼는 정치권을 보라. 이들에게서 국난 극복을 위한 리더십을 기대하기는 어렵다. 국력을 한군데로 결집시키기는커녕 국론 분열에 앞장서고 있다. 부처 이기주의에 몰두해 나라를 위한 개혁보다는 기득권과 현상 유지에 여념이 없는 행정부를 보라. 이들에게는 개혁의지보다는 개혁에 대한 저항이 오히려 팽배해 있다.

방만한 차입 경영과 무모한 중복·과잉 투자로 경제 위기를 초래한 재벌들도 핵심역량을 지닌 분야에 업종 전문화를 해야 한다는 국민들의 목소리가 그토록 높으나 아직도 시간만 끌고 있을 뿐 눈에 띄는 성과를 이끌어내지 못하고 있다.

노조는 자신들만이 실업의 고통을 걸머지고 있고 다른 부문의 개혁은 지지부진하다고 잇달아 시위를 벌이고 있다. 근로자의 어려움은 이해하나 이 과정에서 멍드는 것은 우리 경제뿐이다.

영국의 《파이낸셜 타임스》도 이번이 한국에게는 마지막 기회 (A last chance for Korea)라고 했다. 그러나 위기를 맞아 처음에는 단합된 모습을 보이던 나라가 이제는 정치권·관료·재벌·금융·노조 등 모두가 개혁에 저항하고 있다고 했다 (1998. 5. 29).

이래서는 안된다. 새로 시작한다는 각오로 임해야 한다. 지금은 생존을 위해 극한 투쟁을 벌여야 할 때이다. 이 엄청난 위기를 선진국으로의 힘찬 도약을 위한 소중한 기회로 삼을 수 있는 지혜와 용기가 필요하다. 지금이 일본을 앞지를 수 있는 절호의 찬스이다.

경제난국과 통일문제

IMF로 코가 석 자나 빠져 있는 이런 때에 통일문제를 얘기하는 것은 한가롭게 들릴지도 모른다. 그러나 현실은 매우 긴박하게 돌아가고 있다.

북한은 경제체제가 지니고 있는 근본적인 문제점 이외에 사회주의권이 몰락하면서 기존의 교류·협력 파트너를 잃어버리게 되자 지난 1990년 이후 현재까지 8년 동안 계속해서 마이너스 성장률을 나타내고 있다. 현재 공장 가동률은 25% 수준을 밑돌고 있다.

북한은 이미 지난 1991년부터 '하루 두 끼 먹기 운동'을 펼쳐왔다. 그러나 1995년에 72년 만의 대홍수로 농업기반이 파괴되면서 식량 사정은 극도로 악화되었다. 자존심이 강한 북한도 그해 5월에는 처음으로 식량이 부족함을 공표하고 한국과 일본으로부터 쌀을 지원받았다.

1997년 초에는 일반 주민에 대한 1일 배급량을 1백~2백 그램 수준으로 줄였는데, 곡물 1백 그램은 밥을 지었을 때 작은 공기로 한 그릇에 불과하다.

북한의 인구는 1997년 현재 2,400만 명에 달한다. 매년 필요한 식량은 약 5백만 톤이다. 그런데 1997년의 경우 자체 공급량은 3백만 톤에 불과하다. 약 2백만 톤의 외부 지원이 필요한 것이다. 북한 사정에 정통한 인사에 의하면 아사자 및 영양부족으로 인한 합병증으로 사망한 자가 1995년에 50만 명, 1996년에 1백만 명, 1997년에 130만 명으로 지난 3년 동안 280만 명이 희생된 것으로 추정된다고 한다.

미국의 유력 시사주간지 《뉴스위크》는 1997년 5월 5일자에서 북한의 기근(North Korea's Famine)을 커버스토리로 다루었다. 눈은 퀭하고 피골이 상접해진 북한 어린이들의 사진을 여러 장 곁들이면서······.

아프리카의 에티오피아에서는 1984년 기근으로 1백만 명이 희생되었으나, 이보다도 훨씬 심각한 사태가 북녘의 동포들에게 일어나고 있다.

세계 언론의 관심 밖에서 느린 속도로 엄청난 재앙이 일어나고 있다. 대홍수와 체제 자체의 결함으로 인한 기근 때문에 나라 전체가 굶고 있는 것이다. 단지 강압정치를 유일한 수단으로 해서 버티고 있는 것이다. 모든 사람이 천천히 굶어 죽어가는 사회주의형 기근(socialist famine)이 발생하고 있다. 한국개발연구원(KDI)의 북한 경제팀은 1997년 7월에 발표한 보고서에서 국민 1천만 명이 서서히 진행되는 기근의 진입단계에 들어섰다고 했다.

그러나 북한 당국의 철저한 공포정치로 인해 체제에 대한 반발은 생각할 수도 없다. 북한전문가인 ˙미국기업연구소(American Enterprise Institute)의 에버스타트(Nick Eberstadt)는 북한을 일컬어 '부식하는 체제(corroding system)'라고 했다.

한편 미 의회의 보좌관들로 구성된 조사단은 최근 일주일 동안 북한을 방문한 후 매년 30~80만 명이 기아로 희생되고 있으며, 1995년 이후 최소 1백만 명의 아사자가 발생했다고 보고했다. 북한의 생활상은 실제로 16세기 엘리자베스 여왕의 시대와 같으며(practically Elizabethan), 중세기(medieval) 같다고 했다. 「한마디로 말하자면 비참하다(miserable)」고 했다. 10대들은 성장이 멈춰 미국 어린이들의 반밖에 안되며, 병원들도 식품·X-레이 필름 및 아주 기본적인 의약품도 없어 말기 환자를 위한 병원인 호스피스(hospice) 같다고 했다(WP, 1998. 8. 20).

우리는 북한의 기아 문제에 대해 철저한 인식과 함께 높은 경각심을 가져야만 한다. 또한 북한 동포뿐만 아니라 다른 나라에서 대규모의 아사자가 생긴다면 인도주의적인 관점에서 따뜻한 관심과 지원을 아끼지 말아야 한다. 현재 민간 차원에서는 세계 도처의 굶주리는 어린이들을 돕기 위한 활발한 활동이 펼쳐지고 있다. 상대가 북한의 우리 동포인 경우에는 말해 무엇하리. 만일 우리가 이를 그대로 방치하면 21세기 통일 한국의 인구 가운데 상당수가 기아로 인해 심한 손상을 입은 사람들로 구성될 것이다. 특히 어린이의 기아는 심각한 두뇌 손상을 초래한다.

대북 식량 지원에 대한 국민들의 태도는 현재 엇갈려 있다. KDI가 국민 1천 명을 대상으로 1998년 2월 중 전화 조사한 'IMF 시대의 통일의식'을 보자. 설문 내용은 「1998년에도 북한은 심각한 식량난을 겪을 것으로 예상되는데, 올해 남한이 북한에 식량을 지원하는 것을 어떻게 생각하는가」이다.

전체 응답자의 36.3%는 우리 경제도 어려우므로 올해는 대북 지원을 유보해야 한다고 대답했다. 한편 34.5%는 군사 전용만 방지할 수 있다면 지원해야 한다고 했다. 13.5%는 이산가족 상봉 등

반대급부가 있는 경우에는 지원할 수 있다고 답했다. 이 밖에 식량 지원은 북한 정권을 돕게 되므로 할 필요가 없다가 7.8%였고, 조건없이 지원해야 한다가 7.4%였다.

대북정책은 물론 여론을 중시해야 한다. 그러나 국민여론은 쉽게 변한다는 점 또한 참작해야 한다. 대북 식량 지원의 경우 여론은 한때 '인공기 게양 사건'로 크게 악화되었으나, 그후 북한 어린이의 참상이 TV를 통해 알려지고 나서는 다시 급속히 동정적으로 변했다. 이처럼 여론만 좇아가다가는 정책의 일관성을 상실할 수 있다.

우리는 북한 '주민'과 북한 '정권'을 구별해야 한다. 북한 정권은 식량난에도 불구하고 엄청난 외화를 쓰면서 김일성 기념궁을 건설하는 등 상식적으로 도저히 이해할 수 없는 행동을 일삼고 있다. 그러니 식량 지원을 해서는 안된다는 의견도 나올 수가 있다. 그러나 지원을 안할 경우 굶는 것은 북한의 지도층이 아니라 일반 주민이다. 사실 북한 주민은 북한 정권의 지지기반이 아니라, 당국에 의해 억류되어 협박받고 있는 동포로 보아야 한다.

여기서 독일의 통일 경험은 우리에게 귀중한 교훈을 준다. 서독은 동독에게 반대급부가 없어도 많은 것을 주려고 노력했다. 매해 동독의 도로 및 철도 사용료·비자 발급 비용·소포 우송 비용·동독의 정치범 석방을 위한 보석금 등 갖가지 명목을 붙여서 수억 마르크씩 제공했다.

동서 냉전의 시대인데도 1972년 이후 20년 동안이나 추진된 서독의 화해·협력정책은 동독 정권의 개혁을 이끌어내는 데는 실패했으나, 동독 주민들로 하여금 서독을 당국의 선전대로 '외부의 적'이 아니라 경제적으로나 도덕적으로 우월한 체제를 가지고 있으며 같은 민족을 도와주는 '너그러운 이웃'으로 보게 만들었다. 즉 동독 주민들의 마음을 살 수가 있었고, 바로 이것이 통일을 이루는 데

밑거름이 되었다.

현재 북한 정권은 자신의 잘못은 덮어둔 채로 남한과 미국 때문에 경제난을 겪고 있다고 북한 주민들을 속이고 있으며, 이것이 먹혀 들어가고 있는 실정이다. 이때 남한이 식량 지원 등을 통해 북한 주민들을 돕고 있다는 사실이 자연스럽게 알려지게 된다면 그들의 마음을 돌려놓는 데 크게 기여할 수가 있을 것이다.

현재 우리가 아무리 어려워도 대북 식량 지원의 규모를 50만 톤 정도로 설정하고 다른 나라들의 지원도 우리의 주도하에 이끌어낼 수 있어야 한다. 나아가서는 비료·농약·의약품 등으로 지원의 범위도 점차 확대할 필요가 있다.

정치학자인 김학준(金學俊) 교수는 냉전의 시대에도 서독이 동독을 도운 것을 보고 독일을 선진 분단국이라고 했다. 반면에 우리는 동서간 화해·협력의 시대에도 이를 못하고 있으니 후진 분단국이라고 규정했다(현대경제사회연구원, 1998. 5. 11).

남한이 IMF 시대를 맞아 아무리 고초가 크다 해도 북한이 당하는 기근과 아사에는 비할 바가 못된다. 한민족이 20세기 말에 어찌해서 이렇게 엄청난 수난을 겪게 되었는지 안타깝기 짝이 없다. 북한 동포가 굶어죽고 있는데 결코 이를 그대로 방치할 수는 없다.

독일의 경험을 토대로 식량·의약품 및 농자재를 지원할 수 있는 방법을 슬기롭게 강구해 내야만 한다. 시간이 급하다. 또한 북녘 동포의 어려움을 생각하면서 우리가 당하는 경제적인 곤란은 얼마든지 극복할 수 있다는 자신감과 의지를 가져야만 한다. 우리가 더 강해져야 북한을 도울 수 있다.

강원대학교의 김경량 교수는 올해 초 설을 전후해서 북한의 나진·선봉지역에 다녀왔는데, 영하 20도의 혹한에 손이 거북의 등처럼 된 북한의 여성들이 두터운 목도리에 봇짐을 메고 하루 20

~30km씩을 정처없이 걸어다니면서 풀뿌리, 나뭇잎 등 무엇이든 연명할 것을 찾아 헤매는 모습에 커다란 충격을 받았다고 했다. 마치 짐승처럼 살고 있다고 했다.

남한이 경제적으로 이렇게 어려운데 설상가상으로 갑자기 통일까지 이루어진다면 이는 상상할 수 있는 최악의 시나리오라는 말을 외국인들은 자주 한다. 도저히 경제적으로 감당할 수가 없다는 것이다.

물론 우리는 북한이 스스로 개혁·개방을 함으로써 어려운 경제를 회복시켜서 연착륙(soft landing)하길 바란다. 미국도 북한과의 직접적인 대화로 관계를 개선시키며, 이를 통해 단계적으로 변화를 유도해 갑작스런 붕괴(hard landing)를 예방할 수 있기를 바란다.

김대중 대통령도 취임사에서 흡수통일의 의사가 없음을 분명히 했다. 아울러 정경분리 원칙도 밝혔다. 이는 이미 김 대통령이 이솝우화를 즐겨 인용하면서 '햇볕론'을 제창한 데서도 잘 나타나 있다. 나그네의 옷을 벗긴 것은 폭풍이 아니라 햇볕이듯이, 북한으로 하여금 폐쇄와 '남조선 혁명'의 옷을 벗도록 할 것은 강경 대결 정책이 아니라 온건 협력 정책이라는 것이다.

그러나 북한은 체제 유지를 위해 중국식 개혁과 개방을 하지 않을 것으로 보는 견해가 유력하다. 1996년 4월 미국의 조지 워싱턴 대학에서 열린 세미나에서 북한의 대외경제위원회 김정우(金正宇) 부위원장은 북한은 정권 유지를 위해 체제 전환은 일체 고려하지 않고 있으며, 대신 나진·선봉지구를 중심으로 외국 투자를 적극 유치하고 자본주의 국가와의 무역을 확대하는 등의 방법으로 난국을 타개하고자 한다고 밝혔다(매일경제, 1996. 4. 25).

이는 북한이 연착륙이 아니라 갑작스럽게 붕괴할 가능성이 높음을 뜻한다. 앞에서 인용한 《뉴스위크》도 대부분의 분석가들의 견해가 그러하다고 했다. 통일 과정도 순조롭지 못할 것이고, 혼란스러울 것이라고 보았다(1997. 5. 5).

우리가 경제 위기에 처해 있으면서도 통일을 위한 준비가 시급하다고 주장하는 까닭은 바로 이 때문이다. KDI의 'IMF 시대의 통일의식' 조사에서는 언제쯤 통일이 될 것으로 예상하는가에 대한 질문에 5~10년이 38.0%로 가장 많았고, 그 다음이 24.3%로서 10~20년, 그리고 5년 이내가 13.6% 등이었다.

한편 「통일에 대해 어떻게 생각하느냐」는 질문에 가급적 통일이 되는 것이 좋다가 38.9%, 반드시 통일이 되어야 한다가 35.2%, 그리고 현실적으로 어려운 점이 많아 현재대로가 좋다가 25.9%였다. 그런데 신세대 젊은이들 사이에서는 통일 무용론까지 제기되는 실정이어서 안타깝다.

한 일본인 교수의 말대로 많은 한국인들은 북한을 마치 지구의 끝 어디쯤에 있는 나라로 생각하고 있으며, 통일도 먼 훗날의 일로만 여기고 있다. 그러나 통일을 이룩해야 할 주체가 바로 우리 자신임을 생각할 때 이는 한심스럽기 짝이 없는 것이다. 통일이란 당사국은 가만히 앉아 있는데 주변 강대국이 마치 떡을 주듯이 가져다주는 것이 아니다.

통일의 이익과 비용(cost & benefits)에 대해서는 그 동안 비용 측면만 주로 논의되었고, 이익은 소홀히 다루어져 왔다. 2000년에 통일이 된다고 가정할 때, 그로부터 10년 안에 북한의 소득이 남한의 60%가 되려면 약 2,400억 달러를 북한에 투자해야 하는데 이를 통일 비용으로 간주하는 것이다. 독일의 경우에는 통일 후 6년 동안 서독 GDP의 5%를 넘는 6천억 달러의 정부 자금이 동독에 투자되었다.

통일 비용을 추계한 결과를 보면 1,500억 달러에서 1조 달러에 이르기까지 폭이 너무 크다. 그러나 통일 비용은 추계하기 나름이며, 실제로는 상당히 축소될 수가 있다. 반면에 이익은 원래 남북한이 상호 보완적인 한 경제권이었으므로 엄청날 것이다. 또한 북한의 낮은 임금으로 남한이 비교우위를 잃은 경공업을 되살릴 수 있다면 그 이익은 상당할 것이다.

KDI의 여론조사에서 통일 비용의 조달을 위해 개인소득의 일부를 통일세로 내야 한다면 부담할 의향이 있느냐는 질문에 72.1%의 절대 다수가 「통일세를 낼 의향이 있다」고 대답했고, 반대 의견은 27.2%에 불과했다. 한편 부담 정도는 개인소득의 5% 내외가 70.2%로 제일 많았고, 10% 내외도 22.8%나 되었다.

우리는 지금 1,500억 달러가 넘는 총외채를 안고 있다. 여기에 단기 투기성 자금(hot money)의 공격을 막고 제2의 외환 위기에 대비하려면 IMF의 권고인 3개월분의 수입 금액으로는 부족하고, 그 배인 6개월 수입 금액인 750억 달러 정도의 외환보유가 필요하다. 또한 통일 비용의 비축도 최소한 1천억 달러 정도는 해놔야 한다. 이는 도합 3,250억 달러의 저축이 필요함을 뜻한다.

통일이 예상보다 빨리 일어날 가능성은 얼마든지 있다. 이에 미리 대비하고 준비하려면 우리 사회 내의 계층·지역 간 통합을 이뤄내고 사치와 낭비를 급속히 줄이는 것이 필수적이다.

한민족은 지금 혹독한 역사적 수난을 겪고 있다. 남한은 경제 위기로, 북한은 굶주림으로 엄청난 시련에 직면해 있다. 이 역경을 극복하고 21세기 선진 통일한국을 세우는 과업이 우리 어깨 위에 놓여 있다. 분명 과중하기 짝이 없는 일이다. 이 시련을 이기고 광명 천지로 나아갈 수 있을지 두렵기만 하다.

그러나 모든 것은 우리 자신이 하기에 달려 있다. 어려울 때일수록 미래에 대한 확신·소망·비전을 가지고 굳은 의지와 결의로 슬기롭고 지혜롭게 대처한다면 얼마든지 이 난관을 뚫고 나갈 수 있을 것이다.

늘 깨어 있자. 지도층부터 변하고 새롭게 태어나자. 우리 민족의 저력을 힘껏 발휘하여 21세기에는 세계에서 가장 큰 대륙과 가장 큰 대양의 중심에 있는 우리나라를 세계 1등 국가로 만들어보자. 모두가 힘을 하나로 모아보자.

다산(茶山) 정약용(丁若鏞) 선생의 「진실로 마음을 견고하게 세워 한결같이 앞을 향해 나아간다면 태산이라도 옮길 수 있으리라」는 말씀은 오늘 우리 모두가 다시금 새롭게 가슴에 새겨야 할 경구이다.

IMF, 고통인가 축복인가

초판 1쇄 인쇄일 · 1998년 9월 25일
초판 1쇄 발행일 · 1998년 9월 30일
지은이 · **정창영**
펴낸이 · **임성규**
펴낸곳 · **문이당**

등록 · 1988. 11. 5 제1-832호
주소 · 서울시 성북구 동소문동 4가 111번지
전화 · 928-8741(영) 927-4991~2(편)
팩스 · 925-5406
ⓒ 1998 정창영

ISBN 89-7456-092-5 03320
천리안 · 하이텔 ID munidang

값 · 8,500원